20 世纪中国图书馆学文库·37

图书分类

北京大学图书馆学系
《图书分类》编写组 编著

国家圖書館出版社

本书据书目文献出版社 1983 年 9 月第 1 版排印

说　　明

　　本书是为图书馆学专业学生编写的基础教材。书中系统地概述了图书分类的基本理论、图书分类史和图书分类的技术方法。为便于学生学习，书的每一章后面都列有思考题和主要参考书目，有些章末还附有实习题。

　　本书曾于1980年作为征求意见稿印发，得到了许多同志的热心支持，并对书稿提出过宝贵的修改意见。谨致谢意。

　　本书导言和第一章由史永元编写；第二、四章由李严编写；第五章由马张华、田为民编写；第三章第一、二、三、五节及第六章第一、二、三节由张涵编写；第三章第四节，第六章第四节以及第七章由侯汉清编写。最后由李严负责全书的统稿工作。

　　由于我们的水平有限，缺点和欠妥之处在所难免，敬请读者批评指正。

编者

一九八二年五月

目　　次

导　　言

图书资料是一种智力资源,它在实现四个现代化的事业中,起着相当大的作用。随着我国各项社会主义事业的发展,对图书资料的需求量越来越大,要求也越来越高。图书资料部门(包括图书馆、情报单位)如何去适应和满足这种需要呢? 除了要千方百计地搜集各种图书资料,使其入藏为国家资源外,揭示图书资料的内容就成为图书资料部门完成任务的最重要的手段之一。图书资料的内容是一切图书资料的本质属性,离开了这一属性,图书资料就失去其意义,而仅仅是一种物质材料(帛、竹、纸、缩微胶片等)而已,就起不到传递知识的作用。

一、图书分类法与主题法

在图书馆工作中,揭示图书资料内容的方法基本上有两种:一种是按图书内容的学科(知识)属性来系统揭示和组织图书资料的方法,称之为图书分类法;另一种是按图书资料内容的主题名称来揭示和排检图书资料的方法,称之为主题法。

图书分类法与主题法都是按图书资料的内容来区分文献的,从这意义上讲,都可谓之分类;分类法的类目和主题法的标题,在某种意义上都可谓之主题。但我们现在所说的图书分类法和主题法是有其特定含义的。分类法是通过学科知识的分类体系来揭示图书资料内容的,主题法则是通过主题名称来揭示图书资料内容的。前者强调的是分类体系,后者强调的是主题词的标引。总之,分类法的特征在于知识的系统性,主题法的特征在于事物的特指性。它们有着相同点也有其不同点,它们的功能和作用是互为补充的,从而在揭示图书资料内容方面构成为一个有机的整体。

二、图书分类

我们讲的图书分类,是专指图书馆的图书(包括图书及其他文献资料)分类。

读者利用图书馆来借阅图书,其目的是为了接受某一方面的教育,获得某一种知识,解决工作实践中的某一问题。图书馆要满足读者各种不同的需要,就必须对图书进行分类。

什么是图书分类?图书分类就是按照图书内容的学科属性或其他特征,把图书馆藏书予以一一揭示,并分门别类地将它们系统地组织起来的一种手段。

图书经过分类之后,就可以显示出每一种书的内容性质和它们之间的关系。性质相同的就聚集在一起,性质相近的就联系在一起,性质不同的就予以分开。

图书分类包括二个方面的含义:

第一,对图书馆藏的整体来说,根据每种图书内容的学科属性,把不同的书加以区分,把相同的放在一起,相近的联系在一起,整理得有条有理,使之成其系统,亦即类集。对藏书的区分和类集是图书分类的本质含义。

第二,对一种具体的图书来说,根据其内容将它归入到所采用的既定的分类体系中去,亦即归类。

类是代表着一组在性质上彼此相同的事物,类是一个概念。一类图书就是一组在某种性质上彼此相同的图书。"物以类聚"、"人以群分"的"类"和"群"就是这个意思。类在图书分类的习惯上又称为类目。每一个类目必须要给予相应的名称来表示该类的特殊性质,这名称就叫类名。例如:"哲学"、"辩证唯物主义"、"认识论"、"真理论"等等。类名不仅仅是为了区别于其他类,更主要的是为了规定该类的特殊性质及其包括的范围。例如:"图书目录"这一类名,既区别于"金石目录",又规定了该类的内容和范围,凡是图书的目录都包括在此。而"图书馆藏书目录"这一类名,就区别于其他图书目录,规定了它的范围仅仅是指反映图书馆藏书的目录。

　　一类事物彼此之间的相同点就叫分类标准,也有称之为分类根据的。一种图书属于或不属于某类就决定于具有或不具有这个相同点。这一相同点一定是图书的一种属性,也必然是该类图书的共同属性。这就是说,类是由分类标准所确定的。因此,分类标准的选择就成为图书分类的关键问题。图书属性有内容方面的,也有形式方面的(如:体裁、体例、文种、开本等)。不论是内容方面的,还是形式方面的,都可作为图书分类的标准。现代的图书分类总是以图书的内容为主要标准的。图书内容主要指的是内容的学科性质,这是图书本身所特有的、最主要的、有决定性的、为其他属性所依附的属性,只有根据这样的属性来规定的类,才能够有永久的、科学的意义。图书的其他属性是从属于这一本质属性的。用其他属性(包括图书内容方面的其他属性,如著者、地域、时代、人物等)作为分类标准的,称之为辅助标准。主要标准是图书分类首先应用并尽可能一贯应用的标准。辅助标准是在主要标准不能或不适宜于应用的时候所用的标准。由于采用分类标准的不同,就会产生不同的结果。因而在甲标准之下属于某类的图书,在乙标准之下可以属于另一类,例如:传记图书以编制体例形式为标准,即可集中归入传记类,而如果按图书的内容(被传人的生平事迹)为标准则应分别各入其学科类。

三、图书分类的任务、要求

图书分类的任务,概括起来有以下三项:

1. 揭示每种图书的学科知识内容;

2. 把学科性质相同的图书聚集在一起;

3. 根据各类图书之间的亲疏关系把藏书组成一个系统。

欲完成以上任务,必须以马克思主义、列宁主义、毛泽东思想为指导,以各门学科的知识体系为基础,要有科学的方法为工作手段。

对图书分类的要求,可归纳为"确认图书,归类正确"——这是对图书分类最起码、最主要的要求;"前后一致,位置固定"——这是图书馆对图书分类特有的要求。

要达到上述要求,如无一定的依据,就无法得到保证。其原因是:①图书本身的属性很多,采用何种属性为分类标准,很难掌握;②学科之间的关系是错综复杂的,既互相交叉,又互相影响、渗透,它们之间应如何排列也很难掌握;③图书馆的藏书是陆续收到的,由于图书所反映的内容有的较复杂,分类人员对图书的辨认和归类往往会不一致,即使是同一个人,在不同的时间里,对同类情况也会有不同的看法和处理;④图书馆的藏书越多,类目也就越多,这样众多的类目,是无法凭记忆去确定其先后次序的。

鉴于上述原因,在进行图书分类时,就需要有一定的依据。这种依据就是图书分类表和图书分类规则。图书分类表(习惯上称图书分类法,本书统称图书分类法)是图书馆类分图书的一种工具;图书分类规则是类分图书时所依据的条例。

我们学习图书分类,主要是学习图书分类法和图书分类规则,同时也学习如何运用图书分类来组织藏书、揭示藏书。

四、图书分类在图书馆的具体应用

图书馆对图书进行分类后,再按照图书分类的体系,对藏书实行分类排架和编制图书分类目录。

分类排架是图书馆藏书排列的一种方式。它主要是根据图书的学科内容来组织图书的,比较系统,比较科学。有利于图书馆宣传推荐图书,也有利于读者选择阅读图书。

图书馆实行分类排架,还有一个十分重要的作用,即运用分类排架号对藏书建设和图书流通情况进行分类统计。通过分类统计数字,可以检验图书馆藏书和图书流通的质量,也便于对整个图书馆的工作情况进行调查研究。

图书馆的分类目录是从学科知识方面来揭示藏书的一种检索工具。由于它揭示了藏书内容,因此,它能够宣传图书和辅导阅读,分类目录是图书馆目录体系中的一种主要目录。

组织分类排架和编制分类目录是有不同要求的。主要有:①在深度上,分类排架要求号码简短,方便于借阅,因此,类分可以粗一些;而分类目录则很少受到或根本不受号码长短的约束,要求类分尽可能详细,以加强专指度,便于查找。②在广度上,分类排架要求一种图书只能有一个排架类号,即主要分类号;分类目录则要求能从该书内容的各个方面对它予以充分揭示,一种书有时可以有几个分类号,除编制主要分类款目外,还可编制附加分类、分析分类、综合分类等辅助款目。③在组织方式上,分类排架要求类目之间采取单线排列的方式,不能随意更改和变换;而分类目录的排列就比较灵活,可根据需要采用分面组配或分类主题等方式,类目之间的位置也可进行适当的变动。总之,组织分类排架和编制分类目录在类分图书的要求上是有所不同的,应具体研究,区别对待。以往我们讲授、学习图书分类大都是着重于分类排架的,图书分类法的编制亦考虑适应分类排架的要求较多。现在看来,只局限于分类排架，是远远不够了。应在分类排架要求的基础上去深入研究如何适应多方面反映图书内容的分类检索，特别是电子计算机的检索。

通过组织分类排架和编制分类目录，能为图书馆开展各项业务工作创造条件，奠定工作基础。例如，藏书建设工作就可根据它们更有效地补充藏书；在读者工作和参考咨询工作中，很难设想在图书没有进行分类的情况下，能很好地完成任务。这一切都是近代图书馆工作实践证明了的。因此，图书分类在图书馆工作中是一项十分重要的、对藏书起组织作用的基础工作。

五、图书分类法的类型

自从美国的《杜威十进分类法》（以下简称《杜威法》）产生以来，图书分类法的类型大致有两种：一种是以《杜威法》为代表的等级列举式。这种形式的特点是用等级来表示类目的从属关系，用列举来显示类列的完整性，尽量在类目表上把类目列出来。这种形式对于表达类目纵的关系比较理想，但不利于反映图书内容的多样性和多变性。它是一种线性的形式，比较简单、固定，但有利于组织藏书。所以这种形式能较好地适应图书排架的需要。另一种是以印度阮冈纳赞的《冒号分类法》为代表的分面组配式。它的特点是把各学科知识分解成若干因素，再将许多因素根据一定的标准归纳为若干个面（范畴）。对图书分类时，利用范畴表的各种分面组配成适合图书资料内容的类目。这种形式比较便于适应图书资料内容的多样性和多变性，既能反映类目之间的纵的关系，又能使横的关系得以充分表达。这种类型的分类表主要是用以编制资料分类目录，不适宜于组织藏书。

分面组配式分类法的优点，目前正被等级列举式分类法所吸收，《国际十进分类法》就是在《杜威法》的基础上，运用了分面组配式的优点。这是上述两种形式相结合的混合形式。

《导言》主要参考文献

1.《图书馆目录》 刘国钧等编著 高等教育出版社 1957 年
2.《分类、标题与目录》 刘国钧著 《图书馆》 1962 年第 4 期
3.《分类法与标题法在检索工作中的作用——在检索方法座谈会上的发言》
   刘国钧著 《科技情报工作》 1963 年第 6 期
4.《主题法与分类法》 丘峰著 《图书馆工作》(中国科学院图书馆） 1976
   年第 1 期

《导言》思考题

1. 试述图书分类法与主题法的异同。
2. 图书分类的含义和作用是什么？
3. 图书馆为什么要对图书进行分类？
4. 图书分类在图书馆工作中有哪些具体的应用？
5. 组织分类排架和编制分类目录在类分图书的要求上有何不同？

第一章　图书分类法的结构剖析

　　图书馆进行图书分类，必须有一个依据，这个依据就是图书分类法。图书分类法是由许多类目根据一定的原则组织起来的、通过标记符号来代表各级类目和固定其先后次序的分类体系。它是图书馆用以类分图书、组织藏书的工具。有了图书分类法，就可以按照它将每一种图书归类，以达到分类工作前后一致、每种书归类位置固定的要求，它直接影响着图书分类的质量。因此，图书分类法是搞好图书分类工作的基本条件。图书分类法的分类体系，通常以表的形式体现出来，所以亦可称为图书分类表。实际上图书分类法与图书分类表是有区别的，图书分类法是指图书分类的方法和技术，是将图书按学科体系进行系统组织的方法。它既要建立图书分类体系又要运用这个体系来组织具体的图书。所以，图书分类法包括编类、辨类和归类。编类就是根据学科体系（或其他体系），结合图书情况，编列成表。辨类是分析图书内容性质，结合分类表中的情况，找出该书在分类体系中的位置。归类就是确定某一具体图书所应归入的恰当的门类，并给予该门类的号码。也就是说分类法除编制体系外还包括着图书分类的实践，并不单纯是一份由众多类目组成的，并通过隶属或并列等方式来显示类目相互之间关系的分类表，但人们习惯于把图书分类表叫图书分类法，例如:《中国图书馆图书分类法》、《中国科学院图书馆图书分类法》、《杜威十进分类法》等，不称为图书分类表。而将按照图书的学科内容或其他特征来分门别类地组成体系的方法,称之为图书分类。

学习图书分类时,首先必须对图书分类法的结构(即组成部分)作深入细致的分析,以便达到正确掌握和使用图书分类法的目的。

我国解放后新编的图书分类法,虽然其分类体系有差异,但其结构形式基本上是相同的,大都是由类目表、标记符号、说明和注释、类目索引等四部分组成的。现以《中国图书馆图书分类法》(以下简称《中图法》)为主,分别进行剖析。

第一节　类目表

类目表是根据类目之间的关系,按照一定的原则组织起来的,是整个分类法的主体,是用以类分图书的依据。也有人称它为分类表。它由基本大类、简表、详表、复分表几个部分组成。

一、基本大类、简表、详表、复分表

1. 基本大类

基本大类是图书分类表中首先区分出来的第一级类目,它是类目表的纲目,所以有的分类法称之为大纲,如:《中国科学院图书馆图书分类法》(以下简称《科图法》)。

基本大类是在基本部类的基础上扩展而来的。基本部类是类目表中最先确定的最概括、最本质的区分,但并不用来类分图书。基本部类之间的排列次序,称之为基本序列。解放后,我国编制的几部有较大影响的分类法其基本序列完全相同,如《中图法》、《科图法》、《中国人民大学图书馆图书分类法》(以下简称《人大法》)、《中小型图书馆图书分类表草案》(以下简称《中小型表》)

等。它们都是根据毛泽东同志在《整顿党的作风》一文中关于知识分类的论述来确定其基本序列的。毛泽东同志说："什么是知识？自从有阶级的社会存在以来，世界上的知识只有两门，一门叫做生产斗争知识，一门叫做阶级斗争知识。自然科学、社会科学就是这两门知识的结晶，哲学则是关于自然知识和社会知识的概括和总结。此外还有什么知识呢？没有了。"（见《毛泽东选集》第773—774页）上述一些分类法就是据此把所有学科概括成"哲学"、"社会科学"、"自然科学"三大部类的。《中图法》又认为："马克思主义、列宁主义、毛泽东思想是指导我们思想的理论基础，是一切科学部门的指导思想，必须作为一个基本部类列于首位。"（见《中图法》编制说明）此外，根据图书本身的特点，对于一些类无专属，不能按内容性质分类的图书，概括成"综合性图书"，又形成一基本部类，列于最后。这样《中图法》就有五个基本部类，依次为："马克思主义、列宁主义、毛泽东思想"、"哲学"、"社会科学"、"自然科学"、"综合性图书"。《科图法》、《中小型表》的基本序列与《中图法》相同，但在论述上略有差异。详细情况，可参见各自的编制说明。

由于社会科学和自然科学这两个科学部门的内容较多，在图书分类法中需要展开为若干个大类。《中图法》在上述五个基本部类的基础上，进一步划分为二十二个基本大类，其序列为：

基本部类	基本大类
马克思主义、列宁主义、毛泽东思想……	马克思主义、列宁主义、毛泽东思想
哲学………………………………………	哲学
社会科学…………………………………	社会科学总论
	政治、法律
	军事
	经济

10

文化、科学、教育、体育

语言、文字

文学

艺术

历史、地理

自然科学·····························自然科学总论

数理科学和化学

天文学、地球科学

生物科学

医药、卫生

农业科学

工业技术

交通运输

航空、航天

环境科学

综合性图书·····························综合性图书

　　《中图法》基本大类列类原则在"编制说明"中有详细的阐述，在此简单提一下。社会科学部类是先政治、次经济、后意识形态和上层建筑，最后为历史、地理，然后过渡到自然科学部类。自然科学部类是先基础科学，后技术科学，基础科学是按照恩格斯关于科学分类的原则加以序列的，技术科学是从生物科学之后的医药卫生开始，接着是农业、工业、交通、航天、环境科学。

　　掌握基本大类及其序列是极为重要的，应该在理解的基础上熟记。

　　2. 简表

　　简表是整个分类法的基本类目表，它是由基本大类进一步区分的类目组成，担负着承上启下的作用。在类分图书时，可以用它作引导，到详表中去寻找适当的细目，但不用作分类的依据。有的小型图书馆或专业图书馆的非专业藏书也有用简表分书的。用了简表的部分，就不能再用详表。

《中图法》简表共列出类目约 1500 个左右，是整个分类法的骨架。

3. 详表

详表是整个分类法的正文，亦即主表，有的分类法称它为正表。是类分图书的实际依据。一部分类法的所有编制原则都贯注在详表之中，它由各级类目组织而成。

4. 复分表

类目表在编制时，正表中有许多类目在进行进一步细分时，都是采用同一标准，而区分出的子目大致相同，例如：

（1）"数理科学和化学总论"、"农业科学总论"和"军事科学"、"图书馆学"等各大类和各专门学科总论性类目都可细分成以下的子目：

> 理论与方法论
> 科学现状、概况
> 机关、团体、会议
> 研究方法、工作方法
> 教育与普及
> 丛书、文集、连续出版物
> 参考工具书
> 书目、文摘、索引

（2）"各国历史"、"各国经济"、"各国政治制度现状"、"各国药材分布、药材志"等，均可按国家（地区）进一步区分出下列子目：

> 世界
> 中国
> 亚洲

東亚

东南亚

南亚

　印度

　巴基斯坦

非洲

欧洲
⋮
⋮

（3）"中国经济史"、"中国军事史"、"中国政治思想史"等各类目需按时代作进一步区分时,均可分为以下子目:

原始社会（约 50 万年前—4000 多年前）

奴隶社会（公元前 21 世纪—公元前 475 年）

封建社会（公元前 475 年—公元 1840 年）

　战国

　秦汉

　　秦

　　汉

　三国、晋、南北朝

　隋、唐至清

半殖民地半封建社会（公元 1840 年—1949 年）

中华人民共和国（公元 1949 年—）

如果把上述按同一标准区分出的子目,均在各有关类目下分别列出,势必会使分类法的篇幅十分庞大,且需列的列不胜列,很容易遗漏。为了增强细分程度和缩小类目表的篇幅,在编表时把这些相同的子目汇集起来,编列成表,作为有关类目需要用这个标准进一步区分时的共同子目,这种表称之为复分表或共同区分表。由于这些表都是用辅助标准制订的,故又称它为辅助表;由于这种

表一般都设在详表之后,故又称作附表。

复分表既可增强类目细分程度,又可使分类表的篇幅大大缩小,使类目表具有较强的伸缩性,配上号码后,又有一定的助记性。

复分表一般有二种:一种是适用于整个类目表的,称之为通用复分表(或称共同区分表)。一般有总论复分表、世界地区表、中国地区表、国际时代表、中国时代表、中国民族表等。另一种是仅适用于某一大类或专门学科的复分表,称为专类复分表,例如:《中图法》"马克思主义、列宁主义、毛泽东思想"大类的"专题汇编复分表":

> 论马克思主义、列宁主义
>
> 论共产主义、共产党
>
> 论哲学、宗教
>
> 论政治、法律
>
> 论军事
>
> 论经济
>
> 论文化、教育、体育
>
> 论语言、文字
>
> 论文艺
>
> 论历史、地理
>
> 论科学、技术
>
> 论医药、卫生
>
> 论农业
>
> 论工业、交通

又如:"纺织工业机械与设备"类的"各类机械的复分表":

> 理论
>
> 设计、计算、制图
>
> 结构、零件、装置
>
> 材料

制造用设备

制造工艺

安装、运行与检修

工厂

专类复分表只供该类使用。

复分表除上面两种外,还有一种利用某一类的子目作为进一步细分的依据,称之为仿分。在分类表中广泛使用仿分这种形式,也是为了避免在分类表中重复出现相同或相似的子目。在我国编制的分类法中一般在类目下注明:"仿×××分"。如:《中图法》中"中国工业部门经济"类下注:"仿 F416 分",指仿世界工业部门经济类分,起专类复分表的作用。但也有些分类法,如《杜威十进分类法》规定有些类目还可以仿全部类表复分。

复分表是类目表的重要组成部分,有的分类教材把它列为图书分类法的一个独立组成部分,与类目表、号码、注释、类目索引并列,其重要性可想而知。但所有的复分表都不能单独使用,必须依附于详表中的类目。

在使用复分表时,还必须注意一致性,不能有时用,有时不用。原则上应按分类法上的有关规定使用,但各馆也可以根据本馆的特点作必要的变通规定。例如,有的类目在分类法中虽然没有注明用复分表细分,但本馆却需要用某复分表来进一步细分;有的类目尽管在原分类法上注明需用某复分表复分,但本馆不必细分。诸如此类的变通规定,必须在本馆使用本上作明确的规定,作为本馆分书时一贯遵守的依据。

二、类目之间的相互关系

现举《中图法》中"生物科学"类为例来说明各类目之间的相互关系。

生物科学	一级类目
普通生物学	二级类目
细胞学	二级类目
微生物学	二级类目
植物学	二级类目
植物的演化与发展	三级类目
植物细胞学	三级类目
植物遗传学	三级类目
植物形态学	三级类目
植物生理学	三级类目
植物病理学	三级类目

　　　　　　宜入 S432.1。　植物病理学（属农业大类）

植物生物化学	三级类目
植物次生物质	四级类目

　　　　　　抗菌素入 R978.1。　抗菌素（属医学大类）

植物生物物理学	三级类目

　　　　参见 Q6。　生物物理学

从上例可看出：

1. 类目表是根据类目之间的内在联系组织起来的，它们反映的是一种系统关系，也称为族性关系，而不是根据类名的字顺次序或其他什么次序排列的。

2. 表达的形式是直线排列，而不是用图表形式表示类与类之间的关系。

3. 类目之间要显示出彼此的关系：从属关系、并列关系、交替关系和相关关系。

（1）从属关系。一个类与其直接细分出来的小类之间的关系称从属关系。如："生物科学"与"植物学"，"植物学"与"植物生物化学"，"植物生物化学"与"植物次生物质"等等，都是从属关

16

系。从属关系的各级类目在分类表中,都有一定的称呼,分别称之为基本大类(一级类目)、二级类目、三级类目……等。被区分的类目称为上位类,亦称母类;区分出来的小类称为下位类,亦称子类(或子目)。"植物学"是"植物生物化学"的上位类,但又是"生物科学"的下位类,"植物生物化学"是"植物学"的下位类,但又是"植物次生物质"的上位类。由此可见任何一个类,是上位类还是下位类,都是随类目的上下关系相对而言的。连续划分形成一系列具有从属关系的类目,称为类系。如"生物科学"→"植物学"→"植物生物化学"→"植物次生物质",就叫做一个类系。类目表是采用等级的形式表达从属关系的,为了醒目,《中图法》及其它一些分类法采用大小不同的字体和缩格排列的方式来表示。

在类目表中,下位类一定要带有上位类的属性,上位类一定能包含它所属的各级下位类,它们之间是属种的总体和部分的关系,凡是没有这种关系的类目就不能列入这一类系之中。掌握类目的从属(等级)关系对于正确类分图书是极为重要的。

(2)并列关系。一个上位类分出若干个小类,这些小类之间的关系,是用并列的方式来表达的,故称并列关系。由一个上位类区分出来的一组下位类,互称为同位类。一组同位类,总称为一个类列。"普通生物学"、"细胞学"、"微生物学"、"植物学"都是同位类,"植物的演化与发展"、"植物细胞学"、"植物遗传学"、"植物形态学"、"植物生理学"、"植物病理学"、"植物生物化学"、"植物生物物理学"……等等也都是同位类。同位类与同级类的概念应有区别。同位类必须同属一个上位类,即在一个类列之内。同级类是在类目表的等级位置上相同,但不一定属于同一类列。如:"植物次生物质"与"植物生长"、"植物热学"都是四级类,可是不同属于一个上位类,即不在一个类列,故不能称同位类,而称同级类。

同位类之间的先后次序应依据一定的原则来排列。各个类列由于本身的特点不同,它们所用的原则也是不同的。例如:《中图法》的"生物科学"类下的二级类目的排列,就是依据由一般到具体、由低级生物到高级生物的序列进行的,其排列顺序为:

普通生物学

细胞学

遗传学

生理学

生物化学

生物物理学

分子生物学

环境生物学

古生物学

微生物学

植物学

动物学

昆虫学

人类学

人体形态学

"各级教育"类则是按照教育程度,由低到高排列为:

学前教育、幼儿教育

初等教育

中等教育

高等教育

即使是同一性质的类列,在不同的分类法里由于编者的观点不同,它们的先后次序也不相同。比较一下《中图法》与《科图法》的"工业技术"大类下的类目排列次序,就可以看出编者所采用的列类原则有着明显的区别。

《中图法》	《科图法》
一般工业技术	一般技术科学
矿业工程	力能学、动力工程
石油、天然气工业	电技术、电子技术
冶金工业	矿业工程
金属学、金属工艺	金属学、物理冶金
机械、仪表工业	冶金学
武器工业	金属工艺、金属加工
动力工程	机械工程、机器制造
原子能技术	化学工业
电工技术	食品工业
无线电电子学、电讯技术	轻工业、手工业
自动化技术、计算技术	土木建筑工程
化学工业	
轻工业、手工业	
建筑科学	
水利工程	

从事图书分类工作的人员,必须掌握所使用分类法的各个类列的列类原则,特别是三级以上类目的列类原则,以便于确认分类法的结构体系,正确地迅速地类分图书。

各个同位类,对于它们共同上位类的属性来说,都是相同的,所以同位类之间是互相联系的。但是它们又有各自不同的特有属性,故同位类之间又是互相排斥的。这是一条十分重要的原则。

(3)交替关系。由于类目表是直线排列的,就不得不把有些可以两属或几属的事物(类目),简单地隶属于某一上位类,而不列在另一些也可以隶属的上位类下。如:"植物病理学"既可隶属于"植物学",又可隶属于"农业植物保护"下的"植物病害及其防治",而《中图法》把它隶属于"植物病害及其防治"类,不隶属于

"植物学"。这是因为在分类法中凡是两属或几属的类目,只能隶属于一处,否则就违反同一性质的图书不得归入两处的基本要求。但是为了照顾专业图书馆的需要,在分类表中,凡是可有几属的类均分别在各有关上位类下列出,便于从不同角度检索此类图书。在分类表上明确规定用以类分图书的类目,称之为使用类目,"植物病害及其防治"类下的"植物病理学"即为使用类目。不用作类分图书的类目叫交替类目(或称选择类目),"植物学"类下的"植物病理学"即为交替类目。交替类目在分类表上用"宜入×××"或"×××入×××"的注释表示。使用类目与交替类目之间的关系,是一种交替关系。

交替类目是解决事物之间多方面的内在联系与类目表的直线排列这一矛盾的主要方法,它的设置既可体现同一事物的多种隶属关系,又便于各馆按图书分类的需要选择使用类目,从而达到同一性质的图书,不同馆能归于不同类,满足各馆分类上的不同要求。交替类目虽不能用以分书,但应在分类目录中做一张直接参照片来表达与使用类目的关系,以满足读者从不同角度检索图书的要求,提高分类目录的质量。

(4)相关关系。这里所说的相关关系,是指类目之间除从属关系、并列关系、交替关系外的其它关系,通常称之为相关关系。在分类表上用参照的办法来表示,称之为类目参照。《中图法》用参见的方式来表示。如:"植物生物物理学"类下注明"参见 Q6 生物物理学"。被参见的类目,如上例的"Q6 生物物理学",叫做参见类目。

从属关系与并列关系,表示着类目的严密系统性,亦即分类表的纵向关系;交替关系与相关关系表示着类目的交叉性,亦即分类表的横向关系。

第二节　标记符号

　　各级类目按一定的关系排列组织起来以后,便决定了谁先谁后的次序。可是一部分类法的类目往往是成千上万,它们的先后次序又是根据内在的联系排列的,人们不可能凭记忆来固定各级类目的位置,因而不便于类分图书、图书排架、借还图书和排列卡片等工作,必须有一种标记符号来代表类目,凭这些符号确定各级类目的先后次序。分类号码就是代表各级类目的标记符号,也是日常用以排检的依据。现代图书分类法如没有一定的标记符号来代表类目表,那类目表就会失去其实际的使用价值。这是分类号码对类目表所起的积极作用。可是,类目表一旦用分类号码加以固定后,就会给类目表的发展带来困难。主要表现在二个方面:一是不能随意地更改类目的先后位置;二是增加类目要受到较大的限制,不能随意地插加类目,必须迁就原来的体系。所以,既要看到分类号码对于类目表实际使用价值的积极作用,又要认识到分类号码对于类目表发展的限制作用。

一、分类号码应具备的要求

　　1.号码要简明、易记、易认。首先要有一组次序固定、并为人们所习惯掌握的符号。如:阿拉伯数字 1、2、3、4、……,拉丁字母 A、B、C、D、……等。没有固定次序的标记符号(如各种标点符号),不能单独作为分类号码,只能作为辅助符号。即使有固定次序但不易被人们掌握的符号用作分类号码也是没有生命力的。如:我国的干支符号系统(甲、乙、丙、丁……,子、丑、寅、卯……以及甲子、乙丑……等),现代分类法一般不用它作分类号码。类号要求简短明了、易记易认,是为了使组织藏书的工作达到准确、迅速的目的。

2. 类号的编排要力求便于伸缩和易于扩充中间性类号。以便从技术措施上来解决分类号对类目表的限制作用，使其减少到最小程度，便于分类法的补充和发展。

3. 类号的编制要具有表达性，即号码要能够表示出分类表的结构——类在类目体系中的相对位置。这种号码能表达类目之间的从属关系，表示出分类表的系统性。

二、标记符号的种类

标记符号有单纯号码与混合号码两种。凡是采用一种有固定次序的符号系统作标记符号的，称之为单纯号码，例如《科图法》、《人大法》等只采用阿拉伯数字作标记符号，均为单纯号码；凡是采用两种或两种以上固定次序符号系统作标记符号的，称混合号码，例如《中图法》、《中小型表》等，系采用拉丁字母与阿拉伯数字相结合的符号，均为混合号码。单纯号码一般只采用阿拉伯数字，其优越性是简单明了，排检迅速。其他符号系统，在我国还没有被用作单纯号码的。采用拉丁字母和阿拉伯数字相结合的混合号码，其好处是基数多，层次清楚。但不如单纯数字简单明了，从而影响排检速度，还容易出差错。除了采用有固定次序的系统符号外，许多分类法还使用各种标点符号，单纯号码加上这种符号，不能称它为混合号码，《人大法》用了"·"、"（）"、"—"等符号，但仍是单纯号码。标点符号在分类号码中起助记的作用，所以又称它们为助记符号。如《中图法》中"—"为总论复分号，"（）"为国家区分号等。

三、编号制度

1. 层累制。它是根据类目的不同等级，给予相应的不同位数的号码，即一级类用一个符号、二级类用二个符号，三级类用三个

22

符号,依此类推。同位类再以所采用符号的顺序相配。这种编号制度称之为层累制。因为它是用小数的方法排列的,所以又叫小数制。《人大法》是严格的层累制。举例如下:

7	文化、教育
79	文化事业、社会教育
794	图书馆学、图书馆事业
1	图书馆学
4	图书管理
3	分类与编目

"图书馆学"是第四级类目,它的类号是四位数,即7941;"图书管理"是第五级类目,其类号为79414;"分类与编目"是第六级类目,类号是794143。类号反映上下位类的关系很清楚,逻辑性很强。但这种制度,类目分得越细,细目的类号就越长,如果用来分类排架,在借阅图书时,对读者、馆员都不方便,而且容易出差错。这是层累制的弱点。层累制满足了分类号码的表达性,但影响了简短性的要求。

层累制有一个问题要解决,就是一组标记符号系统,其数量是有限的,如果同位类类目超过其数量,就无法取号了。解决此问题的办法,一种是人为地把同位类目压缩到这一组符号的基数之内,《杜威法》及我国解放前常用的几部十进分类法基本上都采用此办法。另一种办法与此相反,类目的设置不受类号的限制,有多少同位类就立多少类目。《人大法》虽然采用阿拉伯数字单纯号码,却冲破了十位数字的束缚,用双位数加"·"的办法来表示与单位数0—9是同一级位的符号,这就打破了符号基数的限制,这种办法在理论上是可行的,但在实际使用上,却容易产生差错,这是因为它不符合人们的习惯。它的编号制度是层累制,是小数排列法,而双位数加"·"却成为一个整数,"13."与"13"容易混。在《人大法》里"13."是"自然科学"大类的类号,"13"是"斯大林著作与传记"的类号,人们的习惯往往会把"13."当作两位数,何况在书写排列时极容易疏忽这一小圆点。当然特别留心或经长久使用以后就会习惯的,但毕竟是个问题。后来的新分类法采用了《人大法》消除类号束缚类目设置的这一原则,但在配号技术上摒弃了双位数加"·"的办法,而是采用了"八分法"和"双位制"。《中图法》就是用此办法的。当同一类别类目超过九个时,就采用八分法。具体办法是前八个类目用个位数1—8,后几个类目用91、92、……98、991、992……等表示。《中图法》的"R73 肿瘤学"分出十四个子目,就采用了八分法,其编号为:

R730　　　一般性问题

R732　　　心、血管肿瘤

R733　　　造血器及淋巴系肿瘤

R734　　　呼吸系肿瘤

R735　　　消化系肿瘤

R736　　　内分泌腺肿瘤

R737　　　泌尿生殖器肿瘤

R738　　　运动系肿瘤

R739.4　　神经系肿瘤

R739.6　　耳鼻咽喉肿瘤

R739.7　　眼肿瘤

R739.8　　口腔颌面部肿瘤

R739.9　　其他部位肿瘤

当同一类列超过十六个子目时,为避免号码冗长,一般不再采用八分法,而用双位制。具体办法是用11、12、13、14、……21、22、23、……98、99 等双位数表示。《中图法》的"TQ 化学工业"类,下分三十一个子目,就是用双位制编排的。其编号为:

TQ 11　　基本无机化学工业

　　12　　非金属元素及其无机化合物化学工业

13	金属元素的无机化合物化学工业
15	电化学工业
16	电热工业、高温制品工业
17	硅酸盐工业
2	基本有机化学工业
31	高分子化合物工业(高聚物工业)(总论)
32	塑料和合成树脂工业
33	橡胶工业
34	化学纤维工业
35	纤维素质的化学加工工业
41	溶剂与增塑剂的生产
42	试剂与纯化学品的生产
⋮	⋮
⋮	⋮
65	香料与化妆品工业
9	其它化学工业

2. 顺序制。由类目表的第一个类目开始,直到最后一个类目为止,不论类目的等级,按类目排列的先后次序,分别按照符号本身的顺序依次标志全部类目的编号方法,它仅仅反映类目的先后次序,不反映类目的等级关系。这种编号制度称顺序制。由于一般多用阿拉伯数字的整数顺序序列,故又称数序制。我国解放后所编的新分类法都没有采用这种编号制度。解放前裘开明编的《汉和图书分类法》是典型的数字制编号法。现举"图书馆学"类为例:

9701—9929	图书馆学
9701—9709	总论
	依体裁分用表一
9710—9729	藏书掌故及历史

9711—9719	中国
9720—9728	日本
9729	其它各国

依地理分用表二

9730—9739	图书馆通论
9740—9749	建筑及设备
9750—9759	行政
9751	组织章程
9753	董事会、委员会
9755	馆员
9757	馆规
9760—9779	管理
9761	总务
9762	采访
9763	购书
9764	交换
9765	登录
⋮	⋮

这种编号制度的优点是号码简短,在一万个类目以内,只需要四位数;其缺点是类号不能反映类目之间的系统关系,没有一定的助记作用。

3. 层累顺序相结合的混合制。层累制的优点,正是顺序制的缺点,同时顺序制的优点正是层累制的缺点,为了各取其长,又产生了第三种编号制度,即层累顺序混合制。例如《科图法》中:

71	工程技术
75	金属学、物理冶金
75.6	铁碳合金
75.63	合金钢

26

75.633	工具合金钢
76	冶金学
78	机械工程、机器制造
79	各部门专用机械

四、类号的组合

类号编制后,类分图书时,并不都是简单地照抄类名前的类号,有时还需将代表各种含义的标记符号组合在一起,使其成为具有确切意义的完整类号。有两种情况:一种是分段标记的组合;一种是代表不同含义的各种号码的组合。

1. 分段标记的组合

为了使分类法上的号码层次清晰,并能减少印刷符号,《中图法》、《科图法》、《人大法》都采用了分段标记的办法。如《中图法》:字母是一段、数字前三位数为一段,以"·"作为间隔号,"·"后面的数字为一段。有些细目,在类名前只标第三段,不标第一、二段的标记符号。因此,在分书给号时,就应将前二段号码加上,以构成完整的类号。例如:".269 海参纲"类,它的完整号码应是:字母"Q"加上前三位数"959",再加上类名前的号码".269",即Q959.269。《科图法》也是三段标记法,第一段是顺序制,第二段是层累制的前三位数,第一段与第二段之间用"·"隔开,第三段是类名前的号码,例如"55 丝织品印染"类,它的完整号码为:顺序制85加上层累制前三位数.191,再加上类名前的号55,即85.19155。《人大法》则又是一个样,它是前三级类号为一段,以后是每级为一段,各级之间无任何标识符号,要靠分类人员细心去掌握。例如:"3 分类与编目"类,它是一个六级类目,它的完整号码是:前三级类号794加上第四级类号1,再加上第五级类号4和第六级类号3,即794143。

从以上可看出,分类表中较细的子目只列出代表该子目的局部号码,而没有表示出它各级上位类的号码。因此,分书时如果该分类法是采用分段标记法,必须把上位类类号加上去构成完整号码,这很重要,不可疏忽,少一个号,就会含义全非。

2. 各种不同含义的号码的组合

类分图书时往往会碰到许多需要将若干号码组合成一个类号的问题,一般有三种情况:

(1)用复分表细分。凡是正表中各级类目需用复分表细分时,只要在该号后加上复分表有关号码,就构成完整号码。例如:"生物学名词"的类号,《中图法》为 Q—61;"日本保健事业"为 R199.313。如果需要利用二个或两个以上复分表细分时,则视该类目的要求,决定其先后。如:"美国现代诗歌"类的号码组合先后为:文学加美国加诗歌加现代的号码,即 I712.25。在运用复分表时必须注意以下几个问题。

一是凡在正表中已列有专类时,不得用复分表细分。例如《中图法》中的"自然科学研究方法"类号为 N3,不是 N—3;凡是专类复分表的细目与通用复分表的细目一样时,得用专类复分表,不能用通用复分表,例如《中图法》中的"加拿大工业经济统计资料",其类号应是 F471.12,不是 F471.1—66。

二是凡复分表中的部分号码的含义与正表中的部分号码含义相同时,必须删去重号。例如《中图法》中"巴基斯坦哲学"类,在"B31/39 亚洲各国哲学"类下注明依世界地区表分,巴基斯坦在地区表中的号码为 353,B31/39 的 3 是亚洲的代号,353 的第一个3 也是亚洲的代号,重号应删去,故"巴基斯坦哲学"的类号为 B353,不是 B335.3。B335.3 就成为其它类目了。

三是如果主表和复分表都是采用层累制编号法,上位类目需用另一表进行复分时,必须先加 0,再加该复分类号,以免与下位类号码相重号。例如《中图法》中"轻金属冶金原理"的类号为TF820.1,而不是 TF821,TF821 是铝冶金。再举两例:"西欧现代史"的类号应是 K560.5,不是 K565,K565 是法国史;"西欧历史事件"的类号应是 K560.05,不是 K560.5。1981 年书目文献出版社出版的《中国图书馆图书分类法使用说明》还规定,在自然科学各类下的八个专类复分表的号码前都必须加"0",遇有仿照"一般性问题"复分的类目,也须加"0"复分。具体做法可参阅该书。

总之,用复分表细分时,一定要认真剖析每一符号的含义,删去重号和加 0 是很重要的,加 0 的关键是正确理解和掌握上下位类的关系。

(2)仿分。分类法中规定的"仿×××类细分"的办法,实际上是一种小的专类复分表,这种办法与复分表一样具有缩短篇幅和增强细分程度的作用。在具体使用时,一般是将仿分的类号加上被仿分的子目号即成。例如《中图法》"Q560 维生素一般性问题"类下注明"仿 Q50 分",当要将《维生素的化学成份和结构》一书归类时,其类号为 Q560.1,"1"就是"化学成分和结构"的子目号。是否需要仿分,仿什么类分,一般都在需要仿分的类目下注明。可是《中图法》有些类的仿分却在前面有一个总的注释,例如:在"K21 原始社会"前有一段总注释:"以下 K21/249 各代史均可仿 K20 分"。这种在一组类列前的总说明,很容易被疏忽,分书时要特别注意。另外,仿分也有一个加 0 的问题,加 0 的原则与使用复分表加 0 的情况相同。

(3)组配复分号。《中图法》、《资料法》、《科图法》还使用一种":"的符号联接其它主类号进行细分,称此号为组配复分号,也有人称为联号或冒号的。这种方法对于类分文献资料比较适用。因为一般资料很少采用分类排架,可以不受号码要求简短的约束。例如:《关于放射性同位素在冶金工业中应用情况的报告》这一份资料,其类号可用":"联结两个主类号,它在《中图法》里的组配符号是 TL991:TF15 或 TF15:TL991,这样就可以在"TL991 放射性同位素的应用"和"TF15 原子能冶金"两个类分别集中有关的资料。

组配复分号增强了使用分类法的灵活性,还可正确表达各学科之间的互相渗透和交叉关系。我国过去的图书分类法都没有此种组配复分号,很大程度上是由于过去图书分类的着重点放在分类排架上,而不是放在编制分类检索工具上,现在图书文献资料的分类检索越来越趋向机械化和自动化,这种组配复分号的优越性也越来越明显。

综上所述,利用各种方法的细分,在道理上比较简单:一是为了缩短类表篇幅,二是增强分类法的伸缩性、灵活性,三是为了增强助记性。但在具体使用时却是很细致的,在类分图书时,必须掌握它们的使用方法,正确理解每一符号所代表的含义,特别要注意删去重号和加 0 的问题;要弄清按规定哪些类需要复分,用什么复分表或依照何类目仿分,是否用组配复分号,如果需要二次或二次以上的复分,其先后次序是什么等等。

3. 各种辅助符号

图书分类号除了采用有固定次序的符号作标记符号以外,还用了各种辅助符号。现将《中图法》的辅助符号介绍于下:

(1)推荐符号"a"。此号代表马列主义经典作家的著作在有关各类作附加分类时的推荐符号,如:"G3a 马克思、恩格斯、列宁、斯大林、毛泽东论科学研究",排在 G3 的前面,以示推荐。

(2)总论复分符号"—"。此号是代表总论复分表的符号,排在数字 0 的前面,如"TN—6 无线电电子学参考工具书"排在"TN0 无线电电子学一般性问题"前。

(3)起止符号"/"。表示号码所包含的范围。如:"D93/97 各国法律",其中日本法律为 D931.3,苏联法律为 D951.2,美国法律为 D971.2 等等。此符号只在分类表上出现,在分书给号时不用。它与《国际十进分类法》的"/"号不同,《国际十进分类法》将"/"用于实际分书。

(4)交替符号"〔〕"。此号表示交替类目,此符号也只在类目表上出现,实际分书时不用。

（5）地区及国家区分符号"（ ）"。此符号表示有关类目需用地区复分表区分而类目表中又未作规定时才使用。如："中国乒乓球运动"为 G846（2）,"英国新闻工作者"为 G214（561）。使用该符号时要注意:凡是类目表上已规定用地区表复分的,就不能用此符号,"西德图书馆事业"不能把类号写成 G259（518）,而应是 G259.518。

（6）时代区分符号" ＝ "。此符号与"（ ）"的用法相同。只有在有些类目需用时代复分表复分而在类目表上又未作规定时才使用。如:《美国近代图书分类表》,类目表上未注明需按世界地区表和国际时代表复分,但需按地区和时代分时,此类号即为 G254.12（712）＝4。

（7）组配复分号"："。前面已作过介绍。

五、类号的排列

我国现有的几部常用的分类法,其类号都是依小数制的办法排列,即一位数对一位数的往下排,同一位数的按符号系统本身所固有的次序排。如:"8"、"13"、"51"、"191"、"504"等五号码,其次序应为:"13"、"191"、"504"、"51"、"8",而不是前面那样的整数的次序。

如果遇有多种符号,需要进行排列时,一般应按该分类法规定,各馆也可根据自己的实际情况作出规定。但一定要将反映学科内容性质的符号,即主类号排在最前面。其它辅助符号,如推荐符号"a"排在原类号前面,总论复分符号"—"排在"0"的前面（可参见前面辅助符号的例子）。如果表示地区"（ ）"和表示时代" ＝ "的符号同时使用时,一般按先地区后时代的次序排列。

第三节 注释和索引

分类法除类目表和相应的号码以外,还必须要有注释和索引两部分。注释和索引能帮助我们更好地使用类目表。

一、注释和说明

注释或说明是对分类表结构及使用方法的揭示。用它来进一步阐述分类法的编制原则、特点和使用方法,明确类目之间的关系,确定类目的性质和范围,规定类分图书时的方法等。这些对于掌握分类法是相当重要的,我国解放后编制的几部分类法,在这方面取得的成就较为突出。分类法中的注释性文字一般可分为序论(或编制说明)、大类说明、类目注释三部分。

1. 序论(或编制说明)。主要叙述该分类法所依据的理论基础及编制原则,分类体系和结构,号码制度和使用方法,编制经过和其它有关事项等等。也就是该分类法的整体说明。

2. 大类说明。它包括该大类的含义和收书范围,该大类的体系和特点,一些特殊的分类方法等。类分图书之前,先熟悉各大类说明是十分必要的。《武汉大学图书分类法》(简称《武大法》)、《中国图书馆图书分类法草案》(简称《大型法》)都编有大类说明。《中图法》的大类说明编在《中图法的使用说明》一书内。《科图法》、《人大法》都未编大类说明,要靠分类人员自己分析和理解,对初学者不大方便。

3. 类目注释。各级类目除了用类名来确切表达该类的内容和范围外,有时还需用种种补充注释,来进一步指出该类的内容范围。指出该类与其它类的关系,或者规定该类如何复分以及特殊的分类方法等。根据类目注释的提示分书,有助于保证图书分类

32

的一致性。类目注释的种类很多,现以《中图法》为例加以分析说明。

(1)指出类目所包括的内容范围的。

例一:Q2　细胞学

　　　　　　　　总论入此;专论某种生物细胞的著作入有关各类。

例二:P185.83　陨星

　　　　　　　　陨石学入此。

例三:P193　季节、时令

　　　　　　　　昼夜、四季。

(2)指示本类与其它类的关系的。

指出交替类目的:

例四:〔P191〕　年代学

　　　　　　　　宜入 K04。

例五:TS802.2　纸张

　　　　　　　　制造入 TS7。

指出参照类目的:

例六:TS254　水产加工制品

　　　　　　　　参见 S98。

指出见×××注释的:

例七:A42　毛泽东单行著作

　　　　　　　　见 A12 注。

(3)指示本类如何复分的。

指明要利用通用复分表分的;

例八:T—63　产品目录、样本

　　　　　　　　依世界地区表分。

指明要利用专类复分表分的:

例九:TE9　厂矿机械设备与自动化

　　　　　　　　以下机械设备,如有必要时,均可依下表复分。

指明仿某某类分的：

例十：R127　农村卫生

　　　　　　仿 R126 分。

指明仿上位类分的：

例十一：Q510　（蛋白质）一般性问题

　　　　　　仿 Q50 分。

指明先依某某类分，再仿某某类分的：

例十二：K291/297　各省、市、区史志

　　　　　　　　依中国地区表分，再依下表分。

（4）指示特殊分类规则的：

例十三：U448　各种桥梁

　　　　　　涉及多种分类标准的著作人前面编列的类。如拱式
　　　　　　公路桥入 U448.14。

（5）指示给号方法的。

例十四：TP2　自动化技术及设备

　　　　　　以下 TP21/27 各类均可仿 TP20 分。例：自动化系统的
　　　　　　调整为 TP270.6。

（6）指出组织分类排架和分类目录的特殊规定。

例十五：Z842　中国私家藏书目录

　　　　　　依中国时代表分，依藏书家排。

例十六：K82　中国人物传记

　　　　　　以下各种人物传记，除注释中注明的以外，均系包括总
　　　　　　传和分传，其中分传均按被传人姓名排（或按被传人顺序
　　　　　　编号）。

例十七：D622　全国人民代表大会会议及其文件

　　　　　　依会议届次排。

二、索引

图书分类表是按学科体系组织起来的，但具体的分类工作者

往往不知道某一类目究竟在类目表的什么位置上。例如"分子光谱"在哪一类的何级类目？至于名称相近似而实属不同学科体系的学科,就更难辨别了。如"电视工作"、"电视台",前者属"G22广播、电视事业"类,后者属"TN94 电视传真"类。诸如此类的问题,即使是一个经验丰富、知识渊博的分类工作者也会遇到程度不同的困难,于是不得不花费大量时间去到处查检确切的类目。为了解决这一问题,提高工作效率和保证分书质量,就需要编制分类法的类目索引。类目索引是一部分类法所不可缺少的组成部分。《中图法》的索引正在编制中。

索引有两种:直接索引和相关索引。

1. 直接索引。这种索引是将分类表中所有各级类目,都按照类名的字顺排列起来。在每一索引条目后面写上该类的号码,人们可以根据此类号到分类表里去核对是否是所需的类目。《人大法》的索引就是直接索引。

编制直接索引时应注意下列问题:

(1)必须将各类目的同义词,另编条目排进索引中去,例如:"论理学"是"逻辑"的同义词,"伦理学"是"道德哲学"的同义词,"电视接收管"是"显像管"的同义词等,都要分别立目,编入索引。如不把同义词另编条目排进索引中去,那就无法从同义词去找到该类目。

(2)类名如系同一类组时,应为它们分别各编词条,但这些词条必须是完整的概念。例如:"染料、颜料、药剂及助剂"这一类目可以编"染料(印染工业)TS190.2"、"颜料(印染工业)TS190.2"、"药剂(印染工业)TS190.2"及"助剂(印染工业)TS190.2"四条。如不加"(印染工业)"字样,就会与"染料 TQ61"、"颜料 TQ62"、"药剂学 R94"等条目混淆不清。

(3)有些类往往用概括性名称,而在注释中详列具体名称。此时除了为概括性类名编词条外,还应为注释中的具体名称编词条,例如:"P588.12侵入岩、深成岩",除了分别为"深成岩"、"侵入岩"编词条外,还要为注释中具体名称"花岗岩"、"正长岩"、"闪长岩"、"辉长岩"、"橄榄岩"、"辉石岩"、"角闪岩"等编若干词条。

(4)有些类名前冠有不重要的冠词或形容词用","或"——"隔开并倒装,如:"J312各种样式雕塑法"、"J313各种题材和体裁雕塑法"、"J314各种材料雕塑法",分别用"雕塑法,各种样式J312"、"雕塑法,各种题材和体裁J313"、"雕塑法,各种材料J314"或"雕塑法——各种样式　J312

各种题材和体裁　J313

各种材料J314"的形式编写词条。

(5)有些子目离开上位类,就含义不清或概念不完全,必须加上上位类含义,共同组成一个词条,这在分类表中是大量存在的。例如:"G254.11分类法","G260.41分类、编目、登记"、"G272文件材料的分类"等三子目,就不能表达完整的意义。编条目时就要加上位类的涵义。分别为"分类方法(图书馆)G254.11"、"分类、编目、登记(博物馆)G260.42"、"文件材料的分类(档案学)G272"。

以上例举的类目,均选自《中图法》。

2.相关索引。相关索引是指示各种相关事项,尤其是那些在分类表中被分散了的相关事项。它除了把分类表中的类目、注释等归纳为主题按字顺排列外,还采用了综合材料的方法,将若干有关某一主题的各个方面以及被这一主题所规定的词或倒装的词,都集中在一起,便于从一个主题去研究和寻找各个有关的类目。如《科图法》索引中:

力学　　　52

波动　　53.36

材料　　71.221

地质　　56.541

．
．
．

编制相关索引时,除需遵守编制直接索引的注意事项外,还应注意运用相关词作补充条目,使检索者能从更多的途径查到类目。如:《中图法》中的类目:"P426.62 液态降水(降雨)"的索引条目:

液态降水　　P426.62

降水

　　　液态　P426.62

降雨　　　P426.62

　　　雨　　　　P426.62

此索引的编制比较复杂,工程较大,但比直接索引用途大。它提供了一条按主题字顺查找类目的途经。《科图法》的索引近似相关索引。

相关索引与主题表的区别是:主题表是脱离分类表而单独存在的,相关索引是不能脱离分类表的;主题表是图书标题法的根据,相关索引仅起查找类目作用。收词范围也不同。

相关索引与分类目录字顺主题索引也有区别,相关索引是类目的索引,而分类目录字顺主题索引是具体图书的主题索引,它们的对象是不同的。详细内容见第六章第四节。

我国现在的几种分类法索引,一般都在直接索引的基础上,为若干重要的主题编部分相关索引。

使用索引时,必须注意不能单凭索引词条进行分类,必须要到类目表中去检查核对,看其是否符合上位类的涵义,一定要运用分类表分书。总之,索引是查找类目的工具,决不能作为类分图书的依据。

第四节　图书分类法的编制

编制社会主义图书分类法总的原则是:以马克思列宁主义、毛泽东思想为指导,以辩证唯物主义为理论根据,以科学分类为基础,以实际效用为目的。这三者应是不可分离的统一体,没有主次之分。这一总的原则,如何在分类法中体现出来,是需要做出很大努力的。

一、图书分类与科学分类

图书是人类所积累的知识和经验的传播者,图书按知识内容来分类,这是最合乎实用和需要的。因而图书分类应当以科学分类(即知识分类)为基础。科学分类的成果,可为组织图书分类体系奠定可靠的基础。现在的图书分类法往往是以一定的科学分类的体系作为依据的。问题只是在于以什么性质的科学分类体系为基础而已。《杜威十进分类法》就是采用了培根的科学分类体系,在顺序上加以倒排。社会主义图书分类法一定是依据马克思列宁主义哲学为指导的科学分类为基础。恩格斯指出:"每一种科学都是分析单个的运动形态或一系列互相关联和互相转变的运动形态的,同时科学的分类就是这些运动形态本身之依据其内部所固有的次序的分类和排列,而它的重要性也正是在这里。"(《自然辩证法》,1955 年人民出版社版,第 209 页)恩格斯据此曾指出一个科学分类体系大纲:力学、物理学、化学、生物学、社会科学和关于人类思维规律的科学。恩格斯的这些论述,斯大林关于社会科学分类(即经济基础与上层建筑)的论述,毛泽东关于知识分类的论述,是我们据以进行图书分类的最重要的理论基础。图书分类必须利用科学分类的成果作为基础,否则就会失去图书分类的真正作用。

但是图书分类的对象毕竟是图书,要受图书本身的特点所制约,因此有许多与科学分类的不同之处。

1. 图书反映的内容范围较广,它除了纯粹的知识内容以外,还涉及到国家(地区)、时代、人物等方面的内容,还有关于记载反科学(如:宗教、迷信等)现象内容的图书,这些在科学分类体系内是不反映的,而图书分类必须予以安排一定的类目,以便容纳这方面的图书。

2. 有些图书的内容,涉及两门或两门以上学科的内容,例如百科全书等综合性图书,就要依据这一特点来确定综合性图书的类目,而在科学分类体系中是不存在这种综合性学科的。

3. 图书分类有时还必须对某些图书着重于依据编制体例、著作体裁、读者对象等等来分类,而不在于它们内容的知识属性,而科学分类纯粹是按学科内容区分的。

4. 还有一部分图书,或者由于历史上习惯作为一类(如古典经籍、中国医学、中国古算经),或者由于载体形式的特殊(如:地图、缩摄图书、拓片等),或者由于其它原因需要单独立类、不按学科区分。

5. 图书分类体系的组织,是根据已设类目之间的主要联系来决定其排列的,采用单线的形式,这是出于揭示藏书、组组藏书的需要。而科学分类在于说明学科与学科之间的内在联系,就要用图表形式来显示。图书分类的单线排列显然带有人为性(与科学分类相对而言),但这种排列的人为性,具有自己的规律性。

6. 图书分类的目的是为了揭示藏书、组织藏书和检索图书,因此它一定要有号码来代表分类体系。科学分类的目的,在于说明事物之间的关系,不需要用号码来标记。

总之,图书分类的对象是图书本身而不是学科,图书内容的学科知识是图书的一种属性,而且是极重要的本质属性,所以必须以科学分类为基础。既然图书内容的学科知识是图书的一种属性，所以，图书分类体系就不能完全等同于科学分类的体系，一定要包括许多根据图书本身设置的类目。由于图书分类与科学分类的目的不同，因而表达形式也不同，这就说明了图书分类的独立性。

二、图书分类法的编制原则

1. 应以图书内容的学科属性作为类目划分的主要标准。

图书分类是图书内容的分类，应以图书内容的学科属性为主要标准。只有当某一类目以学科属性来划分再也不适宜时，才能用其它标准。这一条是编制图书分类法的基本准则。以科学分类为基础，就有此意思。

但有的图书分类法却违背这一准则，往往不恰当地要分类承担其它工作手段所担负的职能，而采用其它分类标准，例如：依主题立类，依人立类等。《中图法》第一版的教育类，是以国家作为第一度划分的标准，不以学科属性作为分类标准。实践证明这是不合适的，第二版就依学科属性作为第一度划分的标准，改成了现在的体系。

2. 客观原则与发展（历史）原则是立类和列类的客观根据。

图书分类法的立类和列类的根据应是客观原则与发展（历史）原则，也就是辩证唯物主义与历史唯物主义理论基础的具体化。

图书分类法必须以图书内容所反映的科学研究的对象为基础来立类和列类。这个科学研究对象就是自然界、人类社会以及思维领域客观存在的事物。而各门知识的分类就应当适合于各种对象和现象本身的一贯的联系，即在各门知识的排列顺序中，应当反映外部世界各种现象和事物本身客观存在的顺序，这就是客观原则。它提供了解决问题的可靠标准，可避免陷入主观主义的立场。主观主义不可避免地会产生任意和人为的非科学态度。

另一项同等重要的原则是发展(历史)的原则,它决定着图书分类的排列顺序,在客观世界事物和现象的发展过程中,有着从低级到高级、从简单到复杂、从经济基础到上层建筑等等发展的过渡现象。在分类时也应当反映这种现象。图书的排列应该避免在实际历史过程中所出现的那些偶然的因素,而是要用科学的严整的形式来反映它的实际结果。发展原则还可以预见到科学的发展和看到进一步发展的方向。

3. 逻辑性原则是立类、列类的科学方法。

分类这一概念,在逻辑上就是事物本质的划分。逻辑性原则在这里指的不仅是此概念。主要指立类、列类的科学方法:①概念要明确,这主要表现在类名的表达和类目的注释上。类名一定要十分准确地表达类目的本来真正含义,丝毫不能含糊不清。类目的名称一般都用名词,不要随便加形容词,加形容词后往往会使类名含糊不清,例如:"人民消防"、"人民治安工作",类名就不确切。"人民"这一词在这里指什么? 单讲消防或治安工作的图书入何处? 概念明确,就是明确了概念的外延和内涵,也就是明确了概念所指的是哪些事物,又明确了这些事物有哪些特有属性。反之,就是概念不明确。我国目前有三部新分类法的"马克思主义、列宁主义、毛泽东思想"大类的概念是不明确的。从所列内容来看,并不是指马克思主义、列宁主义、毛泽东思想,而是马克思、恩格斯、列宁、斯大林、毛泽东五位经典作家的著作及他们的生平事迹。所以,此大类是依人立类的。如果类名定为"马克思、恩格斯、列宁、斯大林、毛泽东及其著作"更为明确些,这一大类实际上是特藏性质的。因为马、恩、列、斯、毛的著作并不等于全部的马克思列宁主义、毛泽东思想,还应包括其他人的著作。②类目的划分必须遵循逻辑上的划分规则。一是在每一次划分时,应当用同一个分类标准。图书分类法的进一步划分绝大多数是遵循了这一规则,但也有少数分类法在少数类目的进一步划分时采用了二个或二个以上的分类标准,一定要用注释加以说明,有人把这种做法称之为辩证逻辑,不一定合适。二是划分后的各个子类的和应当与母类相等。立类时,一方面一定要具有概括性(或称包含性)类目,以适应图书的实际情况;另一方面,子目应力求列举完整,如果有些类目太细太小,列举出来,其必要性不大时,可合并成类组或用"其它"来表示。《中图法》在这条划分规则上是存在一些问题的。三是划分后的各个子目不能互相重叠,也即子目必须界线分明。违背这一原则,就会造成分书的紊乱。③列类要遵循从总到分,从一般到个别,从抽象到具体的逻辑系统。

4.稳定性原则是图书分类的特殊要求。

图书分类法编制的一个极为重要的原则,就是要保持一定的稳定性。这是藏书的分类排架所要求的。实践证明,编制分类法时采用了暂时的、偶然的不稳定因素作为立类的分类标准或作为列类的根据,那必然给图书馆工作带来极大的麻烦。这些不稳定因素极大程度上是适应一时的实用,经不住历史的考验,这在哲学、社会科学部类最为明显。分类标准如果受政治运动和政治口号的影响,那一定是不稳定的,这类教训是很多的。《中图法》、《科图法》《人大法》的几次修改,充分说明了这一问题。经过修订,已经去掉了不少不稳定因素,但还可以举出一些尚存的不稳定因素,例如:"党和国家领导人传"这一类目就很不稳定。总之,不要因一时的需要或紧跟形势而违反事物本身所具有的客观原则和发展原则,也不要违反逻辑原则。

当然,世界上的事物是在运动着的,向前发展的,故稳定性是相对的;分类法要随着时间的推移而进行必要的修订补充,这是绝对的。但这种修订、补充一定是在基本稳定的基础上进行的。

稳定性原则也要表现在标记符号的编制和修订上。在编制时不要绝对化和形而上学,要有一定的灵活性和预见性,在修订时应避免随意改动类号。要认识到类号仅仅是一种实用的标记,它本身是不能体现类目的思想性和科学性的,如忽视这一点,就会造成图书分类法的不稳定。

5. 文献保证原则是编制图书分类法的出发点。

编制图书分类法的目的是为了类分图书,因此应以文献保证原则作为编制分类法的出发点。图书分类与纯粹的学科分类是不同的,有的分类法往往以教科书的章节目次为依据,层层设置大小不同的类目,这不一定切合图书分类的实际。文献保证原则主要表现在三个方面:①类目的设置应以文献的多寡作为依据之一,一般说,有类应有书;书种类多的多设类,书种类少的少设类;书种类多的层次分得细一些,书种类少的层次分得粗一些。《中图法》的"T 工业技术"类设置的类目最多,层次划分也较细,一般都分到六、七级,而"X 环境科学"类,由于目前文献较少,类目设置得较少,一般只分到三级。②有什么样的书就立什么样的类。这一点很重要,但往往被疏忽。有的图书馆反映使用《中图法》对于中国古籍和外文图书的分类不好处理,其原因很可能是其设类没有完全做到文献保证原则。③为了保证适应各种文献的分类,体系分类法将不同分类标准在同一类列上显示。如《中图法》的"U448各种桥梁"的子目就以用途、结构、材料三个标准分出的子目组成一个类列,这是与逻辑划分不一致的,逻辑划分必须分成三个等级层次:用途→结构→材料。

三、评价图书分类法的标准

要评价一部分类法的优劣,就要有一定的衡量标准。那末,以什么作为衡量图书分类法的标准呢?应该从分类法的政治思想性、科学性和实用性三方面来剖析、鉴别。

1. 政治思想性。不同社会、不同时代的图书分类法,就具有不同的政治特点。封建社会的图书分类体系,总是将麻醉人民意志,符合地主阶级利益的哲学思想列在首位;资本主义社会的图书分类法也总是以代表资产阶级利益的唯心主义和形而上学的哲学思想作为理论基础，并突出有利于剥削阶级统治的事物，例如：把麻醉人民的反科学的宗教放在显著地位，把代表劳动人民利益的类目列于次要位置；而我们社会主义的图书分类法则把无产阶级特有的认识论——辩证唯物主义和历史唯物主义作为理论基础，这也就是社会主义图书分类法的阶级性和政治思想性。脱离了辩证唯物主义和历史唯物主义，再另外去侈谈阶级性和政治思想性那必然是主观唯心主义和形而上学的，是十分有害的。我国三十年来编制分类法的经验和教训完全可以证明这一点。

图书分类法虽是类分图书的工具，但也是意识形态的反映。因此，政治思想性、阶级性是图书分类法的实质所在。一部分类法的政治思想性具体表现在：它的分类体系指导思想的理论基础是什么？带有政治性的类名是如何称呼的？类目的设置和排列是怎样褒贬厚薄的？等等。

2. 科学性。图书分类一般是以科学分类为基础的，因此分类法总是反映当时的科学发展实际的。科学性如何，就要看它是否反映了当时的最新科学成就和采用当时比较正确的科学分类体系。所以一定要以历史主义的方法去评价它的科学性。

3. 实用性。图书分类法是类分图书的一种工具。既然是工具，就要剖析它的实用价值如何。在评价一部分类法时，既要分析它是否符合于当时图书的实际，又要研究它的编制技术是否方便于使用。具体说，类目的设置是否能保证容纳当时的一切图书；编排类目的次序是否合理；标记符号是否方便于使用；类目的注释是否清晰确切；有没有相应的工具（如类目索引、分类规则等）来帮助运用图书分类法等。

以上三条是检验、评价一部分类法的客观标准，也是判断分类法性质和历史价值的标准。我国自五十年代以来，一直将这三条标准当作编制分类法的原则。由于在不同时期对政治思想性、科学性、实用性的理解不同,因而产生了许多理论上的争论和实践上的分歧,诸如三性的涵义、三性之间的关系,以及三性有无主次之分等。政治思想性、科学性、实用性是原则,还是标准,有待于深入研究。

四、编制图书分类法的方法

编制图书分类法,特别是编制综合性的大型图书分类法是一项比较复杂而艰难的工程,往往要用较长的时间和众多的人力。

首先,要有组织保证。必须成立一个由各方面专家和有实践经验的图书馆工作者组成的编委会。这是一个决策机构。在编委会的领导下,还应有常设的工作机构,负责编制和日常的修订工作。使图书分类法的编制和修改能有人经常研究,有利于不断提高发展。国际、国内的各种分类法的编制实践都说明了组织保证的重要性。

其次,要有科学的方法、步骤。

1.在编辑委员会的组织和领导下,对图书分类法的编制原则、基本大类及其序列、标记符号及其编号制度、辅助符号及其使用等等,均需研究确定。与此同时,还应对分类法的用途,是供大型馆、中小型馆,还是专业馆使用,类表的规模等均需逐个细致研究,并形成书面意见。

2.由单位或个人根据编委会确定的编制原则和各种规定,各自负责某类分类表的编纂。为了保证质量,除了编表者的钻研和努力外,应与专业工作者经常保持联系,不断听取意见,力求把分类表编得系统实用。

3.各类类表初稿编就后,及时在有关图书馆进行试分检验,看其是否符合实际,类目的设置是否恰当等。

4.将各类分类表汇总整理,主要是平衡类目,调整类号,决定交替关系的使用类目,作出参照类目的注释。

5.综合整理出来的草稿,要印发有关单位广泛征求意见,要落实单位并组织人力运用草稿试分图书。

6.修改、定稿、付印。

7.编制类目索引和使用说明。

本章主要参考文献

1.《中国图书馆图书分类法》 《中图法》编委会编 书目文献出版社 1980年第二版

2.《中国科学院图书馆图书分类法》 中国科学院图书馆编 科学出版社 1979年第二版

3.《中国人民大学图书馆图书分类法》 中国人民大学图书馆集体编著 1962年增订第四版

4.《中小型图书馆图书分类表草案》 《中小型表》编辑小组 北京图书馆印

5.《图书馆目录》 刘国钧等编 高等教育出版社 1957年

6.《现代西方主要图书分类法评述》 刘国钧著 吉林人民出版社 1980年

7.《关于新中国图书分类法的一个基本问题》 刘国钧著 《图书馆通讯》（浙江省图书馆编） 1953年9月号

8.《图书分类法的理论体系》 杜定友著 《浙江省立图书馆通讯》 第二卷第十二期

9.《编制图书分类法的几个基本问题》 皮高品著 《图书馆学通讯》 1957年第2期

10.《论科学的分类》 （苏)凯德洛夫著 《学习译丛》 1955年第10期

11.《论图书分类法问题》 （苏)凯德洛夫著 《图书馆学通讯》 1959年第3期

12.《形式逻辑简明读本》 金岳霖等著 中国青年出版社 1978年第三版

本章思考题

1. 图书分类法是由哪几部分组成的？它们各自的功能是什么？
2. 确切掌握和区分下列概念：

   图书分类、图书分类法、图书分类表、类目表、类系、类列、基本序列；交替类、参照类；单纯号码、混合号码；层累制、顺序制；类目索引、分类目录主题字顺索引。
3. 图书分类法的编制原则有哪些？
4. 图书分类与科学分类的联系与区别有哪些？

本章实习题

将下列拟定的书名用《中图法》配上号码，通过配号掌握《中图法》各种符号的组合方法（以下各章习题，均用《中图法》归类）。

哲学辞典	突尼斯现代经济思想史
法语词典	核酸的化学成分
社会科学辞典	列宁论民主与法制（著作汇编）
丹麦现代小说集	化学工业文摘
欧洲冶金工业经济	乒乓球裁判规则
南斯拉夫经济地理	牛的育种
北京市水文站	陆军训练
青海省矿物志	中国古代教育思想史
音乐的民族化、大众化	小儿关节疾病
印度半岛文化史	容积泵的制造工艺
南极自然科学考察	运输船设计

第二章　我国图书分类法介绍

　　我国图书分类工作有着悠久的历史。根据文字记载,早在两千多年前,我国就已经有了随着目录的产生而产生的图书分类体系。大约在公元前 6 年,汉代的刘向、刘歆根据当时的国家藏书,完成了我国第一部分类目录——《七略》。此后的历代政府都编有反映历代藏书或一代藏书的分类目录,还有一些私人编制的分类目录。这些分类目录不仅反映了历代或一代的藏书,还能从分类目录类目的演变中看出我国学术文化的发展源流。为研究我国的图书分类史和学术文化史提供了有力的依据。

　　由于我国长期受封建主义思想的束缚,图书分类法的发展是缓慢的。直到辛亥革命前后,受西方新学的影响,才有了自己的具有现代特征的图书分类法。它们学习了外国现代分类法的先进技术(如标记制度),作了某些改良,有的还结合我国的实际情况,有某些创新。但它们均受时代限制,无论从政治上,还是学术水平和编制技术上都有一定的局限性和值得商榷的地方,但它们总是反映了我国那个时期的图书分类法的实际情况,有它可资借鉴的地方。因此,分析和研究我国历代图书分类,批判它们的错误,继承它们的优点,对发扬我国图书分类法的传统,具有现实的意义。

第一节　我国古代的图书分类法

西汉末年,我国最早的卓越的目录学家刘向、刘歆父子编成了我国第一部综合性的系统的反映国家藏书的分类目录——《七略》。《七略》反映的分类体系,是我国最早的一部图书分类法。

《七略》的产生是和当时的社会安定、经济繁荣分不开的。汉高祖刘邦统一中国以后,采取了"与民休息"政策,生产水平大大提高,经济有了很大的发展,文化也随之日益发达。《史记》记载,"高祖入咸阳,萧何先收秦图书"(见《太平御览》619卷)。这说明刘邦统一了国家以后,很重视文化工作,即开始着手收集图书。到汉武帝时,又"广开献书之路,百年之间,书积如丘山"(见《太平御览》619卷)。汉成帝和平三年(公元前26年)"遣谒者陈农求遗书于天下",又派"光禄大夫刘向校经传、诸子、诗赋,步兵校尉任宏校兵书,太史令尹咸校数术,侍医李柱国校方技"(见《汉书·艺文志》序)。刘向死后,哀帝又命向之子刘歆继续领导完成国家藏书的分类编目工作,前后约二十余年。

刘向父子领导的校书工作,有极其丰富的内容,积累了一整套校雠图书的工作经验。由于这些属于目录学的范畴,我们这里从略。只从分类的角度,来分析《七略》的体系和内容。

现将《七略》的分类表列举如下:

辑略

六艺略:易、书、诗、礼、乐、春秋、论语、孝经、小学。

诸子略:儒家、道家、阴阳家、法家、名家、墨家、纵横家、杂家、农家、小说家。

诗赋略:屈原赋之属、陆贾赋之属、孙卿赋之属、杂赋、歌诗。

兵书略:兵权谋、兵形势、兵阴阳、兵技巧。

数术略：天文、历谱、五行、蓍龟、杂占、形法。

方技略：医经、经方、房中、神仙。

由上表可见，《七略》分类表有大类，有子目。辑略是序，其余六略是六大类。不难看出，这六大类是按学科内容来分的。六艺略，指六经，包括儒家的六种经典著作；诸子略，包括当时社会各学术流派的代表作；诗赋略，指文学作品；数术略，包括数学、天文、地理等内容；兵书略，指军事；方技略，指医学，包括部分化学内容。

略下分三十八种（即三十八个小类）。其分类标准，视各大类的标准而定，有的按专书作为分类标准，如六艺略下分易、书、诗、礼……等；有的按学术流派作为分类标准，如诸子略下分儒、法……等家；有的按体裁结合作者作为分类标准，如诗赋略下分赋、诗，赋下再按作者分；有的按学科作为分类标准，如小学（文字学）、兵、天文、医学等。

由上述分析可以看出，在二千多年以前，就有这样条理清晰、井然有序的分类体系是难能可贵的。它能够基本上按学术系统分类，同时开始根据图书特点，采用按形式分类的方法，使图书分类更加有系统，有条理。大类下子目的建立，也都有一定的标准，不是一些图书的堆砌，编者是独具匠心的。各类目间也比较平衡，没有畸轻畸重现象。

《七略》分类表有如下优点：

1.有较严密的系统性，大纲、子目比较清楚。

2.《七略》的类目体系是根据当时国家图书馆的藏书来设置的，所以它的类目符合当时国家图书馆的藏书情况，比较适用。

3.在分类技术上，运用了按图书内容分类和按形式分类的标准，使两者巧妙地结合起来。

4.创造性地运用了互著别裁的方法。对仅归入一类，不能概括全部内容的图书，就分别著录在相关类目之下，以充分揭示其内容。如：伊尹、太公、管子、鹖冠子等都重见于兵权谋和纵横家；苏子、蒯通重见于兵权谋及纵横家等。

为揭示书中主要旨意，还辅有内容提要，使读者虽未见其书，但"指趣可知"（王充语）。此外，还采用了书前有总序（辑略），每类有大序，小类有小序等方法，来阐述学术源流，这就把图书分类不仅看成是一种简单的分编工作，而是具有学术研究的意义。

《七略》分类表也有其缺点：

1. 有些类名重复，有些类目名称概念不清，容易混淆。如诸子略中有阴阳类，兵书略中也有阴阳类，从名称上很难看出它们之间的区别。诸子略阴阳类中所包括的"敬顺昊天，历象日月星辰"的内容和数术略中之天文、历谱的内容相同或相近，不易分清。而另一部分"舍人事而任鬼神"的内容，又与数术略中之五行、蓍龟、杂占相同或相近。这也给类分图书增加了困难。

2. 史书附入春秋，未单独立类，可能是由于当时历史书还不多，但也说明对史学的发展认识不足。

《七略》是我国最早的一部图书分类法，很值得作深入细致地分析研究，可惜此分类法在唐代就已经遗失了，所幸班固在修《汉书》时，将《七略》"删其要，以备篇籍"，基本上将它的内容保存下来了，我们还可从《汉书·艺文志》中观其概貌。

《七略》分类经刘向、刘歆父子创造之后，在汉代大多采用这种体系，到三国、西晋时，虽然有了四分法，但仿《七略》体系编制分类目录的，亦不乏其人。现就七分法中影响较大的王俭的《七志》和阮孝绪的《七录》的分类体系，来说明七分法的演变过程。

公元 473 年，刘宋王俭编撰了《七志》三十卷（《南齐书·王俭本传》作四十卷）。王俭曾参加过编撰秘书监的藏书目录，感到四分法不能概括所有的图书，故又依《七略》之体，撰成《七志》，并"上表献之"。

据《隋书·经籍志》称《七志》分："一曰经典志，纪六艺、小学、史记、杂传；二曰诸子志，纪古今诸子；三曰文翰志，纪诗赋；四曰军书志,纪兵书;五曰阴阳志,纪阴阳图纬;六曰术艺志,纪方技;七曰图谱志,纪地域及图书。其道、佛附见,合九条。"此外,又作了九篇条例,编于首卷之中。

根据以上介绍的内容可以看出,《七志》名为七志,实为九志。(加道、佛二经)。它的体系虽依《七略》,但又不完全等同于《七略》。现列表比较其异同。

《七略》	《七志》
辑略	九篇条例
六艺略	经典志
诸子略	诸子志
诗赋略	文翰志
兵书略	军书志
数术略	阴阳志
方技略	术艺志
	图谱志
	道经
	佛经

从上表对比可以看出:第一,《七志》在类目名称上有改动,如改略为志,除诸子外,其它类名均有改变。第二,增加了图谱志,专收图谱是王俭以前所没有的。第三,增加了道经和佛经,作为附录,附于七志之后。这也是《七志》独创的地方,可说是"独步古今,未见其偶"。第四,《七志》名为七志,实际上是把图书分为九个大类,开九分法之先河。第五,《七志》著录图书比较丰富,几乎著录了自东晋南渡以后到南齐以前的文化典籍;同时,它还采用了传录体的叙录,弥补了自《晋中经簿》以来简单著录的缺点,故为后人看重。

比王俭稍晚一些时候的梁人阮孝绪,也采用七分法编了《七录》。阮孝绪爱好图籍,是个清高隐逸之士,凡有所遇所闻,均记载下来,核对官家目录,发现官家目录遗漏的很多,"遂总集众家,更为新录","其方内经史至于术技,合为五录,谓之内篇。方外佛道,各为一录,谓之外篇。凡为录有七,故名《七录》。"(见《七录序》)

《七录》是亡佚了,现仅存有阮孝绪的《七录序》和分类大纲(见《广弘明集》卷三),这是我们研究《七录》的第一手资料。《七录》的分类体系如下:

经典录:易、书、诗、礼、乐、春秋、论语、孝经、小学。

纪传录:国史、注历、旧事、职官、仪典、法制、伪史、杂传、鬼神、土地、谱状、簿录。

子兵录:儒家、道家、阴阳、法家、名家、墨家、纵横家、杂家、农家、小说家、兵家。

文集录:楚辞、别集、总集、杂文。

技术录:天文、谶纬、历算、五行、卜筮、杂占、形法、医经、经方、杂艺。

佛法录:戒律、禅定、智慧、疑似、论记。

仙道录:经戒、服饵、房中、符图。

根据上述类目表可以看出,阮的分类体系已和《七志》有很大的不同。阮在《七录序》中详细叙述了他改动类目体系和类目名称的理由和根据。由于"众家记传,倍于经典",故将史书单独立为一录,是非常正确的。史部单独立为一类,虽始于晋荀勖,但阮孝绪所创史部子目,后人多有仿效,影响较大。阮孝绪还取消图谱类,将图谱之书,并入有关各类,使书、图结合,对研究者更加方便。这似乎也可以视为对图谱之类的图书,着重于根据内容归类,较之《七志》更为科学合理。

阮孝绪还独创了文集的类名,认为将"文翰"改为"文集","于名尤显"。此后,四分法的类名,皆称集部。这不能不认为是阮孝绪的功劳。

综上所述,阮孝绪的《七录》,较之王俭的《七志》,无论从学科体系上,还是类目名称上都科学合理多了。这也是后人对《七录》比较重视的原因。《七录》虽名为七分,但它分内外二篇,内篇为五(经典、纪传、子兵、文集、技术五录),外篇为二(道录、佛录),故有的同志认为《七录》是参考梁文德殿五部目录及其它参考资料编辑而成的,文德殿目录是五分法,《七录》除去道、佛两录,也是五分,和四分法逐渐接近,起了桥梁作用。

随着历史的发展,图书的情况有了很大的变化,比较明显的是历史书籍和佛经的增多。这样一来,原来的七分法很难适应新的情况了。怎么办呢? 是仍按《七略》体系还是创造出能容纳当时图书情况的新的分类体系?

三国时魏人郑默(字思元)"考核旧文,删省浮秽",编了反映三国时代典籍的《中经》,可惜《中经》早已亡佚。《隋书·经籍志》记载,"魏秘书郎郑默始制中经,秘书监荀勖又因中经更著新簿,分为四部,总括群书"。荀勖根据中经编制的《中经新簿》分为四部:

甲部:六艺、小学。

乙部:古诸子家、近世子家、兵书、兵家、术数。

丙部:史记、旧事、皇览簿、杂事。

丁部:诗赋、图赞、汲冢书。

《晋中经簿》是我国第一部四部分类体系的目录。由于早已亡佚,不能作更详细的研究和分析。《晋中经簿》完成后的六十年,又得到李充的修正。李充曾任东晋著作郎,他在编写《四部目录》时,把乙、丙两部的内容次序互换,成为:

甲部(经)

乙部(史)

丙部(子)

丁部(集)

自李充改变四部的次序以后,《晋书》说:"秘阁以为永制。"

四分法创于荀勖,定于李充,直到《隋书·经籍志》时才有了经、史、子、集的类名和四部分类的细目,可以说,《隋书·经籍志》奠定了四分法的基础。

《隋书·经籍志》,唐长孙无忌等(实为魏征等)撰。是我国现存的第二部系统的综合性分类目录。共收录了两汉、魏、晋及梁、陈、齐、周、隋五代官私书目所载现存典籍,分经、史、子、集四部,四十类,另附佛、道二经,十五类。其类目体系如下:

经部:易、书、诗、礼、乐、春秋、孝经、论语、纬书、小学。

史部:正史、古史、杂史、霸史、起居注、旧事、职官、仪注、刑法、杂传、地理、谱系、簿录。

子部:儒、道、法、名、墨、纵横、杂、农、小说、兵、天文、历数、五行、医方。

集部:楚辞、别集、总集。

附道经:经戒、服饵、房中、符录。

附佛经:大乘经、小乘经、杂经、杂疑经、大乘律、小乘律、杂律、大乘论、小乘论,杂论、记。

根据上列的大纲、子目,可以这样说,《隋书·经籍志》的四分法趋于成熟。自唐至清,整理图籍,几乎都用四分,如有名的《崇文总目》(《崇文总目》将道佛二经归入子部,成为真正的四分法)、《唐书经籍艺文志》、《八史经籍志》等都用的是四分法。是否可以这样说,《隋书·经籍志》以后,四分法在分类史上占了统治地位。虽有过冲击(如郑樵的十二分),但未能有更大的变化。由此可见,四部分类体系是能够适应类分封建社会的藏书的。当然,从另一角度也反映出我国封建社会的学术文化的发展是很缓慢的。

《隋书·经籍志》奠定了四分法的基础,到清代编制《四库全书》时,四分法就比较完善了。《四库全书总目》的分类体系是:

经部:易、书、诗、礼(周礼、仪礼、礼记、三礼、总义、通礼、杂礼）、春秋、孝经、五经总义、四书、乐、小学（训诂、字书、韵书）。

史部：正史、编年、纪事本末、别史、杂史、诏令奏议（诏令、奏议）、传记（圣贤、名人、总录、杂录、别录）、史钞、载记、时令、地理（总志、都会、郡县、河渠、边防、山川、古迹、杂记、游记、外记）、职官（官制、官箴）、政书（通制、典礼、邦计、军政、法令、考工）、目录（经籍、金石）、史评。

子部：儒家、兵家、法家、农家、医、天文算法（推步、算书）、术数（数学、占候、相宅、相墓、占卜、命书、相书、阴阳、五行）、艺术（书画、琴谱、篆刻、杂技）、谱录（器用、食谱、草木虫鱼、杂物）、杂家（杂学、杂考、杂说、杂品、杂纂、杂编）、类书、小说家（杂事、异闻、琐语）、释家、道家。

集部：楚辞、别集、总集、诗文评、词曲（词集、词选、词语、南北曲）。

由上表可以看出：①《四库全书总目》是以经、史、子、集为纲，纲下再分目，有些目下再进一步细分到三级，较之《隋书·经籍志》分得更细，条理也更加分明。②《四库全书总目》参考了自隋以来各种类表的类目，加以厘订，择善而从。如诏令、奏议，《文献通考》入集部，考虑到诏令、奏议的内容是有关国政的，故从《唐书·经籍志》入史部等等。这样就使四分法更臻完善，类目更加合理。

总的说来，《四库全书总目》的分类体系虽没有什么创新，但它能吸取各家之长，综合了不少宝贵内容，还是可以作为进一步探讨四部分类的依据之一。

四部分类法在我国延续使用近二千年，说明它对整理我国古籍是有其适应性的。我国是一个具有悠久文化历史的国家，我们的祖先为我们保存了丰富的典籍，我们要学会使用四分法，来挖掘我们祖先的宝藏。周恩来同志生前就曾指示我们要很好的整理遗产,把全国善本书目编出来。现在由北京图书馆等单位,组织了专业班子来整理这部分遗产,就是用的经过改编的四库分类体系。因此我们说,了解我国古代分类法,不仅要学习它的优良传统,在某些方面,仍有其现实意义。

由于四库分类法是以"尊崇儒道,褒贬得失"为宗旨,因此,它是"以阐圣学、明王道者为主,不以百家杂学为重也"。故其指导思想是唯心的,是维护封建王朝的统治的。这是我们在研究四库分类法时不能不加以批判的。

以上我们简略地介绍了《七略》的六分,《七志》的九分,《七录》的七分,《隋书·经籍志》的四分和《四库全书总目》。从这将近两千年的历史长河中,可以看出我国图书分类法的源流久长,但发展缓慢。这和我国封建社会时期延续过长是有直接的关系的。分类法也受正统观念的长期束缚,受封建统治阶级的控制,不敢越雷池一步。在此期间,虽有个别人(如郑樵)想跳出四部框框,并做出了成绩,但因不是"钦定",亦很难产生大的影响。但郑樵在分类法史上的功绩不可磨灭。

郑樵,字渔仲,是宋代著名的史学家、目录学家。他的著作很多,《校雠略》是他有关图书分类的理论著作,《艺文略》是他图书分类实践的代表作。故我们可以这样说,郑樵是我国图书分类的实践家和理论家。

郑樵差不多花了十年的时间研究图书学、分类学。他感到"七略所分,自为苟简,四库所部,无乃荒唐"。也就是说无论是七分法还是四分法都不能适应当时现实图书的需要,因此,他以开创的精神,"总古今有无之书",制定了分类大纲,分十二类,即:

①经类　　⑤史类
②礼类　　⑥诸子类
③乐类　　⑦星数类
④小学类　⑧五行类

⑨艺术类　　⑪类书类
⑩医方类　　⑫文类

类下再分家,家下再分种。这是自汉至宋最系统最详细的分类表。

由上列十二大类可以看出,郑樵从四部经类中将礼、乐、小学三类从二级位类中抽出来和经类并列,成为独立大类。又从子部中将天文、五行、艺术、医方、类书抽出和子部并列,成为独立大类。这些做法都是很值得称颂的。特别是将类书独立成一大类,是郑樵具有远见卓识,考虑到图书内容的特点,予以独创的。

图书分类实践使郑樵对图书分类的重要性产生了深刻的见解。他说:"类例不明,图书失纪。"也就是说,如果分类不好,图书就会杂乱无章,不好管理。他还以部伍军队作比喻说:"类书,犹持军也,若有条理,虽多而治;若无条理,虽寡而纷。类例不患其多,患多之无术耳。"这就形象生动地说明了分类如有系统,分得细密,书籍再多,也能条理清晰,如果没有系统,就会杂乱无章的。为此,郑樵提出了类分图书的原则:

第一,图书必须按内容归类。郑樵说:"古之编书,以人类书,何尝以书类人哉。"也就是说,图书应当根据内容归类,而不能根据作者归类。

第二,同类书必须归入一类。郑樵说:"一类之书当集在一处,不可有所间也。"这是他在著录古今图书时,遇到不少同类书没有归入一类的情况,感到很不合理,因而总结出同类书必须归入一类的原则。

第三,不能单凭书名归类。郑樵说:"编书之家多是苟且,有见名不见书者,有看前不看后者。"就是说,只凭书名或只看书的前帙,而不详审书的内容是会分错类的。

第四,能分入专论的书,不入总论。郑樵说:"可分之书当入别类。"意思是说能够分入专类的书,不要入总类。他又进一步解释说："类书者，谓总众类不可分也。"也就是说只有总众类而不能再分的综合性的类书才能归入类书类，而对能够再分的，有专类可归的类书，则应各入其类。这样做，能够使读者即类以求，是体现了按图书内容性质归类为主，以形式为辅的原则的。

此外，郑樵还提出了：凡注释原书的，必须随原书归类。这样可以"使天下后学于此一书而得古意"。还提出在分类完成后，必须进行核对，以保证前后一致，免得一书两出。他认为之所以造成一书两出的情况，是由于"不校勘之过也"。这些都是很精辟的见解，应很好的学习和研究。

郑樵对图书分类提出了系统的理论，在实践上也有所创新。但也有不够周密之处，常为后人所讥。但总的说来，他在图书分类理论上的贡献是很大的，必须加以深入的研究，继承下来。

第二节　我国近代的图书分类法

十九世纪中叶，外国资本主义势力侵入，使我国统治了几千年的封建社会解体，逐渐沦为半封建、半殖民地的社会。随着帝国主义势力的侵入，西方资产阶级文化和思想也流传到中国来。康有为、梁启超为首的维新派曾展开译书活动，并编有《日本书目志》和《西学书目表》。这些情况的变化，使旧有的四部分类法已经不能适应新的要求，因而出现了改革四分法的体系以容纳新书的尝试。

首先考虑冲破四部体系而编制新分类体系的可推《古越藏书楼书目》。古越藏书楼是浙江绍兴豪绅徐树兰于1902年（光绪28年）创办。1904年刊印《古越藏书楼书目》。该书目不用四部法，而将所有藏书分为学、政二大部。其类目如下：

学部：易学、书学、诗学、礼学、春秋学、四书学、孝经学、尔雅学、群经总义学、性理学、生理学、物理学、天文算学、黄老哲学、释迦哲学、墨翟哲学、中外各派哲学、名学、法学、纵横学、考证学、小学、文学。

政部：正史兼补表补志考证、编年史、纪事本末、古史、别史、杂史、载记、传记、诏令、奏议、谱录、金石、掌故、典礼、乐律、舆地、外史、外交、教育、军政、法律、农业、工业、美术、稗史。

《古越藏书楼书目》之分类，确实是打破了四库法的旧传统，反映和代表了当时要求革命的精神，这一点是难能可贵的。但由于作者没有仔细研究，只是考虑将新旧书籍分在一起，故类目体系不够科学，牵强附会之处很多。如，将耶稣教附入墨翟哲学，有些不伦不类。类目名称也比较费解。其它不妥之处尚多。

到公元1919年，南洋中学陈乃乾编了一个藏书目录《南洋书目》。它的分类体系比《古越藏书楼书目》有了较大的改进。其不同点是《古越藏书楼书目》是新旧图书都使用一个分类表，而《南洋书目》却主要是为了能更好地整理中国旧书。它的分类大纲为：

周秦汉古籍、历史、政典、地方志乘、小学、金石书画书目、记述、天文算法、医药术数、佛学、类书、诗文、词曲小说、汇刻。

《南洋书目》共十四大类，大类下再分细目。在周秦汉古籍大类下将历史列在首要地位，而此处"历史"的内容，是将四部法经部的《尚书》、《春秋》作为历史书籍和《国语》、《战国策》等古杂史并列。这对几千年来以经为首的分类体系是很大的冲击。

《古越藏书楼书目》和《南洋书目》的类表对四部法都有突破，但由于缺乏理论指导，分类体系是零乱的，后人效仿不多，起的作用不大。

《四库全书总目》不能类分反映新学科内容的图书，而《古越藏书楼书目》等所创的新分类体系又不够科学，不能很好地类分新旧图书。在此情况下，我国图书馆界曾一度出现新旧并行制，旧书仍用四库法，新书分类则多为各馆自编，情况很不一致，类分图书也很困难。正在我们进行多方探索的时候，《杜威十进分类法》被介绍到中国来了。

公元1910年孙毓修首先介绍"杜威法"，发表在《教育杂志》上。稍后几年，我国即出版了仿造《杜威十进分类法》的分类法。在"杜威法"的基础上加以改造的分类法也相继出现，使我国的分类法由四库进入了一个新的时期。现简略介绍这一时期出版的几部主要分类法。

1917年沈祖荣、胡庆生仿杜威体系，新编了《仿杜威书目十类法》。《仿杜威书目十类法》的类表体系分为：

  经部及类书
  哲学宗教
  社会学与教育
  政治经济
  医学
  科学
  工艺
  美术
  文学及语言学
  历史

共十个大类，后附检字目录。

这是第一个仿"杜威法"运用标记符号代表类目的新型分类法。类目名称也摆脱了四库法的束缚，而采用了比较科学的、能反映时代特征的名称。如哲学宗教、社会与教育、政治经济等等。同时照顾到一般图书馆的需要，不以某一馆的现存藏书为限。且编有检字索引，方便了运用。故杜定友先生称它为"第一个为中文书而编的新型分类法"。

该法编者虽力图用以类分新旧中文图书,但实际上,用于类分旧书是相当困难的。有些类目名称含义不清,如经部及类书等。由于它是第一个运用新技术编制的分类法,虽然类表简单,不很适用。但在学习西方新技术方面作了尝试,后人多所效法,故仍不失为一大进步。

1922年杜定友发表《世界图书分类法》(1925年改为《图书分类法》,1935年改名《杜氏图书分类法》)。杜定友考虑到中、外文图书分别用两个分类法,将同类书散置各处,对研究不利。因此,他想编制出一种能类分各种文字的图书分类法,故采用中外统一的分类编制。

杜氏分类法以《杜威十进分类法》的体系为根据,并照顾到我国古籍的特征,编了类表,分为十大类。即:

000	普通(后改为总表)	500	自然科学(纯粹科学)
100	哲理科学	600	应用科学
200	教育科学	700	语言学
300	社会科学	800	文学
400	艺术	900	史地学

杜定友对此十大类的次序安排,提出了自己的理由,他认为哲学是"概括宇宙万物,深探人生之源,造化之始",故列为第一;教育是树人之本,列为第二;有教育即有人群,故社会科学第三;有人群就有美术,艺术,故艺术第四;而将纯粹科学列为第五;应用科学为艺术与纯粹科学之结果,故列为第六;语言记生活、科学,故列第七;文学第八;史地为总结列第九;另立普通类,位于九类之首。由于编者对大类次序有自己的解释,结构还是比较严谨,但其思想体系是唯心主义的。

现简略说一下它的特点:第一,首先提出了中外统一分编的设想。第二,在类目设置上既考虑到新的学科,又照顾到我国旧经籍的特点,较之沈祖荣的《仿杜威书目十类法》科学得多。第三,将宗教作为哲理科学的一个子目列出，而将教育单列一类，也较沈法合理。

1928 年王云五编的《中外图书统一分类法》，是继杜定友之后考虑中外图书统一分类的新分类法。王云五认为，杜威十进法虽然比较好用，但它是为美国图书馆用的，它的体系和类目适于类分新书，而用以类分中国书籍（特别是古籍），则比较困难。因此，对杜威法必须作一些增补、修订工作，才能适用于中国图书馆。但又考虑到杜威法是十进制，若增补一些类目，势必要减少杜威法原有的类号，若减少原类号又不能将杜法原本和改订本并列，还可能出现同类书分在两处的情况。为克服上述困难和问题，王云五创造了三个符号，即"十"、"卄"、"土"。

"十"读作"十"。用以排列在绝对相同号码之前，使新的号码与原有号码并列。如"721"建筑，"十721"就是中国建筑，应排在"721"之前。"323.1"民族运动，"十323.1"民族主义，意即中国的民族主义，排在"323.1"的前面。

"卄"读作"二十"。可以排在十位相同的任何号码之前。如《杜威法》中"110 形而上学"，现在加"卄"号成为"卄110 中国哲学"，以下可细分为"卄111 易经"，"卄112 儒家"，"卄113 道家"……"卄118 近代哲学家"等等，从卄110—卄118 中无论哪一个号码都应该排在无"卄"号的110 之前。因为自中国哲学到中国近代哲学都有联带的性质，不能分开，也不能和其它类混杂。

"土"读作"土"。用以排在整数相同的任何号码之前，如土327 为中国外交，土327.1 为中美外交，土327.2 为中日外交……在排列时，不管小数点以后的号码，一律排在327 之前。

王云五的《中外图书统一分类法》在体系上和理论上都没有什么创新，他所创的三个符号，对既能保持杜威原有号码，又能类分中国图书有一定的作用。但这些符号并不能解决所有的问题，又不够清晰、美观，只能是权宜之计。此外，王云五还根据《杜威法》附表的原理,明确提出了附表的作用问题。

1929年刘国钧编制出版了《中国图书分类法》,1936年再版。刘国钧编制该法的目的是因为他感到外国分类法不适合类分中国的图书,而中国旧法又不适用于类分外文图书,因此,他决定采用"新旧书统一"的原则,另编新表。该法发表后,有不少图书馆采用,特别是北京图书馆使用了它,影响较大。到解放初期,全国还约有二百个图书馆使用它。为适应解放后类分图书的要求,北京图书馆对它进行了修订,于1957年出了修订第一版。

《中国图书分类法》分为九个基本大类:

0	总部	5	社会科学部
1	哲学部	6	史地部(中国)
2	宗教部	7	史地部(世界)
3	自然科学部	8	语文部
4	应用科学部	9	美术部

每部下面分类,有的十类,有的不足十类。类以下再逐级细分,构成一个有层次有隶属的分类体系。刘法在理论上和技术上都有所创新。应该说刘氏在近代分类史上是有贡献的。他的成就在于:

第一,第一次提出作为完全的分类法,应该包括:系统表、理论基础、索引、分类条例。也就是说,对分类法的结构提出了明确的要求。

第二,明确提出要以学科分类为基础。类目的设置要以学科分类为依据,而辅以图书的特征。

第三,类目的次第,要体现理论关系。换句话说,即要求符合逻辑系统,体现学科之间的关系。

第四,使用了互见、参照类目,使类表有更大的灵活性。

第五,采用了近代分类法的先进技术,如为类目加注释等。

第六,有附表、有仿分,增强了类目的细分程度。

应该指出的是,刘法的理论体系是唯心的。他的大类序列虽不同于《杜威法》,但来源于《杜威法》。该法发表时,中国共产党已诞生九年,而它却将共产主义列于社会改良论的下级类目,对劳动人民和农民起义则用了贬义词。这些都反映了编者世界观和立场上的局限性。编者在导言中说:"类目不宜含有批评褒贬之意。"这话虽是针对《四库法》的"寓褒贬,多甄别"说的,具有进步意义,但作为反映时代特征的分类法来说,类目不可避免地会反映时代的烙印。要使类目不含有批评褒贬之意,实际上是做不到的,刘先生自己就没有做到。由于该法存在上述一些问题,因此它不能适应解放后类分图书的要求,故在用马列主义观点编制的新分类法未出版前,北京图书馆不得不对刘法进行修订。1957 年修订本最大的改动是增设了马列主义大类,列于各类之首,用以容纳马列主义的书籍。其次是改正了一些立场、观点错误的类目,增补了一些新类目。因修订本是迫于形势的产物,也只能是修修补补,不能对该法作比较彻底的改进。

1934 年皮高品编制出版了《中国十进分类法》。他是根据我国学术的特点"详制类目,使适中外文籍"。"皮法"分十个大类:

0	总类	5	自然科学
1	哲学	6	实业 工艺
2	宗教	7	美术
3	社会科学	8	文学
4	语言文字学	9	历史

皮先生编成该法,用力较勤。他认为采杜、补杜、仿杜等分类法都有一定的缺点,不很适用,才根据我国学术的特点编成此法。其特点为:

第一,类目均采用中英对照,便于类分中外文书籍。

第二,注意运用类目注释来明确类目的含义和指示分书的方法。可惜用得太少。

第三,设立参照类目和互见类目,加强类目之间的联系。

第四,有四个附表和一个分类法中文索引,索引按四角号码检字法排列。

"皮法"的体系基本上也是来源于杜威的。由于作者受当时社会条件的影响,对某些问题的处理,也有欠妥之处。

此外,还有1934年何日章、袁涌进合编的《中国图书十进分类法》,裘开明编的《汉和图书分类法》,以及各图书馆自编的分类法等等,就不一一介绍了。

根据以上介绍,可以看出,自西学传入后,我国图书分类法进入了一个新的阶段,具有很多特点。

1.冲破封建社会四库分类法的束缚,提出了新的理论体系,探索了新旧图书如何统一分类的道路。虽然受当时社会条件和作者立场、观点的限制,其理论体系是资产阶级唯心主义的,但对批判封建主义来说,仍是很大的发展。

2.差不多用了近三十年的时间来学习西方分类法的先进经验。经过模仿、修补,到运用新技术并结合我国特点编出新分类法,取得了一定的经验,表现出了当时的水平,使我国图书分类法步入了时代的行列。

3.用号码作标记,表示类目的顺序和隶属关系,使分类人员一目了然,也促进图书馆其它工作的发展。

此外,除主表外还有附表、注释、索引等,使图书分类法形成了结构完整、系统的体系。

4.对以经部为首的立类原则有了很大的突破,有的将经部拆开列类,有的将经部降为二级位类。

5.各分类法几乎都靠个人力量编制,缺乏统一的指导思想,对各种问题认识又不一致,影响了前进的步伐。

附:各家分类法大纲比较表

大纲 家别 ＼ 标记	000	100	200	300	400	500	600	700	800	900
杜威法	类总	哲学	宗教	社会 科学	语言	自然 科学	应用 科学	美术	文学	史地
沈祖荣	经部 及类书	哲学 宗教	社会学 与 教育	政治 经济	医学	科学	工艺	美术	文学及 语言	历史
杜定友	总类	哲理 科学	教育 科学	社会 科学	艺术	自然 科学	应用 科学	语文	文学	史地
刘国钧	总部	哲学	宗教	自然 科学	应用 科学	社会 科学	史地	史地	语文	美术
皮高品	总类	哲学	宗教	社会 科学	语言	自然 科学	实业 工艺	美术	文学	史地
何日章	总部	哲学	宗教	社会 科学	语言	自然 科学	应用 科学	美术	文学	史地
安徽省立 图书馆	总类	哲学	宗教	社会 科学	语文	自然 科学	应用 科学	艺术	地理	历史
裘开明	经学	哲学 宗教	史地	史地	社会 科学	语文	美术	自然 科学	农林 工艺	丛书 目录
王云五	总类	哲学	宗教	社会 科学	语言	自然 科学	应用 科学	美术	文学	史地

第三节 我国解放后编制的图书分类法

中华人民共和国成立,标志着我国由半封建半殖民地社会转变为社会主义社会。社会主义革命和社会主义建设向我们提出了新的要求。旧有图书分类法,因系唯心主义的思想体系和对马列主义的偏见,已不能适应新的要求。在此情况下,各图书馆一方面对所使用的旧的分类法加以修订,增设反映社会主义新成就的类目,以容纳新书;一方面着手编制新分类法。

党和政府也很重视图书分类法的编制工作,早在1950年,文化部就领导召开了专家座谈会,对如何编制新的图书分类法提出了原则性的意见。与此同时,还组织翻译了苏联的图书分类法,编辑了有关分类法的资料,对指导和促进我国编制新的分类法起了积极作用。

解放以来的三十年间,我国各图书馆编制的综合性的和专业性的图书分类法不下三十余种,其中具有特色、影响较大的有五、六种。现分别予以介绍。

一、《图书分类法》(东北图书馆编 简称《东北法》)

1948年8月东北图书馆(今辽宁省图书馆)所编《图书分类法》正式出版,1951年又出版了修订本。这是我国解放后自编的第一部分类法。它是在东北图书馆筹备开馆时感到旧的分类法不能适应新时期的需要,因此着手编制的一部分类法。但由于受当时条件的限制,有些原则问题又未能彻底解决,故该分类法尚不是一部崭新的分类法,还是在旧分类法基础上的修改。虽然如此,同旧的分类法相比,已显露了其优越之处,被当时不少的图书馆所采用。

《东北法》第一次将毛泽东同志的著作和鲁迅的著作辟为特藏类目,以"泽东文库"为首,次列"鲁迅文库",列在所有类目前面。1951年修订本进一步把马克思、恩格斯、列宁、斯大林和毛泽东同志的著作合并在一起,作为特藏类目列于分类法的首位,并包括介绍他们生平的图书。同时,需在各有关类目中作互见、分析。这样的处理,为我国以后各分类法建立马列主义大类奠定了基础。在哲学类第一次将辩证唯物主义以"新哲学"为标题列在哲学类之首,改变了资产阶级分类法不给马列主义哲学以位置的错误的立类原则。在经济类立了社会主义经济学类目。历史类立了马列主义史学论和唯物史观的类目。这些新类目的增添突出地表现出马列主义的位置,体现了社会主义分类法的时代精神。此外,还废除和改换了许多腐朽反动的类目。

从整个体系来说,该法虽未能摆脱旧的分类体系,但它对如何体现马列主义的思想原则,如何设立马列主义类目作了有益的尝试,这就是它的贡献所在。

还有一点应该提及的是,1951年的修订本已开始有区分观点的做法,并规定了区分观点的符号,凡是旧的内容都要加",",以资区别。

该法还编制了相关索引,增加了特殊助记表。

二、《图书分类新法》(山东省图书馆编 简称《山东法》)

山东省图书馆于1950年编出《图书分类新法》草稿(油印本)。1951年经修改后铅印出版。《山东法》明确提出:"图书分类法是包含有一定的阶级立场和观点的。"这是对历代所有分类法给予了一个最确切的估计。由于《山东法》明确指出图书分类法的阶级性,编者就试图用马列主义的观点来立类和列类,改变旧的分类法"对社会主义及进步书籍,有的完全被忽视,有的把它分的颠倒错乱"的情况,要"试验着以新的立场和观点,把所有的书籍,根据其内容和实质的不同……运用附表,尽可能的加以区分,使之界限分明,不至混淆,提高社会主义及进步书籍在分类法中的地位"。这就第一次非常明确的提出了区分观点的问题。但对如何体现区分观点,尚无更多的经验可以借鉴,因此在处理方法上不能不存在一些困难和急需解决的问题。1950年油印本将社会主义、新民主主义和封建主义明确对立起来立类,1951年版改用按"内容性质详细表"的办法来进行区分,这当然较对立的设置类目前进了一大步,但仍存在着问题。经过三十年的实践,证明这样做存在着形式主义的问题,不符合历史发展实际。关于区分观点问题,目前仍在争论。希望能通过学习和讨论取得比较一致的认识。

由于《山东法》比较强调区分观点,在它的国别时代详分表中,也采用了按国家性质区分的办法。此法也不符合事物总是不断地变化和发展的规律,不如按自然区域划分较为科学。

《山东法》的另一特点是试图冲破十进制的机械的限制,主张"实事求是,有多少项目就列多少项目,不在形式上求其整齐"。这给以后编制新分类法突破十大类提供了经验。

总之,《山东法》虽只比《东北法》晚出版一年,但无论从体系上还是从理论上都较《东北法》为优,有勇于革新的精神,这是应该肯定的。《山东法》和《东北法》的大类体系虽仍受着《杜威法》的束缚,但它们在新中国分类法史上所起的作用是不应被忽视的。

这两部新分类法的功绩是:初步提出了编制社会主义分类法应以马列主义的立场、观点、方法为指导的理论原则和要求突出马列主义理论书籍及进步书籍在分类法中的位置的观点;在技术方法上提出不受十进的限制,充分运用附表等,均体现了创新精神。这些论点和要求是符合时代的要求的,也体现了广大人民和图书馆工作者的愿望。虽然它们还不够成熟,还有不少值得商榷的地方,但它们的基本精神却得到不断地完善和发扬。

三、《中国人民大学图书馆图书分类法》（中国人民大学图书馆编　简称《人大法》）

中国人民大学图书馆于 1952 年 10 月编出《中国人民大学图书馆图书分类法》初稿，1954 年出第一版。1955 年 8 月出增订第二版。1957 年出增订第三版。1962 年又出增订第四版。1982 年2 月出增订第五版。每版都有较大的补充和修改。

《人大法》的出版，在我国分类法史上揭开了新的一页。它是我国第一部力图以马列主义、毛泽东思想为指导编制的图书分类法。它所运用的理论和立类、列类原则，一直为后来编制分类法的同志所重视。

《人大法》具有很多特点，概括起来有：

第一，第一次将"马克思列宁主义毛泽东著作"列为基本大类，并位于首位。

第二，用马列主义、毛泽东思想的理论观点来组织分类体系。杜定友首先提出图书分类法的体系应根据毛泽东同志关于知识分类的论述来确定，《人大法》首先以此理论作为分类法的总体系。因此，它将分类表分为四大部十七大类。即：

$$\text{总结科学}\begin{cases} 1 & \text{马克思列宁主义、毛泽东著作} \\ 2 & \text{哲学、辩证唯物主义与历史唯物主义} \end{cases}$$

```
                3    社会科学、政治
                4    经济、政治经济学与经济政策
                5    国防、军事
                6    国家与法、法律
     社会科学     7    文化、教育
                8    艺术
                9    语言、文字学
                10   文学
                11.  历史、革命史
                12.  地理、经济地理
                13.  自然科学
     自然科学     14.  医药、卫生
                15.  工程、技术
                16.  农业、畜牧、水产
     综合图书  17   综合参考
```

这一基本序列，为以后编制的新分类法所学习和借鉴。

第三，在编制技术上有革新。《人大法》的基本大类第一次冲破了严格层累十进制的束缚，创造了十七大类的序列。它既具有数字号码的优点，又不受十进制的限制，适应了新学科日益发展的需要。在它以前的分类法，几乎都局限于人为的十大类，自它以后的分类法，都突破了十进制，根据实际需要，设置类目。

《人大法》虽然有上述优点，但也存在不少值得商榷的地方：

第一，立类和列类都存在着形而上学的观点。为使该法无论立类、列类和类目名称上都"具有强烈的无产阶级的政治思想性"，每一大类都列有"马列主义××理论"、"资产阶级××理论批判"类目，地域复分表按国家性质、社会制度区分等等，是不符合事物总是不断地发展和变化的客观规律的。修订后，虽然按政治观点区分类目的涵义未变，但已将"批判"改为"研究"字样，"使

72

其既不是混为一谈，又不是一概排斥，而是采取批判的继承和借鉴"。地区表也改为按自然区域划分。

第二，号码用严格的展开层累制，冗长而不够灵活。它完全以数字为符号，以数字的位数表示类目的等级，同位类超过十个的也按数字顺序排下去。如遇两位数字代表一类，在数字后加"·"表示仍代表一类。"10"的末位是 0，所以不加。但"11"和"11."则是不同的。"11"表示第一级的第一类，第二级的第一类；而"11."则表示第一级的第十一类。如"13.812.42 动物学的水生动物地之分布"，13. 表示自然科学，8 表示动物学，12. 表示动物分布，4表示动物的地方分布，13.812.42 表示动物的水生动物地之分布。上例类号虽有七位数字，可只代表五级位类。由于这一用法打破了数字和小数的自然习惯，容易产生混乱，不少同志不同意这种办法，这也是《人大法》不能为更多的图书馆使用的一个重要原因。

四、《中小型图书馆图书分类表草案》(简称《中小型表》)

因为新建的中小型图书馆没有合适的分类表可以使用，为解决中小型馆类分图书的问题，"同时试图为继续编制比较适用于各图书馆使用的分类表开辟途径"，1956 年文化部社会文化事业管理局组织图书馆工作者和图书馆专家共同讨论，拟制草案，并组织若干城市图书馆工作者进行讨论，听取了各方面的意见，加以修改编成《中小型表》。可以说这是我国第一部由国家领导，运用集体的力量编成的分类表。该分类表于 1957 年 8 月由文化部社会文化事业管理局作为试行草案予以公布。

该分类表适用于藏书在十万册以下的中小型图书馆。原想在此基础上"予以缩小就可以成为小型图书馆的图书分类表；加以扩大，就可以成为大型图书馆的图书分类表，从而为编制统一的图书分类法打下基础。"但由于种种原因，事实上没有这样做。不过它曾为我国不少的中小型图书馆所采用，影响较大。

《中小型表》的特点是：

第一，根据马克思列宁主义思想体系并结合图书的实际需要来决定基本大类的数目和它们的次序。首创了五分法的基本序列，为以后的分类法所效仿。其基本序列为：

马克思列宁主义

哲学

社会科学

自然科学

综合性图书

在五大部类的基础上扩展为二十一大类：

A 马克思列宁主义

B 哲学

C 社会科学总论

D 历史

E 经济

F 政治、社会生活

G 法律

H 军事

I 文化、教育

J 语言文字

K 文学

L 艺术

M 宗教，无神论

N 自然科学总论

P 数理科学和化学

Q 地质、地理科学

R 生物科学

S 医药卫生

T　　　农业技术

U－Y 工业技术

Z　　　综合性图书

第二，明确提出图书分类法的编制原则及体系必须具有高度的思想性。

第三，在我国首先采用混合号码层累制的标记制度，基本大类用汉语拼音字母，大类下面用阿拉伯数字按小数制排列，而不拘于严格的层累制。为了避免号码冗长，往往把下级类的号码往上提一位，标记简短，比较灵活，伸缩性较好，使用方便。

第四，首先设立有固定号码的交替类目，能便于图书馆集中某一方面的图书，便于把综合性的图书分类表应用于专业图书馆。

第五，注释比较详尽，有针对性。

第六，为了区分资产阶级唯心主义的理论，在总论复分表中特别设立了"资产阶级理论及其批判"类目来容纳批判它们的书籍。世界地区表的编制是结合非政治性（自然）区划和政治（国家）区划两方面的标准编制起来的。以上做法较之《人大法》是有了很大的进步，比较实际。

遗憾的是，由于种种原因，未能如原计划那样，在此基础上编制一个统一的分类法，它的许多特点，也未能得到应有的继承和发扬，直到今天也没有修订过，已经不能适应科学发展的新情况了。

五、《中国科学院图书馆图书分类法》 （中国科学院图书馆编　简称《科图法》）

《科图法》1954 年开始编制，1958 年正式出版，1959 年增编了索引，1974 年 2 月出了自然科学部分修订二版，1979 年社会科学部分出修订二版。

《科图法》也是力求以马克思列宁主义、毛泽东思想为指导的新型分类法，它的图书分类表分为五大部二十五大类，其顺序如下：

00　　马克思列宁主义、毛泽东思想

10　　哲学

20　　社会科学

21　　历史、历史学

27　　经济、经济学

31　　政治、社会生活

34　　法律、法学

36　　军事、军事学

37　　文化、科学、教育、体育

41　　语言、文字学

42　　文学

48　　艺术

49　　无神论、宗教学

50　　自然科学

51　　数学

52　　力学

53　　物理学

54　　化学

55　　天文学

56　　地质、地理科学

58　　生物科学

61　　医药、卫生

65　　农业科学

71　　技术科学

90　　综合性图书

此外，还有六个附表和一个索引。

《科图法》具有以下特点：

第一，《科图法》为编制既适合大型综合性图书馆又能适合专业性图书馆用的统一大型分类法做了有益的尝试，主要是在设置类目时考虑到专业馆的需要，适当的增加了交替类目，使集中与分散问题得到初步解决。

第二，自然科学部分的类目比较详细，系统性较强，基本上反映了当前科学技术发展的水平。

第三，标记符号采用纯数字符号，不附加任何基本符号，单纯简洁，易写、易记。号码分为两部分：第一部分采用顺序数字，从00—99分配到五大部二十五个大类及其主要类目中；第二部分采用小数制，即在主要类00—99两位数字以后加一小数点"·"，小数点后基本按小数体系配号，以容纳细分的类目。但为了使类目具有较短的号码，各细目的安排，一般不受位数的限制，也不严格要求号码代表类目等级。同时，在编制技术上还采用了双位法、借号法和交替等方法，使号码组配灵活，伸缩性、助记性强。

六、《武汉大学图书分类法》 （武汉大学图书馆学系编　简称《武大法》）

该法原名《红旗分类法》，1958 年由武大图书馆系师生合编，1959 年出版时定名为《武汉大学图书分类法》。

该法是大跃进的产物，编制时间较短，共分五大部二十六个大类。它的最大特点，是在自然科学部分运用理论联系实际的原则，将基础科学和技术科学结合在一起，作了科技合一的尝试。如将电磁学与电技术、化学与化工等结合在起，为今后讨论和研究科技合一问题提供了实践上的经验，便于进一步研究。

七、《中国图书馆图书分类法》 （《中图法》编委会编　简称《中图法》）

1971 年由北京图书馆等单位倡议，由全国三十六个单位组成了编辑组,经过二年多的工作,于 1973 年拟出草案,1974 年以试行本的形式印行,1975 年正式出版。分五大部类二十二大类,有六个附表,还有三十多个专类复分表。与此同时,又由中国科技情报研究所会同有关单位在《中图法》的基础上根据类分科技情报资料的需要,加以扩充和修改,成为《中国图书资料分类法》(简称《资料法》),亦于 1975 年正式出版,其基本结构与《中图法》一样,共有类目约四万多条。此外,在修订《中图法》的同时,由黑龙江省馆负责,在《中图法》的基础上修订成《中国图书馆图书分类法(简本)》,简称《中图法(简本)》,供中小型图书馆使用。

1979 年《中图法》开始修订,1980 年出修订版。《资料法》也已修订出版。

《中图法》的基本结构也是根据毛泽东同志关于知识分类的论述,并结合图书的特征,分为五大基本部类,并在此基础上扩展为二十二个大类(大类序列见第一章,此处从略)。

《中图法》的特点是:

第一,是一部大型的综合性的图书分类法。它既适合综合性大型图书馆的需要,又照顾各类型图书馆和情报单位类分图书和资料的需要,为全国图书资料统一分类编目创造了条件。

第二,为更好地宣传马克思主义、列宁主义、毛泽东思想,除规定将马克思、恩格斯、列宁、斯大林、毛泽东的著作集中在第一大类外,并规定在各学科作互见,用推荐符号"a"作标记,排在各类的前面。

第三,对于在具体学科的理论类目下,有必要按观点加以区分的,则可使用"总论复分表"中规定的观点区分号"—08"加以区别。

第四,标记符号采用拼音字母与阿拉伯数字相结合的混合号码制。号码的设置基本上遵从层累制原则,但又不拘泥于层累制。为使号码能适应类目设置的需要,号码配备具有一定的灵活性,采用了八分制、双位制及其它一些配号方法。同时，采用了组配编号法，以解决图书的分散和集中问题，技术比较先进。

第五，对于具有共性的类目，尽量采取仿分、复分的办法。

第六，注释比较详细。

总之，《中图法》具有比较突出的优点，已为大多数图书馆所采用，并于1981年被正式批准为国家标准的试用本。

由于全书主要是以《中图法》为例来讲述图书分类的，所以这里仅作简单介绍。但有一点需作补充说明：在编制《中图法》之前，1959年北京图书馆在文化部、教育部的领导下，曾组织全国图书馆的力量，进行大型分类法的编制工作。当时编委会曾经过讨论决定的编制原则是：①以马克思列宁主义、毛泽东思想作为指导原则，以毛泽东同志关于知识分类的学说作为划分类目的基础；②要适用于图书和资料的分类，能类分古今中外图书，适用于各类型的图书馆。在编制过程中，对编制分类法的一些理论问题进行了热烈的讨论。如关于如何体现马列主义、毛泽东思想的问题；关于按国家区分时是按国家性质区分还是按地域区分；传记类的立类问题以及号码制度问题等等。体现了"百家争鸣"的方针，也取得了不少的成果。经过几年的工作，直到1963年公布和出版了自然科学和综合性图书部分，作为大型法的下册。而马列主义、哲学和社会科学部分只有油印本，作为草案征求意见。这部未完成或称未定稿的大型分类法确是吸取了建国以来我国编制分类法的经验和成果，成绩是应该充分肯定的。不幸的是，在"十年浩劫"期间遭到不应有的批判。所幸在《中图法》编者们的坚持和斗争下，将它的基本优点吸取在《中图法》里面去了。但这两部分类法的分类体系还是有区别的，不能混为一谈。

以上我们简单地介绍了建国后我国图书馆界对图书分类法的编纂情况。不难看出，编制分类法的道路是不平坦的，有经验也有教训，很值得我们吸取。下面就编制分类法的经验教训问题谈几点不成熟的看法,仅供参考。

第一,在党的领导下,充分发挥集体力量进行编制分类法的工作。这是一条比较成功的经验。建国以来,我们基本上是既尊重专家的意见,又有计划、有组织地发挥集体的作用。我国几部影响较大的分类法,可以说都是集体智慧的结晶。回顾解放前,由于社会制度的不同,大多是个人奋斗,虽很勤奋,但收效甚微,即或有些创造性的想法,也因受个人财力物力的限制,很难付诸实施。而在社会主义条件下,有党和政府的支持,有各有关单位的协作,再加上个人的才智和努力,集思广益,是可以作出更好的成绩的。必须指出的是,要正确的理解党的领导,不应事先给编制分类法的工作定路线、划框框,管得太多、太死,而应尊重科学规律,在这方面,我们是有深刻的教训的。在发挥集体力量的同时,也要注意发挥个人的力量。现在《中图法》成立了编委会,负责《中图法》的修改和补充工作,研究分类法使用中的问题,也要注意协作,邀请专家或代表参加工作,这样既能听到专家的意见,又能听到各种不同的反映,对保证质量有帮助。

第二,在发扬我国传统和向外国学习先进经验和先进技术的基础上,逐步明确和总结出编制图书分类法的三条基本原则,认识到一部好的社会主义的分类法必须是思想性、科学性和实用性的高度统一。图书分类法有思想性是客观存在的,一部社会主义分类法,当然不应违背社会主义的原则和规律。科学性是指一部分类法应能基本上客观地反映学科发展的规律,而不是人为的违背客观规律的科学体系。实用性是指一方面既能符合学科的发展规律,又能根据图书的特点来类分图书;另一方面从编制技术上既要简便易行,又要有伸缩的可能。由于我们过去对此原则理解上有片面性,说是三性统一,实际上只片面夸大思想性的作用,要求科学性和实用性都服从于思想性,用思想性来主宰一切,致使我们在实践中遇到了很大的困难和挫折,是应引以为戒的。但我们不能因噎废食,应在总结经验教训的基础上,经过争鸣、探讨,取得较正确的认识,而不是大幅度的摆动。

第三,应积极地吸取国外的先进经验,对开阔我们的眼界,扩大我们的视野,提高工作质量具有重要的意义。在较长的时间内,特别是四人帮统治时期,一说学习外国先进经验,就是崇洋媚外,处于闭关自守,与外界隔绝的状态。结果外国的经验不学,国内的经验也不吸取,以四人帮的意志为转移,不仅没有前进,还有倒退,这些深刻的教训应该牢记。特别是为实现四个现代化而努力的今天,就更具有现实的意义。

第四,必须正确认识图书分类法本身所具有的职能,和它所能承担的任务。图书分类法是类分图书的工具。它不能承担图书馆所有应承担的任务,更不能把它说成是"阶级斗争的工具",否则就会出现赶浪头的现象。也可以说,在我们过去编制分类法的工作中有左的偏向,走了弯路,吃了苦头。粉碎四人帮后,对形式主义的赶浪头的危害有了一定程度的认识,也有了很大的扭转。但事物是复杂的,有理论上的问题,也有政策界限问题,尚需进一步深入研究。

第五,应加强新技术新方法的研究。我国解放以来编制的分类法,大都是列举式的。在编制技术上虽有改进,如运用组配等方法,积累了不少经验。但对于分面组配式分类法尚缺乏研究(只有个别同志在作些尝试),应加强力量去研究探讨。

附:各主要分类法大纲比较表

类号 类名 序列	分类法 序列	《人大法》 17大类		《中小型表》 21大类		《科图法》 25大类		《武大法》 26大类		《中图法》 22大类	
1	1	马克思列宁主义、毛泽东著作	A	马克思列宁主义	00	马克思列宁主义、毛泽东思想	A	马克思列宁主义、毛泽东著作	A	马克思主义、列宁主义、毛泽东思想	
2	2	哲学、辩证唯物主义与历史唯物主义(附:宗教、无神论)	B	哲学	10	哲学	B	哲学 附:无神论、宗教	B	哲学	
3	3	社会科学政治科学	C	社会科学(总论)	20	社会科学(总论)	C	社会科学总论	C	社会科学总论	
4	4	经济、政治经济学与经济政策	D	历史	21	历史、历史学	D	经济、政治经济学	D	政治、法律	
5	5	国防、军事	E	经济	27	经济、经济科学	E	政治、社会生活	E	军事	
6	6	国家与法、法律	F	政治、社会生活	31	政治、社会生活	F	国家与法、法律	F	经济	
7	7	文化教育	G	法律	34	国家与法、法律	G	国防、军事	G	文化、科学、教育、体育	

类号类名分类法序列		《人大法》17 大类	《中小型表》21 大类		《科图法》25 大类		《武大法》26 大类		《中图法》22 大类
8	8	艺术	H	军事	36	军事、军事科学	H	文化、教育、体育	H	语言、文字
9	9	语言、文字学	I	文化、教育	37	文化、教育	I	语言、文字	I	文学
10	10	文学	J	语言文字	41	语言文字学	J	文学	J	艺术
11	11	历史、革命史	K	文学	42	文学	K	艺术	K	历史、地理
12	12	地理、经济地理	L	艺术	48	艺术	L	历史、革命史	N	自然科学总论
13	13	自然科学	M	宗教、无神论	49	无神论、宗教学	M	自然科学总论	O	数理科学与化学
14	14	医药、卫生	N	自然科学总论	50	自然科学总论	N	数学	P	天文学、地理科学
15	15	工程、技术	P	数理科学和化学	51	数学	ND	力学	Q	生物科学
16	16	农业、畜牧、水产	Q	地质、地理科学	52	力学	O	物理学及其应用	R	医药、卫生
17	17	综合参考	R	生物科学	53	物理学	P	化学与化工	S	农业科学
18			S	医药、卫生	54	化学	PD	晶体学	T	工业技术
19			T	农业技术	55	天文学	Q	天文学	U	交通运输

（续表）

类号 类名 序列	分类法 《人大法》 17 大类	《中小型表》 21 大类		《科图法》 25 大类		《武大法》 26 大类		《中图法》 22 大类	
20		U–Y	工业技术	56	地质、地理科学	QD	气象学	V	航空、航天
21		Z	综合性图书	58	生物科学	R	地质、地理科学	X	环境科学
22				61	医药卫生	S	生物学	Z	综合性图书
23				65	农业科学	T	医药卫生		
24				71	技术科学	U	农业科学		
25				90	综合性图书	V	工业与工程		
26						Z	综合性图书		

本章主要参考文献

1.《汉书艺文志》序 《汉书艺文志》（汉）班固撰 商务印书馆 1957 年

2.《隋书经籍志》总序 《隋书经籍志》（唐）长孙无忌等撰 商务印书馆 1955 年

3.《通志·校雠略》有关图书分类部分 《通志》（宋）郑樵撰 商务印书馆 1935 年

4.《中国图书分类之沿革》 蒋元卿著 中华书局 1930 年

5.《校雠略之研究》 钱亚新著 商务印书馆 1948 年

6.《中国目录学史》分类篇 姚名达著 商务印书馆 1957 年

7.《图书分类法史略》 杜定友著 《图书馆工作》 1957年第8、9期
8.《我国图书分类法发展的情况》 刘国钧、史永元著 《图书馆通讯》 1959年第12期
9.《图书分类学教材》 武汉大学图书馆学系编 1980年铅印本
10.《图书分类法问题研究资料》 文化部文物局 1950年编印

本章思考题

1. 试述我国第一个图书分类体系的特点及其演变过程。
2. 简述四分法的开创及其演变过程。
3. 郑樵所提出的分类原则是什么?
4. 简述刘国钧编《中国图书分类法》的特点。
5. 简述我国近代图书分类法的主要特点及其成就。
6. 试简述《人大法》的特点。
7. 试简述《科图法》的特点。

第三章　外国图书分类法简介

外国图书分类法同我国图书分类法一样,也有其悠久的历史。

还在印本书出现以前,当时古希腊与古罗马的图书馆就采用了与手稿内容相适应的分类大纲,如公元前二百五十年左右,著名的亚历山大图书馆就把目录区分成史诗、抒情诗、历史、哲学等部分,每部分下还有细分,这种分类反映了古希腊罗马时代的文化。

中世纪初期,教会统治带来了科学文化的衰落。当时只有非宗教性的学校教育对图书分类体系有某些影响。这些学校主要教授《七艺》,即文法、修辞、辩论术、算术、几何、乐理和天文,这种学科划分在图书分类体系中有所反映。这时大多数图书馆组织藏书和目录并不采用分类的方法,而是采用固定排列或按著者姓名字顺排列的方法。

印刷图书的出现使图书馆得到迅速发展,人们对揭示图书内容的目录的需要日益增长。这时,还出现了百科全书性质的图书,这些图书试图使知识系统化,这种知识系统化必然影响到图书分类。十五世纪末,大学图书馆开始确立了与学校教学科目相适应的图书分类大纲——哲学、医学、法学和神学。

1545 年,瑞士学者、被称为"西欧书目之父"的盖士纳(Conrd Gessner,1516—1565)编制出版了著名的《世界书目》,该书目的第二卷(1548 年出版)是分类编排的,共分二十一类、二百五十多个细目。盖士纳的这个分类法增加了许多新类目,如"诗学"、"光学"、"历史"、"地理"、"技艺"等,并在各类建立了详细的、比较严密的类目体系。它的类目的细分与组织反映了科学分类,并且照顾到文献资料的系统化,比较适合当时读者的需要。这使它成为十六世纪突出的、进步的分类法,为西欧图书与书目分类法的发展开辟了道路。

十六—十七世纪,著名的英国哲学家弗兰西斯·培根(Francis Bacon,1561—1626)的知识分类体系对图书分类体系产生了很大的影响。他把人类全部知识分为历史(记忆的)、诗(想象的)、哲学(理性的),而把当时的各门学科分别隶属于这三大类,并照上述次序排列起来。这种分类原则在十七、十八世纪中曾为许多藏书家和图书馆用来编制自己的图书分类目录。著名的《杜威十进分类法》的分类体系也来源于此。

十九世纪七十年代,随着资本主义极大发展,并进入帝国主义时代,资产阶级图书馆事业得到迅速发展,现代图书分类法也就应运而生。这些图书分类法一方面总结并发展了过去时期图书分类法的成就,另一方面吸取了当时哲学、科学、技术各方面的新学说、新发明和新成就,而建立了新的分类体系。它们还适应图书馆工作内容与工作方法的变化,创造了许多新的技术,这就使这些图书分类法同以前的分类法大不相同,并且对以后图书分类法的发展起着很深远的影响。至今,这些西方图书分类法还被世界各国广泛使用,并朝着适应图书馆工作现代化的方向发展。

现代西方主要图书分类法,尽管在内容上并不一致,甚至分歧很大,但总的说来,都是为了适应当时经济、政治、文化各方面的要求而产生的,是符合当时科学技术水平和图书馆事业要求的。然而它们都反映了资产阶级的思想体系。

现代西方图书分类法,至今还在使用或有很大影响的,主要有五部,现列表如下:

分类法名称	编者	初版时间
杜威十进行分类法 （简称 DC 或 DDC）	麦维尔·杜威及其编辑部	1876 年
美国国会图书馆图书分 类法（简称 LC）	美国国会图书馆编目部	1901 年
国际十进分类法 （简称 UDC）	保尔·奥特勒及其 编辑部	1905 年
冒号分类法 （简称 CC）	希雅里·拉马立搭· 阮冈纳赞	1933 年
书目分类法 （简称 BC）	亨利·厄维林·布拉立斯	1936 年

这些图书分类法中，流行最广、影响最大的是 DC，它至今仍是世界上使用很广的图书分类法之一。LC 在美国也被许多图书馆使用。DC 和 LC 的号码均输入美国现行机读目录的磁带。UDC 则在各国文献工作界，即科技情报工作方面被广泛使用。CC 作为一种实践分类工具，在印度以外的地区很少有人使用，但它的分类理论却产生着愈来愈大的影响。BC 出版较迟，主要在英国及澳大利亚的少数图书馆使用。

这些图书分类法从它们所采取的编制方式来看，可分为三种类型：

1. DC、LC 都把所有类目组织成一个等级系统，并且采取尽量列举所有类目的方式，因而称为列举式的等级体系。

2. CC 则认为详尽无遗地列举类目是不可能的，也是不必要的，因而采取用简单概念组成复合类目的方式。在类目表里只分别列出不同范畴的单独概念，用组配方法来表达具体类目，因而称为组配式的分面体系。

3. UDC 和 BC 则在列举式的等级类表里大量运用了组配方

式,因此可说是介于列举和组配之间的一种形式。

十月社会主义革命后,苏联作为一个社会主义国家,编制了力求适合马列主义思想体系与社会主义制度的一些分类法。苏联的分类法对我国解放后出现的新分类法产生过极大的影响。

第一节　杜威十进分类法

国外通行的图书分类法中,流行最广、影响最大的是美国图书馆学家麦维尔·杜威(Melvil Dawey,1851—1931)所创的《杜威十进制分类法》(Decimal Classification,简称《杜威法》)。杜威1873年毕业于美国纽约州阿姆赫斯特学院,1874—1876年任该校图书馆馆长助理,后来担任过哥伦比亚大学图书馆馆长及图书馆学教授,纽约州立图书馆馆长等职,并在哥伦比亚大学创设了第一个图书馆学校。当杜威还在阿姆赫斯特学院学习期间,就感到学校图书馆藏书紊乱,提出了改进管理和分类方法的建议。毕业后留在学校图书馆工作,并着手编制图书分类法,这就是以后的《杜威十进分类法》。

《杜威法》第一次发表于1876年,书名原为《图书馆图书编目排架用分类法及主题索引》,连索引在内只有四十二页,类表只分三级,约一千个类目,用三位阿拉伯数字作号码。由于这个分类法首次采用数字号码来代表类目,在号码排列上采用小数制,又编有便于使用分类表的相关主题索引,因此为越来越多的图书馆使用。1885年出了第二版,改名为《十进图书分类法及相关索引》,增加了类的级数,加深了细分程度,并编制了通用形式区分表。这一版奠定了《杜威法》的体系,以后虽经十多次修订,但体系基本未动。1951年出的第十五版,正式定名为《杜威十进分类法》。

杜威在世时,将其财产投资于"森林出版社",并建立了一个基金会,组织了一个常设机构负责《杜威法》的修订和出版工作,这就保证了《杜威法》能不断修订、出版,使它尽量适应科学技术的发展,以保持其生命力。1979 年已出版了第十九版。《杜威法》不仅在美国国内被广泛使用,而且在其它西方国家也有很大影响。

美国国会图书馆为了帮助图书馆分类人员使用这个分类法,自 1934 年起,曾定期编印《关于十进分类法使用法的说明和决定》。在此基础上,《杜威法》编辑部于 1961 年出版了《DC 使用方法指导书》。近年来,在美国国会图书馆发行的机读目录磁带上,输入了《杜威法》的号码,使它得到更广泛的利用。

《杜威法》对我国的图书分类法也产生过深刻影响。1910 年,《杜威法》传入我国后,曾引起我国图书馆工作的变化,并出现了一些仿杜、补杜、改杜式的分类法。

一、《杜威法》的类表结构

1. 类目表

《杜威法》的类目表有主表和附表。

主表是已知主题的详细列举。《杜威法》首先把所有学科归纳成九大类,不能归入任何一类的总为一类,共十大类。每一大类下再分为九类加一个"总论"类(也有不足或超过九个的),依此类分下去,就形成一个完整的层层展开的等级体系。其基本大类如下:

000	总论	500	纯粹科学
100	哲学	600	技术科学
200	宗教	700	美术
300	社会科学	800	文学
400	语言学	900	历史

现以《杜威法》技术科学类类目表为例,来说明其类目展开情况。

600	技术科学
620	工程学
621	机械工程
.01	工程热力学
.1	蒸汽工程
.2	水力工程
.3	电力工程
.31	电力的发生
⋮	⋮
.38	电子及电力通讯工程
.384	无线电通讯工程
.3841	无线电原理
⋮	⋮

《杜威法》基本大类及其次序,来源于新黑格尔派哲学家哈利斯为圣路易市图书馆编制的分类表。哈利斯的分类体系是以十七世纪初英国哲学家培根的知识分类为原则的。培根用人的心理活动来区别知识,他认为人心有三种由低级到高级的官能:记忆、想象和理性。记忆的活动产生了历史知识;想象的活动产生了文艺;理性的活动产生了哲学,亦即科学。哈利斯采用了这个划分原则,把培根的次序倒转过来,改为哲学、文艺和历史,又把全部图书按照当时美国高等学校的学科分为一百类,并按照这个次序来安排这一百类的次序,自称为倒转培根法。杜威实际上是把哈利斯的一百类归纳为十大类,并基本保存了哈利斯的序列,只作了个别调整。《杜威法》的二级类目差不多完全和哈利斯相同。因此《杜威法》体系的理论基础也是来源于培根的哲学思想。

《杜威法》除主表外还有附表。附表的作用在于提供通用于全部或部分类目的复分子目及其类号。这些子目与类号只能同主类目结合起来才能成为一个完整的类目。《杜威法》在十六版以前只有一个"标准复分表"(或称形式表,我国通称"总论复分表")。十七版增加了一个"地区表",十八版除在这两个表内大幅度扩充类目外,并增设了五个复分表,一共是七个附表。

(1)标准复分表:有 150 多个子目,例如:01 理论,02 大纲、手册等,03 辞典及百科全书,08 丛书。

(2)地区表:列有国家、地域、地区。美欧主要国家列到县级,其它国家列到省级。

(3)文学复分表:全部用于文学类。此表既反映文学上的时代特点,又能集中多种体裁作者的作品,便于文学研究人员使用。

(4)语言复分表:用于各种语言的复分。

(5)人种、种族、民族表。

(6)语种表。

(7)人物表:相当于传记类的专用表,列有个人、集体、青年、职业等细目。

由这些附表可以看出,《杜威法》注意到将细分的方法用复分表使之固定化、规范化,也就是采用更多和更细的复分,以接近和达到组配的方法,以期能从更多的方面把一书的主题内容和形式表达出来。也就是说,《杜威法》正在从单纯的列举式向列举与组配相结合发展。

《杜威法》的时代复分表在历史类。

2. 标记制度

《杜威法》的类目标记,采用单纯阿拉伯数字。所有的数字都作为小数看待。前三级类一律用三位数字标记。例如:

600	技术科学
620	工程学
621	机械工程

三级类以下则在前三位数字之后用小圆点隔开,以便醒目,例如:621.3841 无线电原理。

号码层次基本反映类目层次,例如:

621.3　　　　　电力工程
621.38　　　　　　电子及电力通讯工程
621.384　　　　　　　无线电通讯工程

《杜威法》虽以单纯数字作为主类号,但规定亦可采用字母作下列用途:

(1)用以代替数字以缩短类号。例如用2B代替294.3佛教。

(2)用来排列某些类目。例如美国地方史类下,可在分类号后加行政区名称第一字母,并依此排列。

(3)在分类号前添加字母,用来表示图书的特殊形式。例如,用R表示参考书,用M表示图谱。

《杜威法》在类目标记中还采用了助记原则,即同一概念用同一数字表示。如:1总是代表理论,9总是代表历史,欧洲总是4,亚洲总是5,英国总是42,中国总是51。

《杜威法》还采用在类号上加撇号的方法,以便不同类型图书馆根据各自的分类详略程度选择使用。如:"621.38'415'1短波广播系统",有些图书馆若不需要细分至此,则可分别选用"621.38电子及电力通讯工程"或"621.38415无线电通讯系统"。这种方法使类号的伸缩有一定的规范。

3.索引

《杜威法》有很详细的相关索引。它是由各类目的主题名称及其同义词,按字母顺序排成的一个表。它不仅包括主表内各类的类名,也包括着包涵在类目之内而未被析出作为小类的许多概念,还将一个主题的各个方面,以及被这一主题所规定的词和倒装的词,都集中在一个标目之下,然后在索引的每条标目后面,注明相应的类号。

例如:苹果

　　　植物学　　　　583.3

烹饪法　　　　641.6411

果树栽培　　　634.11

这样就将分类表内分散到各类的一个主题的各个方面集中起来了。这既便于分类人员的工作，又便于查找有关主题的全面资料。

二、《杜威法》的特点及其在世界图书分类法史上的地位

《杜威法》出现以后，被越来越多的图书馆采用，除了因为它适合当时的社会状况、科学水平、图书出版情况以外，它还有一些显著的特点。

1. 它结构比较简单，等级层次清楚。采用这种结构与编排方式，可以随时扩大以便细分，或缩小以便粗分。

2. 它采用单纯阿拉伯数字作为类目标记，易记易排。

3. 它有详细的相关索引，为分类工作人员提供了方便。

4. 它有一个常设机构，保证分类法不断修订再版，基本上能适应科学技术的发展和图书馆藏书不断增加的新形势。

然而，《杜威法》也存在一些问题，例如：

1. 分类体系过于陈旧，类目繁简很不平衡。由于它已有一百多年的历史，这期间科学技术的发展，图书内容与形式的变化都是十分巨大的，而《杜威法》受到大量已编图书的限制，在基本体系结构上不能做很大的变动，因而显得体系陈旧，类目发展也不平衡，自然科学类目较少。

2. 严格的层累制造成号码冗长。因类号要基本上反映类目的等级层次，因此每细分一次就要在原类号后增添一位数字，这就使一些细小类目的类号变得很长，造成排检的困难。

尽管《杜威法》有这些缺点，但它在世界图书分类法史上的地位与作用是十分突出的。它对图书分类法的贡献主要有三方面：

1. 它首先创用了以阿拉伯数字代表类目的方法，从而为图书

排架、目录组织以及其它各种图书记录的排列提供了可以共同使用的排列依据，而且易读、易记、易排，这非常有利于按内容系统组织藏书和开展多种服务工作。在此以后产生的图书分类法，毫无例外地采用了用符号代表类目的方法。

2. 在标记制度方面，它首先运用了小数制的排列方法，并且初步应用了组配法，使类目有极大程度深入细分的可能，为以后各种图书分类法开辟了道路。后来的分类法，不管采用什么种类的符号，绝大多数都在不同程度上接受并发展了这个方法。

3. 它首先创造了图书分类法的类目相关索引，提供了从主题查找类号的工具。杜威法可以说是世界图书分类法史上的一个里程碑。

第二节　国际十进分类法

《国际十进分类法》（Universal Decimal Classification，简称UDC）是在《杜威十进分类法》的基础上发展起来的。1895年，第一届国际目录学会议之后，成立了国际目录学会（后改为国际文献联合会）。在该会的主持下，由两个比利时目录学家——奥特勒（Paul Otlet）和拉封登（Henri La Fontaine）发起，开始编制一个国际通用的文献分类表。当时，《杜威法》已出至第五版，但仍只有数千条类目。国际目录学会在取得杜威的同意后，在《杜威法》的基础上，逐类增补。1905年出版了UDC的第一版（法文版），称为《国际文献目录手册》，有三万三千条类目和一个包括三万八千条款目的字顺索引。1927—1933年出了第二版（也是法文版），类目增至七千条，改名为《国际十进分类法》。以后陆续出版其它文版。中文版目前尚无完全译本，只有1958年中国科学技术情报研究所译出了《国际十进分类法》的简表和自然科学各大类的详表。

UDC 自初版以来,已有二十三种语文本,应用于各大洲许多国家,使用单位达十万以上,UDC 是现代西方使用最广泛的图书分类法之一。

UDC 仍在不断修订,把重点放在科学与技术各类,有目的地按类扩充细目,独立分编成册,以供专门图书馆和情报系统使用。本世纪五十年代初,电子计算机开始应用于文献检索,UDC 首先被采用。至六十年代末,UDC 已被称为世界图书情报的国际交流语言。

一、UDC 的类表结构

1. 类目表

UDC 的类目表主要由主表与辅助符号、辅助表组成。

UDC 的主表把整个人类知识分为十大门类,每一大类下并不完全依次细分为十个类,一般类目的子目都少于十个,并预留"空位"以备将来使用,在极少数情况下,也有超出十个以上的子目的。其基本大类如下:

0	总类	5	数学、自然科学
1	哲学	6	应用科学、医学、工业、农业
2	宗教、神学	7	艺术
3	社会科学、法律、行政	8	(语言学)、文学
4	(语言学)	9	地理、传记、历史

上述大类沿用了《杜威法》的基本大类结构(其中第 4 类语言学已于 1964 年并入第 8 类文学,准备将第 4 类留作扩充科技类目用)。

UDC 的主表也是一个层层展开的等级体系。例如:

6　　应用科学、医学、工业、农业

62　　　工业、工业技术总类

621　　　　一般机械工程、原子能、电气工程、机械工程总类

96

621.3	电气工程
621.39	电讯工程
621.396	无线电通讯工程
621.396.9	无线电通讯的应用、雷达
621.396.96	雷达
621.396.969	雷达的应用
⋮	⋮

UDC 的类目下有许多注释,除各分类法中常见的关于类目范围、参见、仿分等以外,它还有一些独特的注释。

(1)列出与本大类关系最密切的其它类目,这些相关类目与本类细目用冒号组配的可能性最大。例如"621.3 电工、电业"类下注有:

有关的类目

37	教育
38	商业、运输
383	邮政业务
⋮	⋮
51	数学
⋮	⋮
53	物理学
⋮	⋮
61	医学
⋮	⋮
62	工程技术
⋮	⋮
69	建筑构造
⋮	⋮

共计列有九十个大小类目,其中许多是分散在各有关学科中

的,这为分类人员采用组配方法确定类号提供了方便。

（2）不仅在基本大类下列出基本类目,在某些细目下还有分类大纲,或称主要类目,便于分类人员查找细目。

（3）个别大类下有类目区分根据。例如:"62 工程技术"类下注:"62 类目的区分,总的说来与技术学科的组织相符,正如其发展成技术的各专业及高等技术学校的各专业一样。此外,在组织中还利用了一切种类的技术教材,尤其是在很大程度上利用了德国（按:指二次世界大战前的德国）专利局专利分类作为基础。"它说明本大类区分所依据的分类体系,有时还介绍其它著名分类体系,以供参考。

UDC 除主表外,还有十多个辅助符号及辅助表,用来作主表类目的细分,从多方面揭示图书资料的复合主题。辅助标记必须附加在主类号后面才能发生作用。

（1）扩充符号,有并列符号和连续符号两种:

并列符号 +

用以连接两个或两个以上的不连接的主类号。当一件资料涉及两个或两个以上的不连接门类时,就将这些类号用"＋"号连起来。

例如:622 + 669　采矿与冶金

　　　54 + 66　化学与化学工业

　　　59 + 636　动物学与畜牧学

连续符号/

用于包括着几个相连的并列类目的资料,将最前与最后的类号连接起来。

例如:669.3　铜

　　　669.4　铅

　　　669.5　锌

　　　铜、铅及锌　669.3/.5

并列与连续符号都可以用关联符号代替。因为它不如关联符号灵活,所以在近来的文献工作中使用不多。

(2)关联符号:

关联符号是 UDC 各种连接符号中首要的一种,用以连接两个或两个以上大致同级而又互相关联着的类。例如:

669.13　　铸铁

539.413　　抗弯强度

铸铁的抗弯强度　669.13:539.413

621　机电工业

002　文献工作

机电专业文献工作　002:621

用 + 号、/号等组配的两个以上标记为一组,并要表示这组标记与其它标记的关联关系时,要把一组标记用〔　〕括起来。

例如:681.3:〔622 + 669〕　采矿冶金工业中计算机的应用

(3)通用语文辅助号 =

用以表示主类号所代表的文献用什么文字写的,是将 802/809(各种语言)中的 80 用 = 号代替表示之。

例如:809.56　　日语

　=956　　日文

621.396　　无线电通讯工程

621.396 = 956　　无线电通讯工程(日文)

(4)通用形式辅助号(0……)

用以表示文献的写作或出版类型、形式。

UDC 对于形式细分列有专表,其大纲如下:

(02)　系统编排的书籍,一般图书、手册等

(03)　字顺编排的书籍、字典、百科全书等

(04)　论丛、论文集、小册子、讲演记录、学位论文、信件等

（05）　期刊、杂志、评论、年鉴

（06）　学术团体、学会、协会出版物

（07）　教科书、读本、初学或入门书籍

（08）　丛书、全集、选集、图表、特种资料等

（09）　历史性与法律性著作，史料等

每类下还有细分，使用时，直接加在主类号之后。

例如：33（03）　　经济学词典

　　　53（05）　　物理学报

　　　66（088）　化工专利

　　　58（092）　植物学家传记

若要按出版物类型集中，可将形式复分号放在前面。

（5）通用地区辅助号（　）

用以表示文献主题所涉及到的地点或地区。这种地点或地区不仅限于洲、国疆域。UDC的地区复分表可分为四部分：①一般性区域，包括地带、方位等。如：（—04）边疆地区；（—11）东；（—194.2）相邻的。②自然地理区域，包括陆地、山脉、海洋等。如：（25）平原、沼泽；（28）淡水；（285）湖。③古代世界区域（到公元476年西罗马帝国灭亡为止）。如：（354）巴比伦。④现代世界区域，包括洲、国。如（51）中国；（6）非洲。

例如：385　铁路事业

　　　中国的铁路事业　385（51）

　　　675　　皮革工业

　　　法国的皮革工业　675（44）

地区符号还可以用并列符号或关联符号连接起来，如：

　　　英国和美国　（41＋73）

　　　英美的化学工业　66（41＋73）

若要突出地区，按地区组织目录时，可把地区通用辅助号放在前面，这样，一个地区的资料就可集中在一起。

100

例如:(52)385　日本的铁路事业

(52)66　日本的化学工业

(52)675　日本的皮革工业

(6)通用种族与民族辅助号(＝)

用以表示文献内容所涉及的种族或民族,是以通用语文辅助号为基础的。

例如:(＝924)　犹太人

572.9　人种学

犹太人的种族研究　572.9(＝924)

(7)通用时间辅助号"　"

用以标明文献主题表示的时间。UDC 的时间表不仅列有公元纪年等具体时间,而且列有许多相对时间的概念。

例如:"313"　未来的

"405"　长时期的

"742"　临时的

表示年、月、日时,为了不与这些其它时间属性的号码混淆,规定用"四、二、二"的写法。

例如:1962 年 1 月 20 日　"1962.01.20"

表示公元前,要在数字前加一号。

例如:公元前三十一年　"—0031"

表示世纪,用该世纪纪年的前两位数字。

例如:十九世纪　"18"

十九世纪的法国农业　63(44)"18"

(8)通用观点辅助号.00…

用以表示文献主题的某一特殊方面的问题,或论述主题的观点和角度。观点区分有专表,其大纲如下:

.001　理论观点;目的、试验、研究与发展

.002　实践观点;实现、执行、生产、材料、设备、产品

.003　经济、财务及商业观点

.004　使用观点;运行、养护等

.005　装置、设备观点

.006　厂房、场所、设施观点、基本建设

.007　职工、人力观点

.008　组织、行政观点

.009　社会关系、社会观点

每个类下都有细分,例如:

.002　实践观点

.002.1　准备与开始阶段

.002.2　制造、生产、加工、装配等

.002.3　原料、主要原料、主要成分

.002.4　辅助或附加材料或成分

.002.5　生产设备与机器

.002.6　产品、副产品、废料、代用品

.002.7　辅助工作

这些号码可直接加在主类号后。

例如:622.001　矿业规划

　　　622.005　矿业设备与安全问题

带有观点符号的类号可以附加地区、时间、形式或语文辅助号,或利用关联符号进一步细分,例如:

　　　622.002.51"18"　十九世纪矿山设备

　　　622.007:331.69　矿山劳动力的缺乏

(9)专用复分号—及.0……

此种符号用于一个专类或与之有关类的细分。

专用复分表分散在主表中,适用于特定的类目,因此,相同的专用复分号在不同类目中代表不同的概念。如:"—1"在"621 一般机械制造"类中表示机械的各种型式,而在"535 光学"类中则表

102

示红外波及波长更大的波。

短横加数字的专用复分号一般适用范围大些,.0 专用复分号的适用范围则要小些。

例如:621 　—1／—9　　机械细节
　　　　—1　　　　一般特征:型式
　　　　—12　　　　往复式
　　　　—13　　　　旋转式
　　　　　⋮　　　　　　⋮
　　　　—8　　　　　按原动力分的机械、装置、设备
　　　　—81　　　　蒸汽
　　　　—82　　　　水力
　　　　—83　　　　电动
　　　　—84　　　　内燃
　　　　　⋮　　　　　　⋮

这一专用复分表适用于 6 类中"61 医学"以外的各部分,因此:

　　　　621.912—83　　　电动刨床
　　　　621.952—83　　　电动钻床
　　　　677.052—83　　　电动纺织机

.0 专用复分表一般只能适用于其所在主类之下的各属类。

例如:"629.12 造船、船、艇"类下有.0 专用复分表,其中.011 船壳与甲板上部结构,因此:

629.123.3.011　　远洋轮船的船壳与甲板上部结构
629.124.2.011　　拖船的上部结构

(10)作为辅助分类使用字母与号码。在主类号后可加专有名称或其缩写、字母和号码,代表个别人物、产品牌号等。

例如:1Hegel　　黑格尔哲学
　　　53(092)Einstein　　爱因斯坦传记

629.114.6IfaFq　　　IfaFq 型乘客汽车

UDC 使用如此多样的辅助符号,每一种符号代表一个概念,然后可用这些概念与主表类目结合,产生出无数个主表中未能列出的新类目。这不仅充分表达出文献主题的各个方面,也大大减少主表某些子目主题的重复,解决了其它图书分类法所不能解决,或解决得不够好的多主题图书的分类与详尽反映图书文献主题的问题。

2. 标记制度

UDC 的类目标记采用单纯阿拉伯数字和十进制,类号排列采用小数制,为了醒目与易读,从左到右,每三位数字后加一小圆点。

UDC 标记制度最大的特点在于采用了上述多种辅助符号,因而可以组配成许许多多新的主题概念,产生越来越多的派生类目。同时,UDC 的类号还可以采用轮排的方法,使它变得十分灵活,可以向读者提供多种检索途径。

例如:"681.3:〔622 + 669〕　采矿冶金工业中计算机的应用",可有三种排列方式,从三方面同时提供检索:

(1)681.3:〔622 + 669〕　从计算机应用方面提供线索;

(2)〔622 + 669〕:681.3　从采矿方面提供线索;

(3)〔669 + 622〕:681.3　从冶金方面提供线索。

由于 UDC 的标记符号可以反映主题的多方面,表达十分细小的主题内容,提供多种检索途径,因而得到图书馆界尤其是情报界的广泛利用和重视。

下面讲一下 UDC 的卡片或资料本身排列法。

分类目录和分类排架总是依照类号数值排列的。但是 UDC 虽然以数字为标记,却夹杂了许多标点符号。在主类号相同的场合,凭什么来决定各种符号的先后呢? UDC 认为在这种场合,其编排的基本原则应当是从总体到部分,从一般到特殊,从抽象到具体。即是说,主题范围较广泛的居前,较狭窄的居后。现按照这条原则举下面一列号码为例：

扩充类号 $\left\{\begin{array}{l} + \\ / \end{array}\right.$ 　　675＋636　　皮革工业与家畜饲养
　　　　　　　　675/677　　皮革工业、造纸工业、纺织工业

主类号　　　　675　　　　皮革工业

关联号　　：　675：37　　皮革工业教育

通用复分号 $\left\{\begin{array}{l} = \\ (0\cdots) \\ (\ \ ) \\ \text{“　”} \\ .00\cdots \end{array}\right.$ 　675＝20　　皮革工业（英文资料）
　　　　　　675（021）　皮革工业系统编著
　　　　　　675（44）　法国的皮革工业
　　　　　　675“18”　十九世纪皮革工业
　　　　　　675.007　皮革工人

专用复分号 $\left\{\begin{array}{l} \text{—} \\ .0\cdots \end{array}\right.$ 　675—78　　安全与保护装置
　　　　　　675.02　　制革

子目（另一主类号）　675.1　匈牙利革及其它重革
　　　　　　　　　　　675.2　轻软革

二、UDC 的特点

UDC 目前在世界上是使用最广泛的一部文献资料分类法。它有几个显著的特点。

1. 有一个大型的、综合性的分类体系，类目详尽，是世界上现有各种分类法中类目最多的一部分类法。详表有十五万到二十万个类目。它的科技部分，类目尤为详尽，有十一万多条。所以最适用于科技文献资料的细密分类。

2. 标记制度除了采用等级分明的阿拉伯字外，还运用了多种辅助符号来代表各种主题概念，并采用组配方法，能较好地反映多主题、复合主题的图书文献，可以标识任何复杂的文献资料的主题，从而为读者提供多种检索途径。这是过去单线排列的体系分类法所无法解决或解决得不够好的问题。

3. UDC 比其它综合性图书分类法更适用于机械检索。国外

一些实验表明,UDC 可以处理主题表中包含的几乎所有概念,而且还可补充主题法情报检索语言的不足。因而电子计算机开始用于文献检索时,UDC 首先被采用。

4.有国际文献联合会的常设机构主持它的经常性增补、修订工作,使之能不断适应现代科学技术的发展。

UDC 虽然有上述优点,但也存在一些问题。

1.整个分类体系因袭《杜威法》,因而思想体系是资产阶级的,学科体系也显得十分陈旧。

2.在十个基本大类里,只有两个关于科学技术的大类(拟增至三个),使得占总数百分之八十的类目挤在这两个大类中,类目安排很不平衡。

3.由于使用各种辅助符号及采用组配方式,因而使它的类号过于冗长,而且组配复杂,又缺少详细的统一规定,就使类号变得过于灵活,缺乏稳定性。由于分类人员对主题分析的角度与组配方式不同,对一份资料的分类会产生多种分类号。

4.没有一个详细的相关索引。

UDC 在世界图书分类法史上有着重要的地位。它先于冒号分类法三十多年,最早提出了概念分析和组配的原则,是由列举式的体系分类法向分面组配分类法发展的先驱。它立类详尽,组配灵活,是最早的一部用于情报领域的综合性文献分类法。另外,它也是首先用来进行一系列机械检索试验并取得成功的一部分类法。

UDC 正在进行全面的修订,在分类结构和标记符号上也打算作重大的改进,并准备制定统一的使用规则和办法,以弥补其缺点,进一步适应机械化、自动化的需要。

总之,UDC 就其思想体系与分类体系来说,是陈旧的,不适应我国情况的。但是它已成为世界各国广泛使用的一种类分科技文献的国际交换语言,在分类法编制技术上的一些特点也是值得我们研究与借鉴的。

第三节　美国国会图书馆图书分类法

《美国国会图书馆图书分类法》(library of Congress Classifica-
tion,简称《国会法》)是世界上最大型的列举式分类法。它本是专
为一个具体图书馆编制的分类法,但后来逐渐为美国国内许多图
书馆所采用,而成为一种通用的图书分类法。

美国国会图书馆成立于 1800 年,它本来只是美国国会的附属
图书馆,专供议员们立法参考之用,后来逐渐担负起美国国家图书
馆的任务,目前它是美国最大的图书馆。美国国会图书馆原来所
用的分类法是美国前总统杰弗逊(Thomas Tefferson)所编的分类
法,到了十九世纪后期,已经不能适应当时学术的需要,决定换用
一部新分类法。在研究了当时流行的几种分类法之后,决定在
《克特图书分类法》的基础上自行编制。1901 年发表了大纲,1902
年出版了"Z 目录学"大类详表,以后其它各大类也陆续以分册形
式出版。到 1924 年,除"K 法律"类和"PG 俄罗斯语言和文学"类
外,各大类都已先后出版。1948 年"PG 俄罗斯语言和文学"类出
版,1962 年"K 法律"类出版,才全部告成。《国会法》共分三十四
卷,其中出版较早的分册已有了修订的四版或五版。

国会图书馆经常根据新收藏的图书资料对分类法做一些修
订,每一季度将它修改的结果刊登在《国会图书馆分类表增补与
修订》(LC Classification Additions and changes)上,分类法再版时,
就将修订的结果吸收进去。几十年来修改很多,但绝大部分属于
补充新类目的性质,体系上的变动很少。

直到现在,这个分类法仍以分册形式发行,每一大类有一个或
几个分册。各类的细分程度取决于该馆藏书的数量和内容。该馆

藏书以历史、社会科学和文学最多,因而这几类的表也就特别详细。《国会法》没有总的合订本,没有总的说明,也没有统一的编制体例,各个类表完全可以看成独立的专业分类表。所以有人说,LC 不是一部统一的综合性分类表,而是一系列的专业分类表。近年来,《国会法》的号码已输入国会图书馆发行的机读目录磁带。这一做法有效地巩固了它的地位。

一、《国会法》的类表结构

《国会法》是以 1891 年发表的《克特图书分类法》为基础编制的,它的类目设立与次序并没有严格的科学系统,没有细致地照顾到学科之间的亲疏远近和并列从属等关系,而是以一个具体图书馆藏书的实际情况为依据,由各门类的有关专家,各就自己的学科领域逐类列类,许多不同的类被安排成便于实用的次序。《国会法》所采取的这种以图书作为分类法的对象的原则,后来英国图书分类理论家赫尔姆称之为"文献保证"的原则,并认为这是图书分类的重要原则。

1. 类目表

《国会法》是一部列举的等级式类表。由于完全列举,所以很庞大,组织也相当复杂,全部类表分为二十九册。它共分二十一个大类(或称二十个大类,即把"E—F 美洲历史"视为一个类)。大类之下,从一般到特殊,从简单到复杂,极其详尽地列出子目,子目之下,比较广泛地使用字顺排列。其基本大类如下:

A   总类:著作集
B   哲学、宗教
C   历史:辅助科学
D   历史:世界史
E－F 历史:美洲史
G   地理、人类学

H 社会科学

J 政治

K 法律

L 教育

M 音乐

N 美术

P 语言、文学

Q 科学

R 医学

S 农业及其它

T 工业技术

U 军事科学

V 海军兵学

Z 书目及图书馆科学

每一大类的前面有一个纲要，纲要后有时还有一个大纲，是这个类表的提要或简表，然后再列细目。

《国会法》在类目安排上，每类都以期刊等形式上的综合性出版物开头，不同于以前的分类法以总论性著作开头。这种办法对于在书架上区别一个类与另一个类是相当方便的。

《国会法》没有通用复分表，但是在每个大类里几乎都有一些大大小小的专用复分表，包括形式区分、地区区分、时代区分和主题细分等。这种表只能应用于指明的类下面，它们的构造很不一致，用法也很特殊。

《国会法》没有总的索引，各类附有本类索引。

2. 标记制度

《国会法》采用拉丁字母与阿拉伯数字组成的混合号码。字母表示基本大类和二级类，这些类绝大部分是传统的学科或知识门类。它们的子目用数字作为标记，数字是从 1 到 9999，采用顺序制,而不是层累制。基本上每一类号由两个字母和一至四位数字组成。至于类的等级,就只能从类表所用字体和缩格来表示。

例如:T　　工业技术

 TC　　　水力工程

  353　　　水闸

  355　　　码头

  357　　　防波堤及其它

  361　　　干船坞

  363　　　浮船坞

  365　　　其它专用码头

  ⋮　　　　⋮

又例如:H　　　　　社会科学

 HD　　　　　经济史:农业及工业

 HD101—2200　　土地与农业

 HD101—1130　　　一般问题

 HD1141—1399　　　土地

 HD1405—2200　　　农业

 HD2321—9999　　工业

 ⋮　　　　　⋮

《国会法》的子目还经常采用主题字母顺序排列的方法。

例如:Z　　书目及图书馆科学

 675　　　图书馆类型

  .A5　　　航空图书馆(Aeronautical)

  .A8　　　农业图书馆(Agricultural)

  .A82　　建筑图书馆(Architectural)

  .A85　　艺术图书馆(Art)

  .B6　　　盲人图书馆(The blind)

  .B8　　　商业图书馆(Business)

.C3　　　　　　教会图书馆（Catholic libraries）

《国会法》的附表及其号码的用法与一般分类法不同。它的附表有几种形式，其中主要是附在卷末或插在中间的单独的地区表比较特殊。这种地区表不同于其它分类法的地区表，它不是给一个地区以一个固定的号码，如《杜威法》中那样，英国永远是42，法国永远是44。它只是在类号的序列里为地理区分留出一定数目的号码，再把这些号码配给各个国家。留出号码的数目在不同的类里是不同的，多的可能占几百乃至一千个，少的可能占几十甚至一个，因此同一国家在不同的类里所占用的号码数目也不同。下面举"H　社会科学类的地区表"为例加以说明：

I	II	III	IV		V	VI	VII	VIII	IX	X
(100)	(200)	(300)	(400)		(130)	(200)	(830)	(840)	(420)	(1000)
(1)	(2)	(3)	(4)		(1;4)	(2;5)	(5;10)	(5;10;20)	(5;10)	(5;10)
42	81	122	161	欧洲	44	52	281	271	361	421
43	83	125	165	大英王国	45-48	54	·291	281	141	431
44	85	128	169	英格兰		59	301			441
45	87	131	173	苏格兰		61	311			451
46	89	133	177	爱尔兰		63	321			461
47	91	136	181	奥、匈	49-52	65	331	301	151	471
48	93	139	185	法国	53-56	70	341	321	161	481
49	95	142	186	德国	57-60	75	351	341	171	491
50	97	145	193	希腊	61	80	361	361	181	501
51	99	148	197	意大利	62-65	85	371	371	186	511

此表第一行罗马数字是表的次序号，这里一共有十个表，哪一类用几号表都在类目后面注明，如"HD4971—5100工资"类目下注"按国分，用表V"。表内第一排圆括弧的数字表示类号序列内

供地理区分用的号码总数,如"HD4971—5100"共 130 个号码,即表 Ⅴ 规定的。第二排圆括弧内数字表示每个国家在上述总数内所占号码的数目,如表 Ⅰ 每个国家占一个号码;表 Ⅴ 内,有的占一个(如希腊),有的占四个(如英、法、德);表 Ⅷ 内,则有的占十个(如希腊),有的占二十个(如英、法、德)。这十个表代表着 H 类内十种不同的地理区分方法。在使用此表时,必须明确,表中与地名相应的数字不是地区的代号,而只是那个地区在该类所供地理区分用的号码序列中的第几个,例如法国,在用第 Ⅰ 表时是第四十八个,用第 Ⅴ 表时是第五十三至五十六个,共四个号码,用第 Ⅶ 表时则是第三百四十一至三百五十个,共十个号码。因此,不能像其它分类法那样把与地区相适应的号码直接加在主类号后面,必须从类表所规定的那段号码数目里推算出来。如"HD4971—5100工资"类规定按国分,用表 Ⅴ,"法国的工资问题"的号码就是从 HD4971 数起的第五十三至五十六个,也就是 HD5023—26。

二、《国会法》的特点

1.《国会法》类目展开十分详细,尽量列举出已知主题,是最大的列举式分类法。

2. 为以后继续展开留有了较大余地。由于《国会法》采用字母与整数结合的标记制度,其子目数的容量是很大的,每类下都有许多空余位置可以留待补充新类目。

3. 有一个常设机构,经常根据科学技术的发展与图书资料出版情况进行修订,实用性较强。

4. 各大类以分册形式发行,并附有本类索引,可供专业图书馆类分专业图书。

由于《国会法》的特殊编制目的与编制方式,也产生了它的缺点:

1. 各大类之间缺乏有机联系,因而整个分类法缺乏系统性。

2. 采用字母加顺序数字做类目标记,不能由类号充分表示类目概念的上下位关系。

3. 过分强调了一馆的实用,因而类目很不平衡,其中语言类占1/3,而科技类只占13%。

4. 详尽列举和深入细分使类表体积特别庞大。复分表复杂多样,构造不一,用法特殊。

总之,用来专供美国国会图书馆的图书排架,《国会法》是基本上符合其目的的,但作为一种通用图书分类法,它过分突出美国,缺乏统一的结构、体系,因而不能适用于更多的图书馆。

第四节 《冒号分类法》和分面分类理论

《冒号分类法》(Colon Classification)是印度图书馆学家希雅里·拉马立塔·阮冈纳赞(Shiyali Ramarita Ranganathan,1892—1972)所首创的。它突破了传统的列举式分类法的框框,转而采用分析和综合的方法,并逐步发展了一种分面分类理论。阮冈纳赞在分类法的编制和理论研究方面的创造,对以后世界各国图书分类法理论和实践的发展,产生了越来越大的影响,已经成为图书馆和情报界的一个重要学派。

阮冈纳赞是印度著名的图书馆学家,被誉为"印度图书馆学之父"。1917—1921 年在马德拉斯政府学院讲授数学。1920—1923 年任马德拉斯普列斯顿学院数学副教授。1924 年任普列斯顿学院图书馆馆长,并被派往英国伦敦大学图书馆学院研究图书分类法。归国后,一直从事图书馆学的研究工作,著述达四、五十种之多。

《冒号分类法》首次发表于 1933 年,这是阮冈纳赞长期进行分类法研究和试验的结晶。由于开始时用冒号作为连接符号,因此定名为《冒号分类法》。此后，他从意念、语词、标记符号这三个方面对分类法进行系统、深入的研究，并根据其研究成果不断对《冒号分类法》进行修订。1939 年、1950 年、1952 年、1956 年、1960年连续修订了六版，1963 年又重印第六版，并作了较大的修改。从第五版之后，《冒号分类法》采取一种类似 UDC 的办法，同时出版两个版本，一个是基本分类表，另一个是详细分类表（也叫做"深度分类表"），1964 年以来已编出 80 个详表。1969 年在印度《图书馆学和文献工作》杂志上公布了第七版的草案。

阮冈纳赞除编制《冒号分类法》以外，还有许多阐述《冒号分类法》原理、方法的著作。主要有《图书分类法导论》、《图书馆图书分类法的原理和方法》、《图书分类法要旨》、《分类法的哲学》、《深度分类》等，这些著述推动着冒号分类法的不断发展，组成了一个完整的阮氏分类理论体系。

一、分面分类理论

阮冈纳赞在英国留学期间，看到当时所有的著名分类法，几乎都是列举式分类表。这种传统的列举式分类表的特点是：把代表各种不同的图书主题的类目及其标记符号详尽地罗列起来，分类时则根据图书的主要内容从分类表中择取现成的类号。列举式显然不可能做到详尽无遗的列举，一些细微专深的新主题、小主题，分类表往往很难反映出来。由于列举式分类表的标记制度，是把类目排成一条单向的线性序列，因而不能随时把新类目安插到应有的地位，已有的类目要进行细分，也往往很难给以恰当的类号。由于这些缺点，不仅类号长，篇幅庞大，而且缺乏专指性和广泛的适应性，难以保持时新性，不便于使用。

阮冈纳赞认为，要克服这些缺点，必须打破列举式类表和单向式标记的框框，设计一种新颖的分类法。正当他思考这个问题的时候，偶然在伦敦的一家商店里，看到店员正在用建造模型的零件装配多种不同的玩具。他从中受到了启发。经过多年的研究和实践,终于设计出一种分析兼综合的分面分类法,即《冒号分类法》。

他认为,图书分类的基本任务,就在于给予每一图书特定的主题以一个特定的类号。要完成这样的任务,列举式分类表是无能为力的,必须要采用分析兼综合的原则,使分类法具有无限的容纳性(或称扩充性)和相当的专指性。为此,他采用了两项基本措施:一是分面分析,一是分面标记。

1. 分面分析(Facet Analysis)

阮冈纳赞的分面分析学说实际上是一种主题分析的方法,具体说就是关于点、面、相的学说。

什么叫做面和点? 我们知道,每一个基本类都可以按照许多彼此关联的特征来连续进行划分,从而产生出许多组单一性质的类目。例如化学类可以分别用物质、形态、反应、操作和属性这五项特征分别直接进行划分,从而得出五组性质纯粹的细目。又如图书馆事业可作如下分面分析:

	类型	工作内容	出版物种类	物质形态	地区	时代	学科
图书馆事业	公共的	管理	图书	竹简	中国	古代	物理
	高校的	采购	期刊	手抄本	美国	中世纪	化学
	科学的	分类	报纸	铅印本	日本	近代	数学
	儿童的	编目	专利	缩微品	英国	现代	工程技术
	……	……	……	……	……	……	……

这样,每一分类特征产生出来的一组类目,就叫做该主题的一个面或组面(Facet),每一个面内所包含的一系列细目,就叫做焦点(Focus)或游离点(Isolate)。这些点的自身不能成为研究对象,必须和基本类结合起来才能成为具体的主题,构成一个新类。例如我们不能单独研究"公共的"、"儿童的"、"管理"等等,必须以

"公共图书馆"、"儿童图书馆的管理""美国的期刊工作"等为研究的主题。游离点与基本类结合而构成的新类叫做复合类,基本类不仅可以和任何一个面中的点相结合,而且可以同时和几个面中的点相结合,例如"科学图书馆的参考咨询工作"、"医学图书馆的期刊排架"。通过数量有限的基本类和点的结合,就可以随时编出无限个新的类目。

1952 年阮冈纳赞把所有的分类特征归纳为五种基本范畴,即本体(Personality)、物质(Matter)、动力(Energy)、空间(Space)和时间(Time)。本体指的是事物本身,动作的行动者;物质指构成事物的材料;动力指事物的各种活动、过程、所使用的方法或其包含的问题;空间指事物所在的地点;时间指事物发生或存在的时期。每类所有的面一定都属于这五个基本范畴(PMEST),有的属于其中的一个或者几个。

在同一主题之内,动力可能不止出现一次,阮氏依次称之为第二巡(Round)、第三巡,分别用 2E、3E……表示,在第一、第二……巡动力之后还可再出现本体或物质,这就称为第二巡本体、第二巡物质、第三巡本体,分别用 2P、2M、3P……来表示。

此外,在本体范畴和物质范畴之内,由于可以不止采用一个特征来作为分类标准,所以同一范畴可以不止一个面。例如,文学类的语言、体裁都属于本体范畴的面。阮冈纳赞称同一巡内同范畴的面为层(Level),因而有第二层本体、第二层物质、第三层本体等,而分别用 P2、M2、P3 等来表示。

分面分析学说中还有一个重要的概念是相(Phase)。相和面不同。一个面是由一个类的一项特征所产生的一组细目;而相则是一个基本类派生出来的部分,即复合主题。由两个或两个以上基本类发生关系叫做相关系。一个主题只涉及一个基本类时称为单相类,若涉及两个或多个基本类则称为双相类或多相类。在第六版中,相是分为五种:一般相关相、倾向相、比较相、差异相和影响相。每种又分为相相关(Phase Relation)和面内相关(Intra—facet Relation)。相相关是指类与类之间的相互关系,面内相关则指点与点之间的相互关系。

总之,上述点、面、相的分析,就是把一个欲分类的主题(往往是复杂的主题)分析成一个个组成该主题的简单的基本概念,再把这些概念根据其特征分成不同的面,阮冈纳赞称之为分面分析。

2. 分面标记(Facet Notation)

阮冈纳赞认为,要使分类法具有无限的容纳性,关键问题是标记制度。如果有了一种灵活的标记制度,就可以适应类表的无限扩充。鉴于列举式分类法采用单向的标记法,把表示不同面的类号不加区别地连贯地写出来,虽然采用了小数标记法和间隔标号,但是仍不可能将不断出现的新主题,随时插入它们应有的位置。针对以往分类法标记符号存在的问题,阮冈纳赞在分面分析的基础上创立了分面标记法。

阮冈纳赞放弃了 DC、UDC 首先列出由成百上千个主题组成类表的做法,而是以一个不到一百个基本类组成的简短类表作为开端。在每一基本类下,分别列出不同范畴的面的各个焦点,各自配以不同的号码。在分面的焦点表中,焦点不是排成单向的线性序列,而是以分列式代替了单线式。这样,一个类目就可以多方向地发展,打破了以往分类表的局限性。分类时只要将主题分析成它的组成要素(即焦点),就可以按分面公式—,[P];[M]:[E]·[S]′[T],择取与主题要素相应的范畴号和焦点号,加在基本类之后,而得出这个主题的类号。这样,类号就可以反映出组成每个主题的要素,分类员也可随时为新主题配制确切的类号。这就是分面标记法的要点。

下面我们举几个例子来说明分面标记法。

例1:一本论述"美国六十年代的金融经济"的书,经过分面分析,发现它包括本体、空间、时间三个面,可以分面标引为 X61.73′

N6。这里 X 为经济类，61 为本体面的金融，73 为空间面的美国，N6 为时间面的六十年代。按规定的分面公式及连接符组配起来，就得出上述类号。

由此例可以推出"美国经济"应为 X73，"六十年代的金融经济"为 X61 ╯ N6。

例 2："贫困的防止"，该主题无本体面，可以标引为 Y；434：5。这里 Y 是代表社会学类，434 是物质面的贫困，5 是动力面的防止。由此可见，每一个主题不见得都完全包括五个范畴或组面，有时只有其中一、二个或几个。

例 3："肺结核的 X 射线治疗"，我们先将此主题进行分面分析，找出它的要素，然后在表中找出相应的类号，依照分面公式顺次填入，就可以得到 L45；421：6，253。这里 L 是医学类，45 和 253 都属于本体面，分别代表肺和 X 射线。注意，这里同一主题之内本体面出现了两次，肺是第一巡本体（用 P1 表示），X 射线是第二巡本体（用 P2 表示）。421 是表示物质面的结核，6 是表示动力面的治疗。

例 4："英国首相的工作"，同一个本体范畴就分成两个面，即分成两层，就标引为 V56，21。这里 V 是代表政治类，56 是表示第一层本体中的英国，21 是表示第二层本体中官员。应注意，地区、国家表面上看来属于空间面，但实际上时间、空间在历史、政治等类会变成本体面。本例的英国就属于本体面。

为了避免组配中的随意性，使类号的编制有轨可循，阮冈纳赞还编列了总的分面公式（各类还有各类具体的分面公式），即如果一个类不止一个面时，各个面的标记必须依照一定的先后次序进行。这个次序就称作分面公式（Facet Formula）。列表如下：

基本范畴	顺序	分面指示符	连接符
本体	1	[P]	,（逗号）
物质	2	[M]	;（分号）
动力	3	[E]	:（冒号）
空间	4	[S]	·（圆点）
时间	5	[T]	J（撇号）

例如，C3声学的分面公式是 C3[P]:[E];[2M]。有一本关于水中声速的书，按该类的分面公式，它的分类号就是 C3:11;5。这里 C3 是代表声学，是基本类;11 代表速度，属于动力面，故用":"作连接符;5 是液体代表水，属于物质面，故用";"作连接符。又如医学的分面公式是 L:[E]:[2E];[3M]。有一本书叫《病的盐水注射》，按照分面公式，该书的分类号应取 L:4:616;41171。这里 L 是医药，4 是病（第一巡动力），616 是注射（第二巡动力），41171 是盐（物质）。由这两例可见各类的内容不同，分面公式也往往不同，有时分面公式看起来很复杂，但通过它，分类员可以随时经过分面分析，把内容复杂的主题译成切合的类号。有了分面公式，不同的分类号组配就可以取得一致，避免出现混乱和分歧。

除了上述分面标记法以外，冒号分类法还采用了相的标记法。这是用相的连接符"O"（第七版已将此符号改为&，目前实际上已用&。）和相关系指示符（用小写字母表示）连接两个主题而构成的。主要的相关系指示符有以下几种：

相的种别	相关系指示符	
	相相关符号	面内相关符号
相关相	a	j
倾向相	b	k
比较相	c	m
差异相	d	n
影响相	g	r

例如,"物理和化学的比较"这一主题可用 COcE 表示。这里 C 代表物理学,E 代表化学,O 是连接符,小写字母 c 是比较相指示符。又如"量子物理与统计力学的比较"这一主题可用 CN1OmN2 表示。这里 CN1、CN2 分别表示量子论和统计力学,O 是连接符,m 是比较相指示符。上两例中,虽然都表示比较相,但前者用 c,表示相相关,即表示类与类之间的相互关系;后者用 m,表示面内相关,即表示比较物理类的两个点之间的相互关系。利用相的标记法,可以表示类与类之间、点与点之间可能发生的任何关系,也就能够无限制地容纳新出现的任何复杂的主题了。

为了使分类法能够容纳不断出现的新主题,阮冈纳赞除了采用"小数标记法",使从属的类目能无限地深入细分以外,还创造了一种"八分标记法"(前面第一章第三节已作介绍),使同级类目可以无限地增加。以后 UDC、DC 和我国的《中图法》等许多分类法都采用了这种方法。

《冒号分类法》标记符号还有一个特点,就是具有助记性。阮冈纳赞非常重视标记符号的助记性,在分配号码时,总是尽可能地使不同类中的相同焦点具有同一标记。如"铁路"总是 15,"青年"总是 2,"战争"总是 4,"和平"总是 5。他甚至打算使性质不同而在某方面相类似的焦点,也具有相同的标记,如 1 总是代表全

120

体、上帝、世界、最初最前的实体和概念,2 总是代表平面、圆锥、结构、组织等……这种规定给分类员以很大的方便。

二、《冒号分类法》的结构

《冒号分类法》的类表与其它列举式分类表结构不同。它不是一个自始至终顺序排列的整表,而是一系列长短详略都不相同的表。

《冒号分类法》的第六版包括三个组成部分:一是分类规则及分类法使用说明;二是分类表;三是印度经典分类表,另附分类法主题索引。在实际应用中,一、二两部分要结合起来使用。

《冒号分类法》的主要大类(mainclass)如下:

Z 综合性图书	J 农业
1 知识总论	K 动物学
2 图书馆学	KZ 畜牧业
3 图书学	L 医学
4 新闻学	LX 药物学
A 自然科学	M 实用艺术
AZ 数理科学	△ 精神生活经验和神秘主义
B 数学	MZ 人文科学及社会科学
BZ 物理科学	MZA 人文科学
C 物理学	N 艺术
D 工程学	NZ 文学和语言学
E 化学	O 文学
F 化工	P 语言学
G 生物学	Q 宗教
H 地质学	R 哲学
HZ 矿业	S 心理学
I 植物学	Σ 社会科学

T 教育	X 经济学
U 地理	Y 社会学
V 历史	YZ 社会工作
W 政治学	Z 法律

从以上分类大纲可以看出,《冒号分类法》大体上可分为综合类、自然科学、人文及社会科学三大部类,共42个大类。其中除去Z、A、AZ、BZ、MZ、MZA、Σ这七个综合类目以外,实际上平等的大类共有35个。每一大类单独列为一表,共有35个表。有些大类还先按习惯分成了几个惯用类,例如B数学就分成了算学、代数、分析、三角、几何等惯用类,大类和惯用类是《冒号分类法》的基本类。在基本类之下才列出分面公式,分面公式之后,分面列出各种焦点。

除了主类表以外,《冒号分类法》还有通用复分表,阮冈纳赞称之为共同焦点(Common isolate)。复分表共分成总论复分表、时间复分表、地理复分表、语言复分表。

《冒号分类法》除了以上几种复分表以外,还附有一个书号表。阮冈纳赞认为,书号的安排也是分类表的一个组成部分。他不赞成按著者姓氏号码来排列同类书的先后,他认为书号应由下列几部分并按下列顺序排列组成:

〔文别〕〔体裁〕〔出版年〕〔书次〕;〔册次〕—〔附件〕;〔复本〕;〔评论〕

这样,索书号不仅反映了这本书的主题的要素,而且反映出这本书在写作方面的要素,从而达到了给特定主题的图书以特定号码的目的。

以上是根据第六版对《冒号分类法》所作的简要介绍。从六十年代初开始,阮冈纳赞一直致力于修订、出版《冒号分类法》第七版的工作。1969年他撰文介绍第七版的梗概,详细说明了这一版所进行的重大变动。据他介绍,该版在术语的定义、类表的组织、标记符号和索引的编制诸方面都有较大的变动，使该分类法进一步向着自由分面分类表的方向发展。在新版中，大类由 42 个增加到 105 个，其中 82 个大类，23 个综合类。原来作为"动力面"的"性质"，现在改属"物质面"。"物质"这个范畴已被分为两个面：一个是"M—M 物质—材料面"，另一个是"M—P 物质—性质面"。随之而来的许多概念以前被当作"动力面"，现都被视为"物质—性质面"，面指示符、分面公式都要发生相应的变化。另外在标记符号方面，用"&"代替了相连接符"O"，并且引入了"↑"号表示前置。分类法的字顺主题索引原先是分成四个，现把植物学、动物学、地名三个索引与一般主题的索引合并为一个。冒号分类法第七版的部分详表已陆续在印度《图书馆学与文献工作》(Library Science with a Slant to Documentation)上发表，但全表至今尚未正式出版，印度文献研究和训练中心正在主持进行这一工作。

《冒号分类法》是世界上现已出版的最有影响的综合分类法之一。它比起传统的列举式分类法有许多显著的优点：节省篇幅、类号比较简短；既能多方面地反映主题的内容，又能确切地揭示主题；既具有最大的容纳性，又具有最灵活的伸缩性；能在任何情况下，适应科学技术发展的需要，满足读者检索的要求。现在除了印度一些图书馆采用该分类法以外，国外图书馆和情报界很少在实际工作中采用它。尽管如此，它所倡导的分析——综合原则、分面分析及分面标记学说却给图书分类学带来了一场革命。它把前人提出的以概念分析为基础的静态图书分类理论，加以自觉地发挥和应用，创立了一种崭新的动态分类理论，即分面分类理论。阮冈纳赞的分面分类理论不仅促使一些著名的图书分类法如 DC、UDC、BC 的修订和一些新分类法的编制（如英国伦敦分类法研究小组编制的十几种专业分类法）朝着分面分类的方向发展，而且推动了分类学理论研究的开展，在英国、美国、加拿大、印度、联合国等都相继建立了分类法的研究机构和团体，分类法的研究越来越受到普遍的注意和重视。甚至在一定程度上,分面分类理论也影响、促进了主题法的研究。近年来出现的一种新颖的轮排主题索引法——保持原意索引法(PRECIS),就可以说是分面分类法的后裔。阮冈纳赞关于分类理论、方法的创造和改进,对于实现分类检索的机械化,也具有一定的意义。近年来,印度文献研究和训练中心已经编成了用《冒号分类法》进行机械检索的程序包(Package),这将为冒号分类法的应用开拓一个广阔的前景。

应该指出,《冒号分类法》无论在理论上,还是在实践上,都是瑕瑜互见的。以"精神生活经验及神秘主义"作为类表的中心,以及地理复分表中严重的政治性错误明显地暴露了这个分类体系的资产阶级唯心主义本质。生涩难懂,别出心裁的名词术语、复杂的标记符号(甚至采用了希腊字母等多种符号)、比较简单的焦点表,加之连续的修订,大幅度地变动,稳定性差,都大大影响了这部分类法的实际使用和推广。另外,否定知识分类的客观性,抛弃类的实质,而只考虑它的形式,把分类法完全归结为一种标记法,是其根本的弱点。尽管它有着这些缺点,但它仍有许多地方值得我们研究和借鉴。

第五节　苏联《图书与书目分类法》

苏联《图书与书目分类法》（Библиотечно-библио-графическая классификация,简称ББК）自 1961—1968 年分二十五卷三十分册出版。这是供大型综合性科学图书馆和专业馆编制分类目录用的详本。1970—1972 年出版了简表,共五卷,供上述图书馆组织藏书和供藏书十到一百万册的科学图书馆和大型大众图书馆使用。1977 年又出了大众版,供藏书一到十万册的小型大众图书馆使用。各版本的基础是一致的,只是大众本变化较大,它把二十一个一级类目合并成七个,并且改用单纯数字为标记。

《图书与书目分类法》详表出版后,列宁图书馆与苏联科学院图书馆还分别编制了各种辅导使用该分类法的小册子,按各学科门类出版。说明各类在整个分类体系中的地位,它的范围,本学科与其它学科图书划分的原则,这些图书在不同图书馆应分入什么类,各类图书分类的特点以及本类内各类目之间的联系与界限,还对一些不能满足专业馆要求的类目提出详细展开的方案,以供选择使用等。

一、类目表

《图书与书目分类法》共有二十一个基本大类,其序列如下:

A　　　马克思列宁主义

Б　　　自然科学总论

B　　　数理科学

Г　　　化学

Д　　　地球科学(大地测量学、地球物理、地质地理)

E　　　生物科学

Ж/О　　工程技术科学

П　　　农林业、农林科学

P　　　卫生、医学

C　　　社会科学总论

T　　　历史、历史科学

У　　　经济、经济科学

Ф　　　共产党和工人党、劳动人民的社会政治组织

X　　　国家与法、法律科学

Ц　　　军事科学、军事

Ч　　　科学、文化、教育科学

Ш　　　语言学、文学

Щ	艺术
Э	宗教、无神论
Ю	哲学、心理学
Я	综合性图书

这个序列遵循的原则是:马列主义是普遍认识的科学,因而置于首位;除此以外的各部类,依据客观实际,从自然向社会排列;关于自然科学,依据恩格斯的观点,从机械的到生物的,其间的分组取决于研究对象的亲疏关系和历史关系;技术科学是人类影响自然界,排在自然科学与社会科学之间,其中又把认识与改造无机自然界的排在前面;关于社会科学,按马列主义关于基础与上层建筑的关系来排列,历史是研究社会发展过程与生产关系历史的,因而排在首位,然后是经济、政治、意识形态;最后是综合性图书。

各大类都与学科体系相适应,展开为一个等级系统。各类目的排列,基本遵循从一般到个别,从简单到复杂的原则。各大类前都有编制说明,说明该类的内容、范围、与有关门类的划分界限等。

《图书与书目分类法》共有十万多类目,细分至七、八级,甚至达到十一、二级。并且广泛采用了复分表,仅在数理、农业大类中就有四十多个专类复分表,近千个概念,这些概念与主表类目结合,可以组成更多的类目。

《图书与书目分类法》的主表中列有多种复分表,其中主要是专类复分表(Специальные типовые деления)和材料排列表(План расположения материала)。

专类复分表:用以表示某些类内细分时重复出现的一些主题概念。例如,"Г12 化学元素及其化合物"专类复分表:

Г	元素发现史
−0	在自然界的分布
−1	结构
−2	特性

－4　　获得法

　－5　　分析

　－7　　应用(一般著作)

这些专类复分有时划分得很细,如－1结构下,又分－11原子和分子结构,－12原子和分子量,－15光谱等等,有的细分至四、五级。而且这种专类复分不仅限于基本大类的各级类目,甚至在总论复分下也有。例如:

Г.я7　　　化学教学指南与教材

　－1　　　教材

　－3　　　读本、教学用书

　－4　　　机关出版物

　－5　　　实验指导书

材料排列表:这实际上也是一种专用复分表,不过在同一类中所采用的区分标准与上述专类复分表不同。

例如:T4(3/8)各国考古类下分别设有专类复分表和材料排列表,其专类复分是一些细小主题,而材料排列是时代区分。

专类复分表	材料排列表	
－1　自然条件	2	原始考古
－2　领土、居住问题	21/25	石器时代
－3　个别部落与民族的产生	22	旧石器时代
－4　考古种类与类型	23	中石器时代
－5　社会经济关系	24	新石器时代
－6　部落间的关系和	25	铜石并用时代
文化联系,部落迁移	26	青铜器时代
－7　宗教、文化	27	铁器时代
	3	古代考古
	4	中世纪考古

这种材料排列表并不都是按一个标准设立的,在不同类目中,

根据不同学科与图书的特点来确定列类标准。如"各国历史"类，以社会发展过程作为划分标准，列有原始社会、封建社会等细目；而"工业经济"类，则以工业生产部门作为划分标准，列有重工业、轻工业、地方工业以及矿业、冶金工业等细目。有的类下，根据需要列出不止一个材料排列表，例如"地图"类，分别按地图内容和地图形式列有二个材料排列表，有地质图、土壤图以及单张图和图集等细目。

因此，这些按不同标准进行区分的各种专类复分表和材料排列表，类似分面分类法中的一些"面"的划分，可以用它与基本类目组配成许多新类目，大大缩小了分类法的体积，增加了分类法的适应性。

二、辅助表

《图书与书目分类法》第二十五卷是辅助表，包括一个总论复分表和二个地区复分表。

总论复分表适用于各基本大类，最先列出"a 马列主义经典作家论某学科问题的著作"，"6 苏联党和政府的指导性与法规性文件"。其次是一般问题的细分和形式区分，如"в 学科的哲学与方法论"，"г 科学史"，"я1 书目"，"я7 数学指南与参考书"等。

由于该分类法按大类分卷出版，同时考虑到各学科内容与各类图书的特点，因此在每一基本大类的细目前，都仿照总论复分表列出该大类的总论性类目，各大类的总论性类目不完全一致。例如：T 历史类的总论性类目中就没有"学科史"、"科技情报文献"等。根据各类特点，有的类目列得很详细。

地区复分表分为 a、6 两表，a 表适用于自然科学各类，偏重于自然地理概念；6 表适用于社会科学各类，偏重于政治行政概念。

如在"（0）世界"部分，a 表按自然地理概念分成"北半球"、"东半球"、"极地"等。6 表则按政治行政概念分成"总论社会主义国家"和"总论资本主义国家"。

又如"(4)欧洲"部分,a 表区分为"北欧和西北欧"、"中欧"、"南欧"等,然后在每一部分先列出自然地理区域,如"斯堪的纳维亚半岛"、"阿尔卑斯山脉及地区"、"喀尔巴阡山脉及地区"等,在这些自然地理区域后再按国家名称字顺列出该地区的国家。6 表则在各大洲下直接按国家名称字顺列出该大洲所有国家,在国家后面再列出非行政区,如"阿尔卑斯山地区"、"喀尔巴阡山地区"等。例如"奥地利"在 a 表中列在"(44)中欧各自然地理区域"之后,号码是(44A),而在 6 表中则按字顺列在"(4)欧洲"下的第一位,号码是(4A)。

在 a 表最后列出"(9)世界海洋水域",6 表最后列出非行政区域的"(88)两极地带"。

地区复分表中为适应苏联本国需要,"(2)苏联"下再划分行政省区,在 6 表中各加盟共和国之后列有"(28)十月革命前的苏联"。

《图书与书目分类法》没有总的时代区分表和民族区分表。

该分类法的时代区分比较复杂,要根据不同类目的要求,采用不同的区分标准,一般有下列四种区分标准:

(1)按社会经济结构,结合世纪与年代划分:

2　　原始社会制度

3　　古代(奴隶制度)

4　　中世纪(5 世纪—1640 年,封建制度)

5　　近代(1640—1917 年,资本主义制度)

6　　现代(1917—,资本主义总危机及两种制度斗争)

例如:"T3(4/8)各国史"类就用这一时代区分标准。

(2)按社会主义革命前后划分:

1　　社会主义革命前

7　　社会主义革命后

例如："щ333（2）苏联戏剧史"类就用这一时代区分标准。

（3）按马克思主义产生前后划分：

    0/6   马克思主义产生以后时期

    8   马克思主义产生以前和非马克思主义的

例如："X0 国家与法一般理论"就用这一时代区分标准。

（4）按两种社会制度划分：

    5   社会主义的

    8   资本主义和非社会主义的

例如："p11（28）苏联十月革命前的卫生保健组织"就用的这一时代区分标准。

三、标记制度

《图书与书目分类法》的详表与简本采用俄文大写字母加阿拉伯数字的混合制。二十一个大类用俄文大写字母代表，其中 Ж/О 技术科学下列八个二级类，也用一个字母代表，以缩短类号。数字部分采用小数制，若数字间无任何其它辅助符号，则从左至右每三位点一小圆点，以便读写。

《图书与书目分类法》的大众版用纯数字标记，用 1、2……9，表示七个基本大类（其中 6/8 表示"社会与人文科学"）。二级类用双位数字表示，如："20 自然科学总论"、"22 数理科学"、"63 历史、历史科学"、"85 艺术"。类目进一步展开时，在双位数字后加小圆点"．"，如："65.5 世界经济"、"65.9 各国经济"。

《图书与书目分类法》使用的主要辅助标记有下列几种：

（1）总论复分号，用俄文小写字母加阿拉伯数字，如"в6 专有名词"，"я2 参考书"，若与基本大类连用，则须在小写字母前加小圆点，如"Г．я1 化学书目"。

（2）通用地区辅助号。用圆括弧内的数字代表自然区域，如"（41）北欧和西北欧"，"（5）亚洲"。数字后再加国家名称字首代

130

表国家,如(41Д)(4Д)丹麦(Дания),(54Кит)(5Кит)中国(Китай)。

(3)通用民族辅助号。需用民族区分时,先按地区、国家划分,然后在通用地区辅助号括弧内的数字或字母后加上"＝"号,再加民族名称的俄文字首,如中国蒙古族,在不同门类里分别为(5Кит＝Мо)或(54Кит＝Мо)。

(4)关联符号":",用以表示类与类的关联、组合。如:数学与化学 В1:Г。

(5)专类复分号"—",在主表许多类目中列有专类复分表,用于一个类或有关类的细分。

(6)用做辅助分类标记的字母。在一些细小类目中,按主题名称字顺排列区分,则在类号后加上该主题名称的字首。

例如: Г121.131　　　氢的氧化物

　　　Г121.131В　　水(Вода)

　　　Г121.131П　　过氢化氧(Перекись водорода)

四、索引

《图书与书目分类法》每一分册都附有主题字顺索引,它包括本分册主表、专用复分表、材料排列表、参照、附录中所包括的概念,后面注明分类号。

凡带有地区内容的概念,后面的类号是主类号加空的圆括号,以便根据图书资料实际涉及的地区填入相应的地区号。

在所标示的分类号中,专类复分号与材料排列号列在主类号后面,用";"号隔开,后面再加注带星号的类号,表示这个专类复分号或材料排列号所适用的类。

例如:航空化学除草　　П146.752;－467.52※П2

表示"航空化学除草"这一主题概念出现在两个类目中,一个在"П146.752 一般农业、农艺"类下的除草方法与技术类,另一个在"П2 各种植物栽培"类下的专类复分表 – 467. 52 航空化学除草。

近年来,苏联科学院图书馆科学分类部正在进行试验,把《图书与书目分类法》与编制叙词表结合起来。从分析该分类法所使用的术语着手,在此基础上建立词表,再用文献、文摘、科研计划中采用的术语进行补充,希望编成叙词型的字顺主题索引。

五、《图书与书目分类法》的特点与问题

1. 该分类法以马列主义科学分类的思想作为分类体系的理论基础。

2. 类目尽量反映当代科学水平,并尽可能考虑到今后学科的发展;类目划分较详;按类分册出版,专业图书馆可用作专业分类法类分资料。

3. 类表中列有大量专类复分表与材料排列表,采用组配与交替的方法,使类表有较好的适应性。

4. 有详类、简表、大众版等不同版本,还准备出农村图书馆与儿童图书馆版,可供不同类型与规模的图书馆使用。每一大类前有详细的编制说明与使用说明,还陆续出版使用各大类类表的辅导材料,方便分类人员使用该分类法。

5. 过分强调图书分类法的政治思想性与对读者的指导、教育作用。在长达三十多年的编表过程中,只注重研究分类法的思想性问题,忽视分类法自身的理论与编表技术的研究,使这部较新的分类法不能适用于机械检索。广泛采用按观点区分、按国家性质区分,甚至同一国家在不同的门类里要使用不同号码,势必造成实际分书时的困难。

6. 标记符号采用俄文字母,局限性很大。而且总论复分表、地区复分表也采用字母,形成类号中字母与数字混杂,再加上其它各种辅助标记,类号不易读写与排检。

本章主要参考文献

1.《现代西方主要图书分类法评述》 刘国钧著 吉林人民出版社 1980年
2.《西洋分类法的回顾和展望》 关懿娴著 《情报科学》 1980年第1、2期
3.《美国图书馆学家和情报学家论现代图书分类法问题》 林德海译 载
　《中国图书馆图书分类法编辑会议资料》 1979年北京图书馆词表组印
4.《杜威分类法以后一百年内的分类法》 （法）德格罗利埃著 林德海译
　载《中国图书馆图书分类法编辑会议资料》 1979年北京图书馆词表组印
5. Maltby, A. ed. Classification in the 1970's London, Linnet Books and Clive Bingley, 1972.
6. Fosrett, D. J. The Subject approach to information. 3rd ed. London, Clive Bingley, 1977.

本章思考题

1. 为什么《杜威十进分类法》能够久盛不衰而被世界许多国家采用？
2. 如何正确地评价《国际十进分类法》？
3. 简述分面分类理论的原理和特点。
4. 编列国外主要分类法一览表（包括分类表的全称、简称、编者、首次出版年代、类表体系及特点）。

第四章　图书分类工作与方法

第一节　图书分类工作

图书馆的图书分类工作是运用一种图书分类表来揭示和组织图书馆馆藏图书的工作。经过分类员的工作,把图书馆收到的图书恰当地安排在所采用的图书分类表的体系中去。所以图书分类工作就是要决定每一种书在所采用的分类体系中应当占有的位置,也就是归类。通过图书分类工作,使每种书都得到一个分类号,表明这种书是属于这个号所代表的类。因此,有人把这种工作叫做"给号"工作。"给号"就是决定这种书属于什么类。

分类工作是揭示藏书和组织藏书的一种手段。如果归类不确切,不能正确地揭示出图书内容所反映的学科性质,就会造成误检或漏检,影响为读者服务。

图书内容是相当复杂的,它可以只论述一个主题,也可能论述几个主题;可能论述某一主题的一个方面,也可能论述其几个方面。有的图书可能涉及到许多学科门类。不同的图书又有着不同的写作目的、写作方式和用途。分类工作必须根据图书的内容及论述的方面、著作目的、本馆的任务及读者需要来进行,从不同的角度给予充分揭示,避免造成某一方面的漏检。

图书分类工作是按照图书的学科内容及其他特征对图书馆藏书进行组织的工作,把性质相同的集中在一起,性质不同的区别开来。因此,要力求避免将性质相同的书分入不同的类,要杜绝一书两入和避免同类异入。

图书分类工作要求做到:

一、 确认图书;

二、 归类正确;

三、 前后一致;

四、 位置固定。

为达到上述要求,必须做好分类前的准备工作(包括业务上的准备和干部准备),必须严格遵守分类工作的程序。

业务上的准备包括哪些内容呢? 第一,要选择一部较好的分类法。任何一个图书馆的图书分类工作都是根据分类法进行的。因此,在图书分类以前,必须选择好一部适合本馆情况的图书分类法。图书分类法一经采用,就不能轻易更换。更换分类法就要求更改已分图书的排架分类号和目录分类号,工作相当繁重,需要大量的人力、物力和时间,而且势必影响到图书馆的其它工作。因此,选择一部既科学又适用的分类法是一件大事,要慎之于始。

目前,在我国图书馆界应用较广、影响较大的几部分类法是《中图法》、《科图法》和《人大法》。《人大法》编制较早,对新学科反映不够,在标记制度方面采用新的技术也不够,最近出了修订五版。《科图法》系为科学院系统图书馆编制的分类法,自然科学和应用技术部分比较详细。《中图法》是一部综合性的分类法,适用于大型综合性图书馆和专业性图书馆。

1980 年 12 月,全国文献工作标准化技术委员会在南宁召开了有关检索系统的标准化会议,到会的绝大多数同志认为:《中图法》是我国自编的一部既能类分图书,又能类分资料的综合性大型分类法。它吸收了其它分类法的优点,并经过修订再版,质量有了很大提高,现已为许多图书馆和情报部门所采用。同时,它有三种版本(即《中国图书馆图书分类法》、《中国图书资料分类法》、

《中国图书馆图书分类法简本》），适合于大、中、小型图书馆和情报部门使用；并有专门的编辑委员会和常设机构负责修订工作。因此，建议选用《中图法》为国家标准分类检索方法的试用本，在全国试行，并在试行的过程中进行修改补充，争取在1985年前后推荐为国家标准。在正式颁布国家标准之前，凡使用其它分类法的单位，可根据实际需要继续使用，但考虑到将来的统一，应尽可能向标准化靠拢，特别是新建单位，应采用"标准"规定的办法，以纳入全国统一的检索体系。1981年，国家标准总局已正式批准《中图法》为国家标准的试用本。

各图书馆和情报部门可以根据本馆的类型、性质和任务，藏书内容和发展规模，读者成份和图书的要求，来选择《中图法》三种不同用途的版本中的一种版本使用。

当然，要尽快将《中图法》修订好，使之成为正式的国家标准，还需要做很多工作。如尽快落实《中图法》的使用、管理、修订以及干部培训和编制通报等工作；使用说明虽已出版，尚待进一步完善；要加快索引的编制工作。

分类法既经选定，即应根据本馆的性质任务和读者需要来确定本单位的使用本。例如，大型图书馆可以分得详尽些，小型图书馆可简单些，专业图书馆对本专业书籍可以从详，而其它类则可以从略，等等。如果感到某些类目对本馆不太适用，还可做些增补和修改。还应规定各级类目是否需要用附表进行复分。按理说，附表可用于一切可用以复分的类目，但在每一馆具体使用时，则不一定这样，要根据本馆的情况而定。为了保证前后一致，必须在类分图书前作出规定，哪些类用附表，用什么附表。对交替类目，也要根据本馆情况作出规定，如采用其中一个类目用于实际分书，其它则作交替类目处理，并要一贯遵循下去，不要轻易改动。其它，如带工具性质的图书如何处理问题，符号的增、减应用问题，均需作出规定。

对上述问题,在类分图书前作出规定,是为了保证所使用的分类法既能适应本馆需要,又能使归类前后一致,不至使分类混乱。对这些规定,必须作为决定记载下来,或列成条条,或记在一部分类法上,定为使用本,供大家遵守。

培训分类工作人员的工作也是十分重要的工作,因为他们决定着类分图书的质量。分类员一定要具有较高的文化水平,基本能胜任类分图书的工作。分类员确定之后,就要组织他们学习分类法,使他们了解并掌握这部分类法的结构体系、编制原理和使用方法等。同时对各类目的涵义,类目之间的关系,标记制度的特点以及交替类目、索引、说明等方面,都应有较深刻的理解,才能熟练地运用这部分类法。在学习过程中,还应使分类员了解图书分类和图书馆其他业务部门的关系,以及图书分类在图书馆工作中的重要性,加强他们的工作责任心。

图书分类工作是一项十分细致的工作,是一种复杂的思维劳动过程,决不仅是简单的技术操作。

图书进馆后,需要经历以下几个步骤:

第一,查重。分类员对新到馆的图书,首先要作查重,弄清楚进馆的是复本书,是不同版本书,还是新书。如系复本书,将该种书的索书号抄上,予以加工即可。如系不同版本的书,对原书有某些修改,除抄上原书分类号外,在书次号上加版本号。如系新书,则要分析书的内容,进行归类。查重的目的是避免一书两入,以便将同种书及其不同版本、不同卷次的图书集中在一起。

第二,内容分析(也称主题分析)。图书分类是从图书的内容方面来揭示图书的。因此,必须对图书内容进行分析。通过分析,弄清该书所研究的对象是什么,它是从哪几个方面、从什么学科和角度来进行研究的,作者写作此书的目的、旨意等等。图书内容是极其错综复杂的,要能正确地判断其内容的学科属性可用下列方法:

1. 分析书名。大部分书名是可以反映一书的内容性质的。分析书名的涵义可以帮助了解书的内容。但是绝不能单凭书名的意义来决定一书的类属。因为有的书名往往不能正确的表达书的内容实质,如有的书名涵义比内容范围广,有的涵义比内容范围窄,有的书名不能确切的显示一书的立场、观点及其学科内容等等。这在科普读物和文艺作品中尤为多见。因此,在了解书名的意义之后还要查看题上项、题下项等其它方面的内容。

2. 详阅图书内容简介。我国新出版的中文图书,在书名页背面或封底上,一般都印有内容简介,这是了解一书全面情况的重要依据。通过阅读简介,可以判定书名是否能概括该书的内容实质。

3. 检阅目次。目次是全书内容的纲领,它简明地反映着图书内容的题材和范围。但目次详略不一,简略的目次有时不能解决分类上需解决的问题。

4. 阅读序言、说明、凡例和跋。从序言、凡例和跋语中可以看出著者的写作目的、该书的内容范围、编制过程以及对该书的评价等等。对掌握一书的立场、观点、编写方法和各种特殊属性有很大帮助。

5. 涉猎全文。将全文简略地浏览一遍或对某些篇章作重点阅读,目的在于进一步了解该书内容范围以及围绕该书内容的有关方面。

6. 此外,对著者情况的了解,出版社的学科性质,各种丛书的名称等等都可作为了解一书全面情况的参考。

将以上各方面的情况了解以后,对该书有了较全面的分析,就可得出一书的学科属性以及其他特殊属性的正确结论,最后决定归入最能体现其本质属性的类。对其次要属性是否要在其它类目中体现和加注各种不同的区别符号等,也要作出相应的决定。

必须指出,人所能掌握的知识是有限的,不可能掌握每门学科的所有知识。在类分图书时往往会遇有不懂或一个人无法决定的情况,这就要通过查找工具书,集体讨论或请教专家的办法来解决。总之,分类员要善于学习,在分类工作中不断积累经验,把自己培养成具有一定科学文化知识的人才。

第三,根据书的内容归入最恰当的类。也就是归类。

在全面了解一书,得出正确的类的概念之后,就要运用已选择好的图书分类法,首先按图书的本质属性,找到适当的类目,这样决定的类,是该书的主要类目。主要类目决定图书在分类排架时的位置。

但是有些图书的内容往往不那么单纯,常常牵扯到几个知识部门或者一个门类中的几个问题。在编制分类目录时,除了将该书归入一个主要类目,还要将它在有关门类中反映出来,才能达到充分反映的要求。所以在决定一书主要类目的同时,还要决定该书是不是也该归入其它的门类。这样在有关类目重复反映同一部书,称为互见或互著。互见可以使书获得更大的利用率。这种互见或互著的类目叫做附加分类。

有时全书已归入一个类目,但其中有一部分材料对于另一门类更为重要,那就可以将这一部分内容分析出来,并将它单独归入另一有关门类。这部分材料所归入的类目,称为分析分类。分析分类也可以扩大图书的用途。

附加分类和分析分类只适用于组织分类目录,而不能用于图书排架。因为一种书在书架上只能占有一个位置。

第四,给分类号码。当一书被确定了恰当类目之后,应立即把代表该类目的号码写在书的一定位置上。一般是写在书名页的左上角或写在封底前一页的右上角靠近书脊不易磨损撕破的地方。这是该书主要类目的分类号,即为主要分类号。此号即为分类排架的号码,也是该书在分类目录中主要款目的目录分类号。而附加分类和分析分类及其相应的分类号码,只用作组织分类目录。代表附加分类和分析分类的分类号码则写在附加分类款目和分析分类款目左边中间位置上。一书分入几类时,它们的分类号码用"＋"联结起来,称之为完全分类号,写在基本款目正面右下角。

给号时,必须注意给号的正确性和完整性。既不能漏掉一个符号,也不能多一个符号。特别是在运用复分表加复分号时尤要注意,千万要按照分类表的类目说明去办,不能自以为是。

第五,核对公务分类目录给索书号。给号以后图书分类工作基本完成。但为了检验内容性质相同的书是否归于同一类目,在分类工作基本完成以后,还应核对公务分类目录,如遇有分类不当或前后不一致的地方,应立即改正过来,以保证前后一致。

类目和分类号码确定之后,还要解决同类书籍的排列问题。因为同一类号下,往往有好多种书,如果不进一步作区分,它们的先后次序仍是不能固定下来。所以在有了分类号之后,还得编制书次号,也叫作书码。编制书码的方法有好几种,下面要专章论述。分类号和书次号构成一书的索书号。

在类分图书的过程中,可以利用分类法的索引。类目索引是分类工作的辅助工具,可由类名查得类号。但在索引中查得类号之后,必须从正表中查到该类号码,详考其上下位类的关系,看该类号是否适合该书内容,然后再行决定。如果只查索引而不查原表,是会造成错误的。

第二节　图书分类规则

图书分类工作是图书馆的基础工作之一,它的工作质量会影响到图书馆其它工作。要提高图书分类质量,就必须制定和掌握图书分类规则。

图书分类员在类分图书时,经常会碰到一些疑难问题,如同一性质的图书,从不同的标准出发,既可归入这一类,又可归入那一类,例如:《中国史学论文索引》一书,根据其内容学科属性,应分入历史类,根据其体例又可入专题索引类。有时一书包括几个方面的内容,究竟以哪一方面的内容为主呢？这些疑难问题,究竟如何解决,就需要有许多分类规则加以规定,以保证分类的统一。

在长期的分类实践中,在解决这些疑难问题的过程中,可以把这些问题的经验总结归纳起来,定出总原则、一般规则和特殊规则供大家遵守。

图书分类的总原则是指贯穿于整个类分图书工作中的原则。它的基本内容是:

第一,图书分类必须以图书所反映的学科内容性质为主要标准,必要时再依图书的写作形式和出版形式分。这就是说,在类分图书时,总是首先考虑图书内容的属性,根据图书内容在科学体系中的位置给以类号,这样才能将学科性质相同的图书放在一起,便于读者选择和利用。只有在不适于以图书内容归类或有其他必要时,再考虑以其他方面的性质(如体裁、地域、时代、语文等)作为分类标准,即:分类时必须以图书内容为主要标准,其他条件为辅助标准。

第二,图书必须归入最大用途和最切合其内容的类。图书分类在考虑该书所反映的学科内容的同时,还要结合考虑本图书馆的性质和任务来归类,使图书归入对完成本馆任务最有利的类,本馆读者最需要的类。在类分图书过程中,往往会遇到一书内容性质的特点是多方面的,有时按照该书的内容可以归入几个不同的类。根据什么标准归入一个主要的类和必要时在几个有关的类予以反映呢？这就要考虑本馆的任务和读者的需要。如一个医学图书馆对人体胚胎学、人体解剖学、人体组织学等内容的图书就应归入医药卫生类,而不入生物学。

又如,有一本《蔬菜分类学》,如果在农业科学院图书馆或农业大学图书馆,对专业书籍要求分得较细,就应归入蔬菜类,加上植物分类学的组配号码。如在北京大学只有生物系,关于蔬菜分类的书就不要求分得很详细,只需分入植物分类学就可以了。因此,我们说,为了顾及图书在实用方面的价值,除首先考虑图书内容的学科性质外,还要根据作者的写作目的和本馆的任务、读者的需要而归入最大用途和最切合其内容的类。当然,归类时必须以分类法的体系和图书馆的具体规定为依据,切忌按主观意图或按临时需要归类。

第三,图书分类必须体现分类法的系统性、等级性和次第性。凡能归入某一类的书,必带有其上位类的属性。也就是说凡能分入下位类的书,一定能分入其上位类。例如,关于中国的无线电广播事业的书,入"G229.2 中国广播、电视事业",而不能入"TN93 广播"类,因为入"G229.2"符合上位类"G22 广播、电视事业"的涵义,而入"TN93"则不符合上位类"TN 无线电电子学、电讯技术"的涵义。这在分类时一定要注意的。同时,还要区分总论的书和专论的书,不要将专论的书归入总论的类。也要区别阐述一般原理的书和研究具体问题的书,不要把研究具体问题的书归入阐述一般原理的类。

第四,不能单凭书名的意义分类。一般说书名能反映书的内容属性,但也不尽然,特别是科普读物和文艺作品更应注意,如《星云》是一本小说,则不能根据书名归入天文学中去。故一定要查看全书,才能达到正确分类的目的。

以上讲的是关于类分图书的基本原则,这些原则适用于类分一切图书。但在运用这些原则时,一定要以本馆所采用的分类表的体系和本馆的具体规定为依据,不能擅作主张,任意从事。

还有一点应该提及的,就是事物总是不断地变化和发展着的,新出现的事物、新的概念在分类表中没有明确类目时,可先归入其上位类。

除上述图书分类的总原则外,在分类工作中还应制定和遵守一般规则。图书分类的一般规则是适用于任何知识部门的图书的分类规则。这些规则的应用对象是图书的著作方式、方法。

图书著作的方式和方法是多种多样的。有些书只涉及一件事物或一个问题,可称为单主题的书。有些书讨论了两个或更多的主题,或者涉及两门或更多的学科,可称为多主题的书。有些图书在论述学科知识内容时,还涉及地域和时代,有的书编制体例特殊,有些书是供特定的对象使用的等等。对这些情况各异的图书在处理方法上是不完全相同的。

对于具有学科、体裁、地域、时代这四种特征的图书、应按照分类法的规定决定其先后次序。在一般情况下,分类次序为①学科性质,②地区(国家),③时代,④体裁。但是,如果图书的性质与用途,是以体裁(如综合性图书、文艺作品)为主,那末在决定其基本大类后,先按体裁分,再按国家、时代分。

现在从图书的单主题、多主题、各种编写体例等几个方面来讲一下图书分类的一般规则。

1. 单主题图书归类的一般规则

(1)书中只讨论一件事物或一个问题的书,这是比较简单的单主题书,一般依照该书内容的学科性质归类。

如:《图书馆学概论》,入图书馆学。

(2)从不同学科或不同方面来研究同一主题的书,则依研究它的学科归入相应的类。

如:《茶的贸易》,入经济;《茶的栽培》,入农业;《茶的焙制》,入轻工业。

(3)论述同一主题的二个或二个以上方面的书,如果论述的方面是属于同一学科的同一类列,则归入其上位类。如系属于不同的学科则依书中所欲说明的主要方面的学科归类。

如:《黑白电视与彩色电视》,入各种体制的电视;《地震与地震考古》,入地震学。

（4）凡从几门学科来综合论述一个主题的图书,则按论述该主题的主要学科归类。如《猪》这本书,全面阐述猪的品种、饲养、猪病防治、猪肉加工、猪的综合利用,以及猪的贸易等等方面,则入"家畜"类。

2.多主题图书归类的一般规则

多主题图书是指一书研究两个或两个以上的主题。对这类图书,必须分析其各主题的相互之间的关系,它们分别可能是并列关系、从属关系、因果关系、影响关系、应用关系等等。然后按其中最能代表书的内容本质或内容中起主导作用的主题的学科归类。下面讲的几种规则仅就一般情况而言,运用时要视本馆任务、读者需要和该书具体情况而定。

（1）诸主题是并列关系的图书,按篇幅多的、重点的或在前的主题归类。必要时对另外的主题作附加分类。如并列主题超过三个以上,又属于同一上位类,则归入其所属上位类,或按重点归类。

如:《塑料与橡胶》,入塑料工业;《天体、地球、生命和人类的起源》,入自然科学总论。

（2）诸主题是从属关系的图书,内容涉及的学科是上下位的关系,一般应归入其上位类。如重点是讲较小主题的书,则按较小主题的性质归类。

如:《天文学与天体测量学》,入天文学;《物理学与声学》,重点是讲声学的,入声学。

（3）诸主题是因果关系的图书,一般按结果的方面归类。如果论述一个主题多方面后果的,则按原因的主题归类。

如:《从猿到人》,入人类学。

（4）诸主题是影响关系的图书,则按受影响的主题归类。但如论及一个主题在各方面影响的则依发生影响的主题归类。

如:《天气与飞行》,是论天气对飞行的影响的,入航天类。

（5）诸主题是应用关系的图书,按应用到的主题归类。但一个主题综合阐述在各方面应用的书,则按该主题的学科性质归类。

如:《逻辑与数学教学》,是阐述逻辑学在数学教学中的应用的,入数学有关类;《激光在医学上的应用》,入医药、卫生。

(6)诸主题是比较关系的图书,按著者所要阐明的主题归类。

如:《什么是唯物论　什么是唯心论》,入唯物论。

对于多主题的书,应根据具体情况来决定以什么主题作为主要类目。还要根据需要考虑是否需作附加分类或分析分类。如果不作附加分类,有些主题不能充分揭示,会造成漏检,影响检索效果。如作得太频繁,也会造成分类目录过于庞大,附加分类不当也会造成误检。

3. 各种编制体例的书归类的一般规则

(1)参考工具书,如目录、索引、手册、年鉴、辞典、百科全书等,编制体例特殊,对这些图书的分类,一般地说,凡综合性的归入"综合性图书"类,再按其体例分入该基本大类的相应下位类。凡专科性的,则按其学科内容归类,再加参考工具书的复分号。有些图书馆为了建立全馆的工具书特藏,规定一律先归入综合性图书类,再按体例分入其下位类,然后按学科性质细分,这样就将所有的工具书集中在一起了。《中图法》规定,如愿将工具书集中,可用组配编号法。也有的馆在索书号前加工具书特别符号。

(2)地图。凡综合性地图入地理类,关于某一学科的专门地图依学科性质归类。如自然地理图入地图;气候图入气候类。要求将地图集中收藏的,可在索书号前加特殊符号。

(3)图片、画册。凡属艺术作品的图片、画册不论题材性质,一律归入艺术类各相应子目。但内容是关于一个国家(地区)的,归入地理类该国,属于专科的则按学科性质归类。

(4)连环画和通俗读物的处理,要视具体图书馆的性质以及各馆对此类图书如何组织而定,大多数图书馆采用单独集中组织的办法。

4. 连续出版物归类的一般规则

（1）报纸。报纸合订本一般由专库收藏。分类时以出版地区为准。也有不分类而完全按报名字顺排的。有的图书馆为了避免倒架，采用先按年代排，后按报名字顺排的方法。

（2）期刊。有定期和不定期两种。一般图书馆都将期刊单独存放，按学科性质分或按期刊名称排。

（3）丛书。可采用集中处理或分散处理两种办法。如果采用集中处理的办法，则按整套丛书的内容归类，再为每种图书作分析分类。如果采用分散处理的办法，则按每种图书的内容分别归类，再为它们编制一张丛书综合分类款目。一般说来，知识性、科普性的丛书，多集中归类，如《少年自然科学丛书》、《历史知识小丛书》等。对于每一单本的学科性、技术性都较强的丛书，或整套书学科内容相当广泛的，宜分散处理，如《青年自学丛书》、《工程数学》等。

（4）特种技术出版物，如技术标准、专利、科技报告等，按所使用的分类法规定处理。

5. 教科书、教学大纲归类的一般规则

凡大学或专科学校的各种教科书、教学大纲，一律按学科性质归类，必要时再加教科书、教学大纲的复分号。凡中等学校以下的各种教科书、教学大纲，一律归入教育类，再按学科性质细分。

6. 特定对象用书归类的一般规则

特定对象用书，如儿童读物、盲人读物等。一般均单独处理，专为它们组织分类排架和分类目录。

以上一般分类规则是积累了长期分编工作经验总结出来的，不可忽视。当然，也不是绝对一成不变的。但不管如何，倘若根据本馆情况作了某些变动，也要当作规则记载下来，一贯遵守。否则，容易造成混乱。

特殊分类规则是指关于某一知识部门的书籍的分类规则，将在下一章作介绍。

第三节　分类工作中的两个现实问题

各图书馆在分类实践中,均会碰到各种各样的问题,而图书分类法的补充和修改问题和更换分类法问题,则是当前遇到的比较棘手的两个问题。

先谈谈关于图书分类法的补充和修改问题。

图书分类法是要求相对稳定的,但随着事物的发展及图书出版情况的变化,又必须对它作经常不断地补充和修改。其主要原因是:①新学科、新事物不断涌现,旧的分类法不能适应新出现事物的要求,急需补充修改;②社会政治形势的变化,也会给分类法的补充和修订提出新的任务;③任何一部分类法都不可能一次就编得尽善尽美,需要在实践的过程中不断地补充和修正,才能使它日臻完善;④只有不断修改,才能延长分类法的使用年限。

如此看来,分类法的不断补充和修改是时代的不可避免的客观要求。那末怎样进行分类法的补充和修改呢?

第一,加强对编制和修订分类法的领导管理工作。最好组织一个常设的机构,来负责领导和具体执行分类法的补充和修订工作。如:1979 年 7 月《中国图书馆图书分类法》成立了编辑委员会,负责《中图法》的补充、修订、宣传、使用、调查研究和再版等一系列工作。这是我国正式成立的第一个分类法编辑委员会。编委会应作好调查研究工作,收集和研究该分类法在使用过程中的问题和意见,提出修订的原则和具体步骤。

第二,修订时,应注意尽量不要破坏原分类体系。这一点很重要,因为分类法一经各单位采用,如果改动体系,就会影响到各使用单位较大幅度地改变藏书组织。如《中图法》在修订时,就考虑到目前已有不少单位使用的情况,提出"在不变基本大类序列和标记制度的前提下,从实际出发,进行必要的修订"的原则。有了这一条原则,就不能大砍大动,乱砍乱动,打乱原分类法的结构体系。但对原体系不够科学合理的部分,也应该根据实际情况,加以修订。

第三,在标记制度上,也应尽量照顾原法的基础,避免大的改动,给各图书馆改编图书增加困难。在修订时应注意:对因类目陈旧或其他原因需要剔除时,可将原类目废除不用,但原号码尽可能保留,使原分图书尽可能不再改编,以便减轻改编图书的工作量;增添反映新学科、新成就的类目时,在标记符号的配备上,应留有余地,以适应新学科的发展。

第四,改动类目时应持慎重的态度,尽可能在原来基础上补充、修改,避免大的改动。在修订增补类目时应注意:

1.对受极左思潮流毒影响而设的类目,应一律改正。对某些形而上学和错误的类目,包括类名的制定、类目的概念和立类的科学性等,均应逐个检查订正。

2.对类目概念不清或不够明确的,应作订正或增加必要的注释。

3.在分类实践中证明根本无书,没有保留价值的类目,应予淘汰或合并。

4.新增类目应注意科学性、概括性和稳定性。不能用政治口号作类目名称。

5.对学科间有交叉渗透关系的图书,如分散处理不能满足各学科专业的要求,而过于集中又不适应学科的应用时,可考虑多用交替类目或组配的方法解决。

第五,必要时召开专业会议,对制定的修改原则和具体的修改方面进行讨论,做到集思广益,统一思想,避免可能出现的差错。如《中图法》在修订过程中,就召开了两次会议,制定了修订原则、修订的方法和步骤,对具体修改方面进行了审查和讨论。

以上谈的是有关某一分类法的重大修改时所采用的方法和步骤,至于各馆结合自己的情况,对分类法的局部的修订和补充,即确定使用本,也可在馆领导下进行,但一定要注意不能打乱原分类法的结构体系,一经修改就要记录下来,一贯遵守。

成立了分类法编委会以后,有了修改的意见应及时向编委会提出,编委会也应负责经常不断地收集和听取意见,作出某些方面的修改决定,并用文字通知使用该分类法的单位。

下面再谈谈更换分类法问题。更换分类法是指图书馆原来使用的某一分类法,因其内容陈旧,或者已难于适应本馆发展之需要,必须以另一部较好的分类法来替换它。更换一部分类法不是很简单的事情,它牵扯到改编全部藏书和重新组织分类目录等问题,工作量很大,势必会影响到整个图书馆的工作,特别是对流通阅览部门影响更大。

从我国目前情况来看,不少图书馆更换了新的分类法。他们在更换新分类法时,一般用以下几种做法:

1. 书和目录卡片全部重新分类。

2. 藏书组织分两部分,旧书按原分类体系排,新书按新分类体系排,而分类目录用新分类法重新加以改组。

3. 对原藏书组织和分类目录都按旧的保留,用新分类法类分新书,另行组织藏书和分类目录(即通常所说的一刀切的办法)。这样,一个图书馆就拥有二套藏书组织和分类目录。

书和目录卡片全部重新分类的办法从理论上说是可行的,也是最彻底的办法。但若作此决定,必须有充分的准备。首先,必须财产清楚,要把库账对清楚。在书卡重新分类时,最好一类一类的进行,进出得有账,以免搞乱。其次,要培训好专职干部,让他们学习好新分类法,了解和掌握本馆有关分类编目的一些特殊规定和助记符号,还得有人专门负责审核工作。第三,做好必要的物质准备。第四,还要处理好改编工作和流通以及其它工作的关系。

如上述准备工作不够,条件不具备,千万不要轻易决定。从实际工作来看,各图书馆限于人力和物力,有许多实际问题无法解决,一般说来,书卡全部改编的很少,也不宜提倡。大部分是采用第二种办法,即藏书组织分别按原来的分类体系和新分类体系排,只重新改组分类目录,即用新分类法来组织读者分类目录。北京图书馆、北京大学图书馆等都是采用的这种方法。北京图书馆原用刘国钧的《中国图书分类法》,1975年改用《中图法》,他们只对新入藏的书改用新分类法,不涉及图书改编问题,只在旧分类目录上加新分类号,作为目录分类号,然后按新分类法的系统,组织分类目录。其具体做法是:

1. 首先做好读者分类目录与排架目录的核对工作,以排架目录为基础,将读者分类目录逐类进行核对(包括公开目录、参考目录、内部目录),核对时应严格按排架目录顺序进行,如遇有缺片和破损片,应予补充和更换。

2. 在排架目录片上加新的分类号,用铅笔写在原索书号的下方,算是初分号。因为这是单凭目录分类,只有参考其它著录事项和对照类目上下位类的关系给号,要求十分准确是困难的。又因是大幅度的改号,无时间和力量按书给号,只有在遇到困难实在不好分时,再到书库中找书查对。

3. 在读者分类目录片上加目录分类号。

4. 各类改组以后,将各类的分析、附加片集中起来,按原书名排好,再按新分类法加上新的分析、互著号。

5. 组织分类目录。因北京图书馆旧的分类目录按著者号排,而新的分类目录是按种次号排,一时无法统一,只好暂时将新的排在前面,旧的排在后面。

6. 更换目录导片和屉标。

北京图书馆等单位的做法是比较切实可行的。但这样做还有一些问题不能解决,例如,因对旧有图书没有彻底改编,因此分卷、分册或再版书就不能排在一起,对借阅工作不利。另外,同一类中新旧图书的卡片的排列问题等,都有待进一步研究解决。

也有的图书馆采用拼号法,即将原分类体系按新分类体系拼入相同或相近的类目中去。

第三种办法对分编工作比较简单,对旧有图书和分类目录完全不动,按新分类法分编的则按新分类号组织藏书和分类目录。但对读者和出纳员来说,则要查阅两套目录(有些大型馆还不止两套),增加了读者的困难,还有可能造成漏检。出纳员则要到两个地方去取书,影响工作效率。是否可考虑对旧分类体系编制书本式目录,既便于查找,又缩小了目录体积。

此外,附带谈一下现用分类法修订后的图书改编问题。

在分类法修订过程中,尽管修订者尽量考虑到使用馆的实际情况,如《中图法》决定"在不改变基本大类序列和标记符号制度的前提下,作最必需的修订",就是从使用馆的实际情况出发的。但既经修订,就必然会有较多的变动,甚至某些方面有较大的变动。因此,凡是使用该分类法的图书馆都面临着修订后的图书改编问题。

对这个问题,目前各图书馆的看法不很一致。有的主张按照修订版改编,认为这样做虽然有一定的困难,但考虑到修订时已照顾到各使用馆的实际情况,从整体出发,进行改编,有利于读者利用藏书。有的则想等一等,看一看,主要是考虑到分类法的稳定性不够,怕改动一次增加一次的问题。很显然若不按修改后的类目改编图书,则失去修改的意义,若原有旧类不动,新书按修订后的类表归类,则又会出现同类书不在一个类的情况,不便统一管理,对馆员和读者都会带来不便。但从长远来说,还是克服一些困难,改编为好。

考虑到目前各图书馆的实际情况,要求一下子按修订版全部改编,可能不是每个馆都能做到的。是否可以先学习修订版,结合本馆情况,讨论好修改办法(改编规则),最好是逐类修改,也不能照修订版的全部内容机械地更动,可以规定某些类目照改,某些类目(使用率不高发展不大的类目)以后不再分书等等办法解决,但不管如何决定,一定要一贯遵守。另外,在改编过程中,要注意尽可能照顾读者,阅览不能停止。总之,既要照顾到日常工作的进行,又不受日常工作的牵扯。还要注意对原分编工作中的错误,尽可能加以纠正。

本章主要参考文献

1.《图书馆目录》第十三、十四、十五章　刘国钧等著　高教出版社　1957年
2.《图书怎样分类》　刘国钧著　开明书店　1953年
3.《关于〈中图法〉修订原则和方法的意见》(草案)
4.《中图法编委会第一期简报》《中图法》编委会印
5.《全国分类法、主题法检索体系标准化会议纪要》　1981年

本章思考题

1. 图书分类工作的要求是什么?
2. 分类法选定后还要做哪些准备工作?
3. 分类工作程序应分哪几步? 为什么?
4. 图书分类的基本原则是什么?
5. 图书分类的一般规则有哪些?
6. 在修改补充分类法时,如遇有增添新类目的情况,你打算如何处理?

本章实习题

本章实习分三部分内容:类分单主题图书、类分多主题图书、类分各种编制体例的图书。请使用《中图法》将所列图书归类。

一. 将下列单主题图书归类

1. 人口理论

北京经济学院人口研究室编　商务印书馆　1977 年 12 月

本书阐明了马克思主义人口理论的基本观点,论证了资本主义社会的人口问题,研究了社会主义社会的人口规律,解释了我国现行的人口政策。

2. 上海地理浅话

尚思棣等编　上海人民出版社　1974 年

本书介绍上海市自然环境的主要特征及其演变,上海城市历史的发展梗概,控制地面沉降以及解放后社会主义建设的新面貌。

3. 养猪手册

山东省革命委员会农林局编　山东人民出版社　1976 年 3 月　第 2 版修订本

本书内容包括大力发展养猪业,猪的饲料,猪的饲养管理,猪的繁殖,猪的改良,建圈、积肥,社队猪场的生产管理和猪病防治等部分。

4. 学点逻辑

倪鼎夫等编写　人民出版社　1974 年 10 月

本书概括地介绍了形式逻辑的基本理论。

5. 能源

严家其等著　科学出版社　1976 年 6 月

本书介绍地球上的能源,人类利用能源的历史和能源利用的前景。

6. 上海外贸史话

《上海外贸史话》编写组编　上海人民出版社　1976 年 9 月

本书介绍从古代中国、上海早期到上海解放后的对外贸易情况,其中着重介绍了鸦片战争后上海的对外贸易情况。

7. 简化字总表(第二版)

中国文字改革委员会编　文字改革出版社　1977 年 12 月

8. 牛虻

(英)伏尼契·V. 著　李俍民译　中国青年出版社　1953 年

9.《齐民要术》及其作者贾思勰

浙江农业大学理论学习小组编　人民出版社　1976 年 4 月

《齐民要术》是北魏时期伟大的农业科学家贾思勰的一部农业科学巨著,是流传下来的我国古代第一部较系统的农书。书中介绍了《齐民要术》产生的历史背景,以及在农业科学技术上的光辉成就。

10. 工农—36 型担架机动喷雾机

上海农业药械厂编　上海科学技术出版社　1978 年 4 月

本书对工农—36 型担架机动喷雾机的结构原理及使用维修保养等方面的知识作了介绍,并配有零件目录和易损零件图。

11. 我的一生

(德)倍倍尔·A. 著　薄芝宇译　三联书店　1978 年 5 月

倍倍尔是德国社会民主党创始人之一。本书是他自传性质的回忆录。全部分三卷。

12. 云南植物志　第一卷种子植物

云南植物研究所编著　科学出版社　1977 年 10 月

本书系记载云南地区野生及常见栽培的高等植物的专志。

13. 人类发展史

吴汝康等著　科学出版社　1978 年 1 月

本书内容包括人类产生和发展的整个过程,劳动在人类各种重要特征的产生和发展中的主导作用,以及人种的形成和发展及对种族主义理论的批判等。

14. 抗菌素

中国医学科学院药物研究所《抗菌素》编写组编　北京人民出版社
1975 年 10 月

本书介绍了抗菌素的一般知识,包括什么是抗菌素,抗菌素的来源和发现,抗菌素的制造和应用等。

15. 万用电表

赵宝义编　上海人民出版社　1974年8月

本书介绍万用电表的结构,表头系数的测定,测量电压、电流、电阻电容、电感等的原理及计算,万用电表的制作、使用和维修等。

二、将下列多主题图书归类

1. 火车,轮船和飞机

《火车,轮船和飞机》编写组　上海人民出版社　1974年

本书用故事和散文形式,介绍了陆、海、空交通方面的一些科学常识。

2. 化学与农业

叶永烈编著　安徽人民出版社　1975年2月第二版

本书讲述化学与农业的关系。

3. 灵芝的栽培与药用

《灵芝的栽培与药用》编写组编　上海人民出版社　1976年2月

本书主要介绍灵芝的生物学特性,人工栽培灵芝的技术,人工培育灵芝菌种的技术,以及灵芝制剂(针剂、合剂、片剂、糖浆等)的生产与临床应用的效果等。

4. 宇宙,地球和大气

(美)阿西摩夫·L.著　王涛等译　科学出版社　1976年

5. 优选法与正交法在农业上的应用

广东省推广优选法领导小组办公室编　科学出版社　1978年4月

6. 地震与地震的考古

孟繁兴等著　文物出版社　1977年9月

本书全面地介绍了有关地震、地震考古的一般知识、情况与经验。

7. 雷雨和闪电

李国庆　阮忠家编著　科学出版社　1977年

本书叙述了雷雨和闪电景象的发生和构成,危害和预防,人们对这些现象的探测、研究和认识,并探讨了利用天电的可能。

8. 计算尺的使用和原理

钱立豪著　上海人民出版社　1976 年 3 月

本书介绍了计算尺常用尺度的各种用途和计算方法,并简要地说明了原理。

9. 动物与地震

中国科学院生物物理研究所地震组编著　地震出版社　1977 年 2 月

本书包括:震前动物的异常反应,动物的特点,动物震前异常的原因和怎样利用动物异常作地震预报等。

10. 太阳能及其利用

冷长庚编　科学出版社　1975 年 7 月

本书对什么是太阳能;到达地面的太阳能有多少;有哪些太阳能设备;利用太阳能的基本问题是什么;我国利用太阳能的前景如何等问题作了概括的回答。

11. 赤眼蜂的研究与利用

阜南县赤眼蜂研究所编　安徽人民出版社　1978 年 2 月修订再版

本书是在总结研究成果的基础上编写的,着重介绍了赤眼蜂的形态、生理、饲养、繁殖,以及大田应用等方面的基础知识。

12. 考古学和科技史

夏鼐著　科学出版社　1979 年 4 月

本集所收入的十篇论文都是结合考古新资料来研究中国科技史中的某些问题的,范围涉及天文学、数学、纺织学、冶金学等方面历史。

13. 西安事变与周恩来同志

罗瑞卿　吕正操　王炳南著　人民出版社　1978 年 11 月

作者曾亲自经历了西安事变,见到周恩来同志为了和平解决西安事变所作的巨大努力。作者运用大量的第一手材料,介绍了周恩来同志这一光辉的革命实践,书中还附录了有关文件资料。

14. 阎锡山和山西省银行

中国社会科学院近代史研究所中华民国史研究室主编　中国社会科学出版社　1980 年 1 月

本书概括地记录了银行的发展历史及其和阎锡山的关系,着重揭露了该

156

行如何通过发钞、高利贷等方式残酷搜刮人民脂膏的事实。

15. 气焊与气割

常柏春编著　煤炭工业出版社　1976 年 2 月

本书介绍了气焊和气割的操作方法。

三、将下列各种编制体例的图书归类

1. 现代科学技术简介

《现代科学技术简介》编辑组编　科学出版社　1978 年 12 月

本书简要介绍现代科学技术各领域的概貌及其基本知识和它们的世界先进水平的情况及国内外发展动向等,使读者对现代科学技术有一个概括的了解。

2. 英汉土壤学词汇

中国科学院南京土壤研究所主编　科学出版社　1975 年 4 月

3. 十万个为什么(21)地球史

少年儿童出版社编辑出版　1978 年 3 月

4. 中国历史简表

上海人民出版社编辑出版　1975 年 5 月

5. 激光应用专题索引第二集　激光在医学上的应用

中国科学技术情报研究所重庆分所编辑　科学技术文献出版社重庆分社　1977 年

6. 全国总书目

国家出版事业管理局版本图书馆编　中华书局

7. 邢台地震目录(1965 年 7 月—1975 年 12 月)

河北省革命委员会地震局编　地震出版社　1976 年 10 月

目录收集了自 1965 年至 1975 年河北省邢台地震区 1.0 级(M乙)以上地震一万一千七百余条。

8. 史记人名索引

钟华编　中华书局　1977 年 4 月

本索引是根据中华书局 1959 年出版的《史记》点校本编制的,它是二十四史人名索引中的一种,对查考人物生平事迹、历史事件提供了线索。

9. 辞海（1979 年出版）

辞海编辑委员会编　上海辞书出版社　1979 年 9 月

本书收词包括成语、典故、人物、著作、历史事件、古今地名、团体组织，以及各学科的名词术语等。

10. 香港年鉴（1980 年第三十三回）

曾卓然编　香港　华侨日报　1980 年

11. 徐特立文集

湖南省长沙师范学院编　湖南人民出版社　1980 年 12 月

12. 四角号码新词典（1977 年修订重排本）

商务印书馆　1978 年 2 月

13. 十三经索引

叶绍钧编　开明书店印行　民国三十二年八月

本书将易、书、诗、礼（周礼、仪礼、礼记）、春秋三传（左传、公羊传、谷梁传）、论语、孟子、孝经、尔雅等十三种儒家经典著作的文句，按首字笔画编排，供查阅经文者用。

第五章　各类图书的分类

　　各类图书的分类方法是指只适用于各个相应知识门类的图书的分类方法,它是以各个具体知识部门的图书为对象的。

　　各类图书的分类方法是图书分类基本原则在各类的引申和应用,它是由各门知识的特点和图书情况决定的,并受到各种不同分类体系的制约。因此,要研究这个问题,离开对各个具体知识部门的特点的探讨,脱离一定的分类体系,是无法进行的。本章主要根据《中图法》并适当参考国内其它图书分类法,逐类阐述各知识门类图书分类的一般问题,包括各大类的列类原则、收书范围、分类特点和应注意的问题等。

第一节　马列主义、哲学、社会科学图书分类

一、马列主义、毛泽东思想书籍的分类

　　马列主义、毛泽东思想是指导我们思想的理论基础,因此,我国的图书分类法大都把马列主义、毛泽东思想列为第一大类。

　　这一大类大体包括下列一些方面的书籍:①马、恩、列、斯、毛五位革命导师的著作;②五位革命导师的生平传记;③有关他们著作的学习参考材料和完整阐述革命导师思想体系的书籍。有的分

类法本类范围稍广些,收有我国其他领导人的著作和传记材料,并将学习马列主义、毛泽东思想的心得体会也归入本类。

马列大类总的特点是:以人立类,并在类目编列中突出反映原著。现试将本类三方面书籍的分类特点分别加以分析。

1.马克思、恩格斯、列宁、斯大林、毛泽东的著作是马列大类的核心。对经典作家著作的进一步区分一般是按书籍的编辑出版形式进行的。在各种编辑出版形式中,原著中的全集、选集等内容上往往涉及到许多知识门类,无论把它们归入哪个具体的知识部门都是不恰当的,应该而且也只能归入本类。单行著作与专题汇编则不同,它们一般是关于某个科学部门或其中某个方面的专门论述,其内容从属于具体的科学门类。对这类书如果也只是简单归入本类而不在有关门类作必要反映,那么,由于缺少这些具有指导意义的重要论述,图书分类对某些知识部门的揭示就不可能是完整的,必然会影响到这些经典著作的有效使用。因此,对原著中的单行著作和专题汇编,必须在归入本类的同时采用互见的方法,按其科学内容在有关科学门类中予以推荐。这是马列原著分类时必须注意的基本要求。

2.革命导师的生平传记部分,集中收录以五位革命导师生平活动为内容的书籍,除有关传记、回忆录、纪念文集等书籍外,还包括对其革命活动和生平事迹的各种论述和研究。分类时应注意将这部分书籍与关于革命导师的文艺作品相区别,后者应按其形式归入文学、艺术的有关门类。

3.马列著作学习参考材料是围绕对原著学习的需要组织的,只包括革命导师著作的学习、研究、解释、提要,以及系统研究革命导师整个思想体系的书籍。在分类时一定要注意把以一定编制体例的原著为研究对象的书籍和与马列主义有关的研究各学科问题的书籍分开。具体说,一是应将学习、研究原著的书籍和运用马列理论研究各学科问题的书籍分开;二是应将学习、研究原著的书籍和学习、研究马列关于各科学部门理论的书籍分开。因为无论是运用马列主义研究各学科问题的书籍，还是研究革命导师关于各个科学部门理论的书籍，其研究的重点都是有关科学部门的理论，这些书都是该科学部门的重要组成部分，应该按内容归入这些部门。只有其中系统研究革命导师整个思想体系的书籍，因为内容广泛涉及到各个学科部门，类无专属，所以也归入本类。在这两部分书籍的区分中，研究马列著作的书和研究马列理论的书之间的区分比较困难，因为，一个人的理论和他的著作是密切联系的，研究一个人的理论往往要涉及他的著作，而研究他的著作也必然要阐述他的理论，因此，一般只将明确研究某一马列原著的书籍归入本类，凡是因研究理论而涉及到著作的书籍均按其内容归类。

4.对那些曲解和污蔑、攻击马列主义、毛泽东思想的，内容上错误、反动的书籍，原则上仍应按上述规定归类，但应加观点区分号，以利在目录组织中加以区别。

二、哲学书籍的分类

哲学是自然科学和社会科学的概括和总结，是关于自然界、人类社会和人类思维的一般规律的科学。哲学类图书一般包括：①以马克思主义哲学为主体的哲学理论著作；②各国各时代的哲学著作和哲学史；③一些已成为专门学问，但还没有脱离哲学领域的哲学专门科学，如逻辑学、美学、心理学、道德哲学（伦理学）等；④历史上与哲学发生过密切关系的无神论与宗教也附于哲学类。

下面按哲学类各部分书籍的特点讨论其分类的一般问题。

1.哲学理论部分，是以马克思主义哲学为主体，并依据马克思主义哲学系统的内容编列的。分类时应注意按书籍研究的学科内容作为分类标准。对于内容明显错误或恶毒攻击马克思主义哲学理论的书籍，则应通过目录组织加以区别。

2.各国各时代哲学著作均按哲学家集中，并依国别、时代的先后次序排列。这是因为哲学著作是对作者世界观的全面表达,内容一般比较广泛、复杂。按人归类,有利于集中有关揭示哲学家思想体系的全部资料。本类各哲学家的细目除归入哲学家的全集、选集及个别哲学著作外,关于他们的哲学思想和哲学著作的评论、研究、注释及以论述哲学思想为主要目的的哲学家思想评传等,均应随该哲学家归类。表上已列名的哲学家,评论另一哲学家的著作,一般应按被评论者归类,并在评论者类目下作互见。至于哲学家的非哲学著作,则应按其学科内容归入相应学科门类,而不归入哲学类。

3. 哲学作为研究各科学部门一般规律的学科,与各个科学部门有着极其广泛的联系。哲学类与各科学门类的交叉大体有二种情况。一种是研究角度上的交叉,在分类中,这类交叉主要是应注意按书籍研究的科学角度归类的问题。凡通过各学科的具体事例说明哲学道理的书籍应归入哲学类,而运用哲学理论解决某学科具体问题的书籍应归入各有关的科学部门,但其中综合论述哲学理论在各学科运用的书籍仍应归入哲学类。另一种情况是学科领域的交叉,即哲学部门的某些专门问题,同时也往往是有关科学部门的理论问题,对这类问题,分类法一般在有关部门设立交替类,主要是选定使用类目的问题。例如:"自然辩证法"与自然科学总论的交叉,"历史唯物主义"与史学理论的交叉,以及"历史唯物主义"的某些下位类目与政治、经济的交叉等等即是。各图书馆应根据自己的特点确定使用类目。

4. 哲学领域的专门科学包括逻辑、美学、心理学、道德哲学等等。哲学专门科学由于是研究某一专门领域的哲学理论的,往往与某些相关学科部门关系十分密切。所以在某些分类法中,美学被作为艺术哲学原理归入艺术类,心理学被归入自然科学等等。事实上,哲学专门学科研究的对象常常涉及到许多学科的共性问题,并不局限于某一学科。因此,在我国现行的分类法中,哲学专门科学一般都集中于哲学类。

哲学专门科学的书籍在分类时,应注意其研究问题的对象、方法,将论述哲学专门理论的书籍与有关学科的理论著作区别开来。例如:逻辑与数理逻辑、道德哲学与道德教育、美学理论与美学在艺术中运用、心理学与教育心理学等等。在这一系列书籍中,前者一般属于哲学理论,应当归入哲学专门科学,后者属于哲学理论在具体学科的应用,应归入相应学科门类。

5. 宗教是一定历史条件下产生和形成的一种消极的意识形态,无神论则是对宗教的否定与批判。由于两者都属于社会科学的范畴,因此过去有些分类法将宗教列为社会科学最后一个基本大类。但我国近期编制的分类法中,关于"无神论与宗教"的书籍一般都附属于哲学类之后。这是因为宗教与唯心主义哲学不仅在历史上关系密切,而且有着共同的认识论的根源,而无神论与唯物主义哲学在内容上也是互相联系、互相补充的,这样处理有利于揭示它们的内容实质。

在"无神论与宗教"这一附属类中,破除宗教迷信的书籍常常是以自然科学知识为依据的,容易与自然科学常识读物相混淆;关于神话起源研究的书籍则和文学类中神话题材的作品、特别是作品评论比较接近,应注意它们之间的区分。

三、社会科学书籍的分类

社会科学是以人类社会为对象,研究其变化发展规律的学问。人们对社会的研究主要是按社会生活的各个方面分门别类地进行的。按照研究方面的不同,社会科学分为:研究社会生产活动的经济科学,研究政治和法律上层建筑的政治学、军事学和法学,属于意识形态的文化、科学、教育、文学、艺术等学科,除此之外,还包括研究既不属于经济基础、又不属于上层建筑的社会现象——语言形成的语言学。而关于所有这些方面的发展过程和规律,则构成历史科学研究的基本对象。

对于社会科学图书的分类问题,解放后我国分类工作者进行过多次探讨,并逐步对社会科学部门的类目设置、各基本大类的先后次序等问题得出了明确的看法,基本解决了各类的体系问题。按照一般意见,社会科学部门的基本大类应根据各科学部门的关系和各类图书的特点、状况确定,并依照从一般到个别、从经济基础到上层建筑的次序编列。但我国目前流行的几部图书分类法由于出版的先后不同,编制的历史条件不同,对社会科学领域各科关系侧重点的认识不同,因此,大类的设置和先后次序也不尽相同。

现在,我们分别讨论社会科学各类的图书分类问题。

1.政治、法律类图书。本类是由政治和法律两个科学部门组成的一个类组。在有些分类法中,政治和法律是分别作为独立的基本大类出现的。

在政治部门中,除关于政治原理的书籍单独立类外,一般把关于各国政治制度、国家机构、阶级结构以及各种社会基本问题的书籍立为一个门类,和关于各国外交的书籍组成内容上相互衔接的内政、外交两个范围较为广泛的部门,并将其中关于共产主义运动和工、农、青、妇运动与组织的书籍分别设为内容单一的五个专门性部门。民族问题是政治生活的一个重要方面,关于民族问题的书籍不少分类法是作为政治类的一个独立部门集中编列的,但也有的分类法将它们分散归入各国政治及其它相应学科门类之中。

在上述各部分中,除政治理论书籍外,都是先按国家区分,再按其研究对象区分的。

政治书籍的分类,首先应注意政治原理书籍与各部门具体论述的区分。凡是以政治科学基本问题为研究对象的理论著作,均应按研究问题集中归入政治理论;而关于各个国家政治问题的书籍,则应分别归入有关的具体门类。这里应特别注意的是:本类各部门都有着关于该部门基本理论的书籍,其内容从属于该部门的范畴。但其中，共产主义运动理论和国家理论都是政治科学的基本理论问题，应归入政治原理，只有关于工、农、青、妇运动和各国外交的理论著述仍归入其所属部门。分类时应注意两者归类方法的不同。

政治书籍的分类还应注意政治各部门之间的区分。政治各部门之间的交叉比较突出，特别在共产党和工人运动、共青团和青年运动、政党和国家等门类之间，往往相互渗透、错综复杂，关系十分密切。因此，要正确分类，就必须首先注意弄清各部门之间的关系，特别是弄清这些部分的相应类目之间的关系。以关于思想教育内容的书籍为例，根据思想教育对象的不同，政治各部门（包括"各国政治"、"共产党"、"工"、"农"、"青"、"妇"等）都设有相应类目，分类时应按书籍论述的问题和对象归入相应门类，如书籍的内容同时涉及二个或二个以上部门，就应分析几方面内容的关系，按其论述重点归类。例如，关于青年应树立革命人生观的书籍，就应根据重点归入"青年工作"中的"思想教育"类目，而不归入"中国政治"中的"树立共产主义思想"部分。

在政治书籍与其它社科书籍的关系中，与历史类书籍的交叉最为突出。这一方面是因为过去的历史著作大都是以政治为中心的；另一方面也是由于记述与论述重大政治事件的书籍必然要涉及到经济、文化等其它社会生活方面，因此，要明确划定政治书籍与历史书籍的界限是困难的，人们经常用"今天的政治就是明天的历史"来说明这种复杂关系。过去有的分类法以历史年代断限作为区分政治与历史的标准，将研究该年代以前的书籍归入历史，将该年代后的书籍归入政治。这个方法虽然比较简便，但随着时间推移，今天的政治又将获得历史的性质，会给以后的图书馆工作带来困难。因此，目前的分类法大都按对政治事件研究的方法为标准，只将以论述当代政治形势、阐明方针政策、战略策略、是非得失为主的书籍归入政治类，而将系统记述当代政治事件过程的书籍归入历史。在用上述方法仍难于确定其归属时，一般将其归入历史。

对于政治书籍与其它各社科书籍之间交叉的区分，一般应按其研究问题的科学角度来确定其归属。政治部门与其它社会科学部门之间是相互影响、相互作用的。一般来说，关于政治理论、方法运用于某一具体部门的书籍，都应归入该具体部门。例如，关于论述党的领导作用的书籍一般应归入政治类，但有关论述党对经济工作或军事工作领导的书籍，就应归入经济或军事部门。这里应特别注意关于各国外交书籍与各类交叉的问题。关于各国外交书籍的分类是按其包括的科学内容分别归类的，只有两国或两国以上在政治或综合政治、经济、文教等方面关系的书籍才归入本类的"各国外交"，凡是只涉及经济或文化等某一方面的书籍，都应按学科内容归入有关的学科门类之中。

法律部分除法学理论外，大体包括各国法律和国际法两部分书籍。根据书籍的不同特点，法律按国家区分，国际法则按问题编列。

法律书籍分类首先要注意法律书籍和非法律书籍的区别。法律是由国家制定的、代表统治阶级意志和利益的章程、法规、条例。一般地区、部门或企事业制定的条例、规定均不能视作法律，这是必须首先加以区分的。

法律类书籍的分类大都比较明确，但应注意，对各国法律书籍的分类有着两种不同处理方法：一种是将所有法律书籍，包括法律汇编及个别法令、规程等均集中归入法律大类；另一种是除法令汇编外，只将国家法、民法、刑法、诉讼法等和全社会密切相关的部门归入法律，而将内容性质上属于其它学科的法律归入有关学科门类。这两种作法应视情况而定，一般图书馆似以第二种方法为好。

2. 军事类图书。军事科学是一门研究战争的规律性的学问。在目前的分类法中，军事类大体包括四个方面内容的书籍：军事理论书籍、军事概况书籍、关于战略战术的书籍以及军事科学书籍。在这四部分书籍中,除军事概况书籍按国别区分外,其它三方面书籍均按书籍的学科内容编列。

军事类书籍的分类一般比较明确,在进行本类各部分书籍的区分时,应特别注意军事理论书籍与战略战术书籍之间的不同。军事理论书籍和战略战术书籍都是直接以战争规律为研究对象的理论著述,但两者范围有不同。军事理论是关于战争基本规律和一般方法的论述和探讨,范围一般比较广泛;而战略战术相对而言则较窄、较具体些,它是关于战争的一些具体理论、原则、方法的研究和阐述。分类时应注意根据其讨论问题的范围和角度加以区分。例如:关于人民战争理论的论著就应归入军事理论;而阐述关于集团作战或行动战之类的具体战争理论、方法的书籍,则应归入战略、战术部分。

军事概况部分的内容涉及到军事制度、法令、军队工作、各军兵种、军事史等方面的书籍,范围较为广泛。这部分书籍分类时应注意军事部门与政治、经济等社会科学部门的关系,社会现象之间是密切联系的,本类则只收军事方面的书籍。如:思想工作常常是和政治门类相联系的,但关于部队思想教育工作的书籍应归入本类。生产建设是和经济部门相关的,但关于军垦和生产建设兵团的书籍也应归入本类。此外,尤应注意军事史和战争史的区别。虽然两者都是以战争为记述对象的,但战争史系统记述战争的背景、经过、影响等,内容广泛涉及到社会生活的各个方面,属于历史的范畴;而军事史则是通过集中记述战役经过,分析其战略、战术和军事技术的专门性著作,分类时应根据两者记述内容的不同,正确归类。

军事科学包括战略战术、军事技术、军事地理等方面。其中,后两个方面实质上是各个科学部门运用到军事上所形成的综合性科学门类,内容涉及到不少自然科学部门,因此,要注意这些书籍和有关自然科学部门之间的关系,把属于军事部门的书籍与各有关技术部门的书籍分开。本类中关于各种武器系统和军用器材的类目只收这些武器器材的使用、保养、维护等和军队直接发生关系的书籍,关于它们设计、制造的书籍都应归入自然科学中的武器工业等有关门类。至于军事工程、军事通讯以及军事地形、地理部分,本类只集中有关科学技术运用于军事领域的那些书籍,一般工程、通讯和地形地理方面的科学技术书籍均应各入其类。

3.经济类图书。经济科学是研究社会生产活动的规律性的学问,是社会科学中基本的科学部门。在现代图书分类法中,经济类大体是由经济理论、经济概况和经济计划与管理三方面的书籍组成,并依据这三个方面,按从整个社会经济到各个部门经济逐步具体化的方式编列类目的:首先是以整个社会经济领域为对象的政治经济学理论、世界各国经济概况和关于经济计划与管理的基本理论与方法的书籍。在这一部分中,关于经济理论和经济计划与管理的书籍均按讨论的问题编列;关于世界各国经济概况的书籍则按国家、地区编列。在这部分以后,是部门经济的书籍,包括农业、工业、交通运输、邮电、贸易、财政金融等。每个部门中仍按理论、概况和计划与管理三个方面首先组织该部门的概述性书籍,而后再按国编列类目。可以说,经济理论、经济概况和经济计划与管理这三部分书籍是经济大类类目编列的基本线索。

经济理论书籍的分类,要注意政治经济学理论与各部门经济一般理论的区别。政治经济学是以经济领域的基本规律为研究对象的经济理论;各部门经济的一般理论则是以该经济部门的基本问题为研究对象的,局限并从属于某一经济部门的范围之中。但由于部门经济理论也包括着讨论一些基本经济现象的基础理论著述,二者往往容易混淆。因此,在经济理论书籍分类时应注意其研究问题的内容范围,如果是关于经济科学一般性问题的书籍,无论是综合性的,或是研究个别问题的,都应分入政治经济学理论;如果是属于部门经济范畴的问题,则应分入部门经济的一般理论。例如:湖北财经专科学校商品经济系编的《谈谈商品与商品制度》和中国人民银行武汉分行理论小组编的《谈谈货币与货币交换》这两本书,都是讨论基本经济现象的基础理论著述,由于它们研究问题的内容范围不同,前者属于政治经济理论,后者则应归入财政金融中的货币部分。经济理论书籍分类时还应注意其研究问题的角度,把运用具体事例论述经济原理的书籍和运用经济原理研究特定经济问题的书籍区别开来,前者属于经济原理,后者则应按研究对象归入相应的具体部门。

经济概况性质的书籍种类较多,包括:经济政策、经济规划、经济状况、经济统计资料、经济史地等,其中既有叙述性的书籍,又有理论性的书籍。但概况性书籍一般都有其明确的科学范围和地域范围,并且正是以此为标准进行区分的。因此在分类时,首先应注意根据各种类型书籍的不同特点,正确判断它是否属于经济概况书籍,把它们和其它方面的书籍分开;其次,要注意它所研究或记载的科学范围,弄清它是以整个社会经济领域为对象的,还是以某个经济部门或部门的某个方面为对象的,按研究对象分入相应科学部门;最后,应确定它所反映的国家、地区,按研究对象的地域范围归类。只要能做好这三步,就不难正确类分概况性书籍。

经济计划与管理是一门研究经济工作规律和方法的科学。经济计划与管理书籍的交叉比较大。因为无论是整个社会经济领域,或是各部门经济,乃至于部门中的各个系统的经济,都有个计划与管理的问题。分类法中经济计划与管理的总论性类目,一般只收经济计划与管理的理论原理、一般方法的书籍和某些同时涉及到几个经济部门的理论与方法的概述性书籍。关于各部门经济计划与管理的书籍,都按其研究范围归入部门经济的相应类目。因此,这一部分书籍的分类,一是要注意书籍的性质,弄清是关于经济计划与管理的基本理论、方法的书籍,还是具体论述部门经济计划与管理方法的书籍,分别按其性质归类。二是要注意书籍研究的范围,弄清其论述理论方法是关于几个经济部门的,还是某一经济部门的,或只是某国某一经济部门的,分别按内容范围归类。此外,在经济计划与管理书籍分类时还应注意,本类所属的关于经营管理的书籍一般只包括经济生产的社会组织方面的内容,如组织生产的方式等,不包括具体生产技术程序和方法的书籍,专论生产技术的书籍应归入自然科学部门。

4. 文化、科学、教育、体育类图书。本类是由文化、科学、教育、体育四个方面组成的一个类组。必须指出,这一类组中所说的文化,有着特定的双重含义:一方面,作为和科学、教育、体育并列的具体类目,文化只代表新闻、广播、出版、图书馆、文物、博物等各项具体文化事业;另一方面,作为总括性类目,文化则包括着科学、教育、体育等各个部门,代表着这一类组的性质。总的说来,本类是由性质相近而又各自独立的事业和科学组成的,包括着它们的理论方法、组织机构、基本概况,以及所属的许多小学科,如:新闻学、图书馆学、目录学、情报学、科学学、未来学、人才学等,是一个涉及范围广泛、概括性较强的大类。

本类组的书籍大体是按文化、科学、教育、体育四个方面依次列类并按各自的特点作进一步区分的,而在这四个并列类目之前首先列出的,则是这一类组的概括性类目:文化理论和文化事业概况。由于本类各部门之间性质相近而又各具有本身的规律性,因此,在对这个涉及社会面广并包括着不少独立学科的大类的书籍分类时,必须注意弄清各门科学包括的内容范围、本类各个事业部门之间的关系,并按各自特点进行分类。

下面依次讨论本类各部门书籍的分类特点:

文化理论、文化事业概况:这是概括本类各个部门的总论性类目。这里所说的"文化",是一个包括科学、教育、体育各个方面的社会文化概念。因此,这二个概括性类目只包括关于文化的基本理论和涉及到文化、科学、教育、体育诸方面事业状况的书籍,凡专论某一文化、科学事业的理论、概况的书籍均应归入相应的具体部门。但本类不包括文化史。因为文化史所指的大多是广义的文化概念,它包括着人类社会历史实践中所创造的物质财富和精神财富的各个方面,和历史的范围相近,一般都归入历史类。

各项文化事业:这里指新闻、广播、出版、群众文化、图书馆、文物、档案等部门。一般只包括这些事业的理论、方法、概况、组织机构等方面的书籍。分类时应注意本类的范围和相应文化门类书籍的关系。例如:"新闻事业"的书籍中,只包括新闻采访与报导的理论方法,而不包括具体新闻报导作品;"目录学"中,只包括目录学的基本理论,也不包括具体的目录著作。在"文物、博物事业"部分,研究革命文物的书籍与研究历史文物的书籍是分别设类的:革命文物研究直接附属于"文博事业",而历史文物研究则归入历史类的考古学,分类时应注意两者的区别。

科学、科学事业:"科学、科学事业"的分类特点类似"各项文化事业",只收关于科学研究的理论方法、组织管理、事业概况等方面的书籍。近年来,随着现代科学发展出现的、从总体上研究科学工作规律性的新学科,类似科学学,未来学等,也归入这一部分。但应注意,这里所指的关于科学研究的书籍,都是属于整个科学研究的一般规律和状况的著作。关于科学研究的书籍是按其讨论问题的科学范围归类的,各个科学部门的理论、方法、状况的书籍均应分别归入相应科学门类,例如,关于社会科学、自然科学研究的理论、方法就应分别归入社会科学总论或自然科学总论。

情报学是一门与图书馆学性质相近的姐妹科学,因此,国外不少图书分类法都将两者编列在一起。在我国的一些分类法中,因为情报学和情报工作是直接为整个科学事业服务的,故列于科学事业之后。情报学与图书馆学关系比较密切,分类时要注意两者的区分。凡兼论图书情报工作的书籍一般归入图书馆学部分。由于情报学是和现代科学技术密切联系的,情报学中除一般理论方法的书籍,也包括关于运用于情报工作的现代化机械设备的书籍。但本类只收有关这些设备应用方面的书籍,关于这些设备的制造原理和工艺的书籍应归入自然科学的有关门类。

教育:教育类包括教育原理和各级各类教育的书籍。对于各级各类教育书籍的分类,一般均先按教育的对象、类型分,然后再按国区分,以有利于对各国同类型教育书籍的对照使用。

关于教材和教学参考材料的分类,应注意按一般分类原则中的有关规定进行。

体育:体育是社会文化和教育的一个组成部分。近年来,随着体育研究的广泛开展,不仅越来越使体育成为一种有益于增强人们体质的活动,而且正逐步使它发展成为一门科学。体育类包括体育理论、各国体育事业和各项体育活动。其中关于各项体育运动的书籍按运动的种类区分,不再区分国别。

5.语言、文字类图书。语言是交流思想的工具,文字是表达语言的符号,两者是紧密相关的。语言、文字类大体包括研究语言、文字的书籍和学习语言、文字的书籍两个方面。

各种语言、文字书籍的分类是以语种作为区分标准的。这和社会科学各基本大类以国家为区分标准不同。因为语言不是以国家为基础的。语言是民族的语言,它是各民族在长期生活中各自产生、形成、发展起来的。每个民族差不多总有它自己的独特语言。例如,语言学上所说的"汉语"、"英语"等是指汉民族、盎格鲁·撒克逊民族所用的语言。因此,有些语言常常是几个国家共同使用的,而某些国家又常常是同时使用着几种不同的语言。

在我国的分类法中,关于各种语言的书籍一般是按使用情况,分别采用二种不同方式编列的:汉语、中国少数民族语言以及几种常用外国语,按语种首先单独组织。关于其它语言的书籍则按照语系,即按照由各种语言之间远近亲疏构成的系统列类。因此,对属于后一类型的各种语言书籍分类时,应注意以语系为基础。

在语言、文字类中,几种文字对照的书籍的分类应予注意。这类书籍的分类首先应注意根据书籍的主要用途和编写目的进行。如果其目的主要在于帮助人们学习或了解某种语言,就应归入所要学习的语言中去;如果只是关于几种语言对照的学术性著作,就应按其学科性质归类。其中,中外两种文字对照的书籍,大多是为了帮助学习和了解外国语言的目的编制的,这类书一般应根据被对照的外语,归入本类相应的外语类目之中。这和归入本类的中外两种文字对照的字典、词典的分类方法是相同的。

关于字典词典的分类,除综合性词典应归入总类、专科性词典按内容归入有关学科外,一般为学习、研究某种文字编制出版的字典、词典均应收入本类。其中凡是中外两种语言对照的字典或词典,无论它是哪种语言在先,都应归入相应的非汉语类目。例如,不管该词典是日汉或汉日,英汉或汉英,前者都应归入日语,后者都应归入英语。但如果词典的两种对照语言均为外语,则应将其分入两种语言中前一种语言。

在社会科学中,语言、文字这个社会现象的情况比较特殊,因为它既不属于社会的经济基础,也不属于上层建筑和意识形态,它是作为一种交流的工具,和各种学科发生直接联系的。在与各类的关系中,语言、文字与作为语言艺术的文学的交叉较为突出。由于文学著作是语言运用的最高方式,因此文学书籍往往又反过来成为语言学习的范本。专为学习语言的目的编制的,附有文法、词汇、注解的文学著作或注音读物,不能按其原来性质归入文学类,而应按它的编制目的分入语言类。其它学科的著作在作为语言范本时也应这样处理。例如,武汉师院中文系古典文学教研室编的《古代作品选讲》一书,就应按其编制目的归入本类。

6.文学类图书。文学是一种语言艺术,是一种通过语言塑造形象来反映社会生活、表达作者思想感情的意识形态。文学类大致包括二种类型的书籍:文学作品和以文学作品为研究对象的文艺理论。文学类书籍的分类主要就是依据这二种类型书籍各自的特点进行的。

必须指出,文学作品是一种完全不同于一般科学著述的书籍。在写作方式上,文学作品是通过艺术形象的塑造来反映作者对人生、社会的认识和情感的,不同于一般科学书籍对事物的客观表述。在题材范围上,文学作品不像其它科学部门那样必须有其固定的研究对象;文学作品的题材天地广阔,它可以自由驰骋于人类社会的各个方面乃至于自然界。当然,不管文学作品描写的对象是什么,归根结蒂,它都是通过对典型形象、情景的刻画来表达作者的一定社会思想和人生观的,因此对文学作品的分类不能像一般科学著作那样按研究对象进行,而必须根据文学书籍的特点建立它自己的分类体系。

对于各国文学的分类应采用哪些标准和这些标准使用时的先后次序等问题,图书馆界存在着不同的看法。在我国解放后编制的图书分类法中,文学类主要是以体裁、国别和时代等文学书籍的基本特点作为建立分类体系的基本标准的,但在具体使用这些标准的先后次序上大致有二种不同的做法。一种是采用先国家、次体裁,然后再根据需要区分时代的分类次序。这是因为文学作品是社会政治、经济的反映,一国的各体作品之间尽管体裁各异,但产生于同一社会环境,内容上是密切联系的。先按国分,实际上是先按作品的实质分,而后再区分写作体裁,以便利读者对不同体裁作品的阅读、研究。另一种是先按体裁区分,然后再用国家、时代或其它标准。这种分类方法强调文学作品不同于一般科学作品的特点,有利于按体裁集中文学书籍,方便读者对各种文学形式的阅读和研究。这两种方法比较起来,前者为多数分类法所采用,实际使用较为普遍,后者则较多使用于专业图书馆。

应当注意的是:文学作品和一般社会科学著作在区分国别、时代上的标准是不同的，一般社会科学著作在需要区分国别、时代时，大多是以其研究对象的国别、时代作为区分标准的。文学作品既然主要是反映作者的认识和情感的，因此对它的区分就不能按作品所描写的国别、时代为标准，而应当以作者的国别、时代为标准。文学类中的民歌、民间故事则应以产生它的国家、时代为依据，而不能按收集者的国别和收集的时间进行分类。

文学类中的文艺理论是不同于文学作品的书籍。其中文学原理是以文学创作的一般规律为对象的基本理论，它和各类的基本理论一样是单独列类的。以各种体裁文学作品为对象的文学批评，一方面和文学作品有着密切联系，另一方面又是和文学作品性质完全不同的著述，因此，它的分类方法与一般著作研究随原著归类的处理办法不同。在分类法中，文学批评一般都是按其研究作品的国别、体裁和文学作品平行立类的。这样处理，既能在藏书组织中区别二类书籍的不同性质，又有利于各体裁作品和评论之间的对照使用，较客观地反映了两者既有联系又有区别的关系。类似这样分类的还有艺术评论书籍。

文学类书籍与其它学科门类的交叉，一般可以根据作品的写作方式和体裁加以区别。在和各类书籍的关系中，文学作品中的报告文学、散文等形式最容易和文学性较强的传记和历史书籍相混淆，因为后者也往往是用形象手法加以表现的。这类情况，一是要注意确定书籍的主要特征是属于文学性质还是写实性质，按其主要特征归类；二是应当根据图书馆的需要制订具体规则，统一对类似上述书籍的归类方法。文学类与艺术类的交叉则属于艺术部门之间，即语言艺术与其它艺术形式之间的交叉，关系比较特殊。有不少文学作品本身就是作为艺术的文学形式存在的，同样，也有不少艺术作品本身就是文学和其它艺术形式结合而成的，例如：歌词与歌曲、剧本与戏剧艺术、电影文学剧本与电影分镜头剧本等就是如此，这类书籍的分类，主要应注意划清两者区分的界限。一般说来,文学性质的作品,如歌词、剧本、电影文学等应入文学,而已成为其它艺术部门的作品,如歌曲、戏剧的舞台台本和分镜头剧本等则应归入艺术类。

7. 艺术类图书。艺术是通过形象地表现客观世界来表达作者的思想认识和情感的意识形态。艺术部门除语言艺术即文学外,还包括造型艺术,如绘画、雕塑、摄影等;表演艺术,如音乐、舞蹈;综合艺术,如戏剧、电影等。在诸种艺术形式中,各种体裁的文学作品作为语言艺术,发展得比较充分,因此单独列为一个基本大类,而艺术大类则包括文学以外的其它各个艺术部门的书籍。

在艺术大类中,各个不同艺术部门都有各自的理论方法和独特的艺术表现形式,因此艺术书籍的分类,除总的艺术理论书籍单独立类外,大体是按各个艺术部门编列的。每个艺术部门又按艺术理论、方法和按国区分的作品、作品评论编列。

对艺术理论书籍的分类要特别注意它和美学理论的区别。艺术理论书籍和美学理论书籍关系极为密切,因为艺术理论是对艺术本质和一般规律的研究,而美学理论不仅包括着对艺术根本问题的探讨,而且很长一个时期就是围绕着这个问题进行的,因此要区别两者的不同比较困难。只是比较起来,美学理论的领域更为广阔:在美学著作中,美学问题一直是其探讨的中心,对艺术美的探索只是美学的一个方面。所以,凡是从哲学的角度讨论美的本质、美的基本问题的书籍,应归入美学,而侧重讨论美学与艺术的关系、美学在艺术中应用等问题的书籍,一般应归入艺术类。艺术理论书籍的分类还应注意艺术原理与各艺术部门理论之间的区分,后者仅限于讨论某一艺术部门的一般问题,应归入该艺术部门。至于同时涉及文学、艺术两方面的理论书籍,习惯上归入文学理论。

各部门艺术作品的分类方法与文学类相似,也是先国别,后形式。艺术作品分类主要应注意二点:一是区别各种艺术形式之间的交叉,二是艺术书籍与非艺术书籍的区分。

艺术作为形象再现生活的意识形态,是随着时代发展不断改进的。它不但逐步向纵向发展,使艺术形式不断完善,而且也不断朝横向发展,由几种艺术形式结合凝成新的艺术形式,使之表现力更为丰富。如音乐是一种单纯的声乐艺术,配上文学艺术中的歌词,就成了一种新的艺术形式——歌曲,而音乐、歌词和舞台表演相结合,则成为可以表现完整故事情节的舞蹈或舞剧。各种艺术之间往往是相互渗透的,有单纯的艺术形式,也有几种艺术形式结合而成的综合艺术形式。因此,对于各种艺术形式,分类时应注意它们之间的联系和界限,按分类体系的要求正确归类。前面提到过的剧本与戏剧艺术、电影文学与电影艺术等的区分就是属于这类问题。

至于艺术书籍与其它学科门类的交叉,主要应根据作品的性质确定其是艺术品还是非艺术品。以摄影集为例,综合性的艺术作品摄影集应归入艺术类,而关于当代历史性人物的摄影集,属于地理、名胜古迹介绍的摄影集或科学研究摄影集就应按其内容归入传记、地理或根据其科学主题分别归入相应科学门类。

在目前的分类法中,与某些艺术部门有关的技术方法和组织管理工作的书籍往往也附属于艺术类,分类时应注意这些类目的范围及它们和有关学科部门的关系,按书籍内容正确归类。

8.历史、地理类图书。历史和地理都是以一定国家、地区的全面情况为研究对象的,在内容上,它们也是相互联系,相互补充的,不少分类法都将这两门科学集中编列为一个基本大类。在本类的这两个科学部门中,历史部分包括的范围较为广泛,它不仅包括各国历史著作,还包括传记、考古和风俗习惯等历史的分支学科。

历史是全面记载和研究人类社会发展进程及其规律的科学。社会科学的其它各学科部门都是以社会生活的一个方面为研究对象的,而历史则是综合记载、研究社会经济基础和上层建筑的运动变化规律的科学。历史科学的著作大多是叙述性的书籍,但也包括着一些论述性的书籍。在现代图书分类法中,无论历史书籍的写作方式有何不同,都是依据图书的研究对象,先按国分,然后再依照时代区分的。

历史书籍的分类,一般应注意根据各种不同著作形式的特点确定其内容范围。历史书籍的种类很多,以写作体例为标准,可分为通史、断代史、史料、研究、考订、评论等;以写作体裁为标准,又可分为纪传、编年、纪事本末等。各种类型的历史书籍都应按其记述、研究的国别、时代归类。在分类法中,历史书籍根据其研究对象不同,分为国别史、民族史、地方史三种不同类型,分类时应注意各种类型之间的区别,各入其类。例如,关于某一地区或民族的历史,就不能归入一般的通史或断代史,而应按其内容归入相应的地方史或民族史。在历史类书籍的分类中还应注意区分历史评论与史学理论的不同。历史评论和史学理论都是历史部门中的论述性书籍。历史评论一般是对特定国家、地区的历史发展情况及其规律性的分析研究,而史学理论则是关于历史研究方法和历史著作方法的论述。虽然它们都是属于历史领域的论述性著作,但两者是性质完全不同的两种书籍。前者是以具体社会的发展情况为研究对象的,属于历史著作;后者是以历史科学的基本理论方法为研究对象的,属于史学科学的范畴。分类时应根据研究对象的不同,把两者区分开来。例如,通过史料论述史实的著作应随论述的历史归类,而论述史料研究一般方法的书籍就应归入史学理论中的史料学。

传记是一种研究和记述特定个人的生平活动和思想发展的书籍。传记书籍的分类比较复杂,这是因为:一方面,个人的事业是社会事业的一个组成部分,所以传记书籍往往是和有关事业或科学部门发展的历史相联系的,因而,可以将传记按被传人的事业性质分入各专门史,如哲学家传记入哲学史,文学家传记入文学史。

另一方面,传记这一通过记载个人生平活动向人们揭示其成长过程及规律性的书籍,又不同于任何科学部门的历史,不应该把它们淹没在各种专业的历史之中。传记,作为社会历史最基本构成成分——个人的历史,有着它独立存在的意义,应该单独设有专类。

由于传记书籍有这些特点,因此,我国各类型图书馆在对它们分类时,大都采用集中与分散相结合的做法,只是根据图书馆性质不同,其集中分散的程度也略有不同。一般情况下,专业图书馆常常将与专业历史有关的人物传记分散归入各科学史,使它成为有关事业和科学部门历史的一种辅助资料。例如,科学院图书馆就将科学家的传记分入各科学史。一般公共图书馆和综合性大学的图书馆则倾向于将传记书籍集中归入传记类,以满足读者了解各种历史人物的阅读需要。以北大图书馆为例,除革命导师的生平事迹单独归入马列大类外,一般只将以介绍个人思想学说为主要目的的哲学家和科学家传记分散归入各科学史,其它各种传记书籍均集中于传记类。

至于传记类的分类体系,各分类法颇不相同,大致有四种方法:①先分国,再分时代。②一律依事业性质分。③一律按姓名排列,不再复分。④先按国分,再依事业性质分。较新的大型图书分类法,如《中图法》《科图法》一般都采用第四种。国外过去有的分类法也有将传记类书籍全按被传人的事业性质分散归入各类的,但不为我国图书馆采用。

考古学是根据古代遗迹、遗物研究人类社会历史的科学。考古学通过研究古今实物史料,为历史研究提供资料和依据,帮助解决历史上悬而未决的问题,是历史科学的一个重要辅助学科。考古学书籍一般都在历史类中自成一类,根据其研究对象的国别、时代或所属的专门问题区分。

考古学书籍最容易和古代史相混淆,它们的区别在于:考古学著作的目的只是阐明遗迹的意义,而并非对古代社会全貌作系统研究;古代史则常常是利用考古学的成就系统阐述古代社会生活的全部情况。考古学书籍还应注意和关于各个时期革命文物的书籍相区分,后者应归入文化、科学、教育、体育大类。

地理是一门研究地理环境及其与人类活动间关系的科学。地理学的范围很广,按照研究的科学角度和方法不同,它不仅包括自然地理、人文地理以及各种专门地理,也包括着各种区域地理和历史地理。地理科学的发展证明,各种专门地理不仅与相应的专门科学十分密切,并且正是随着各种专门科学的需要发展起来的。因此,在图书分类工作中,各种专门地理书籍一般都按其研究的科学性质分散处理,例如:经济地理归入经济类,自然地理归入地球科学大类,本类所属的地理,则主要包括全面考察地理环境与人类活动关系的综合性地理著作和政治、历史地图等。

综合性地理书籍的分类方法,根据对历史和地理两门科学关系的不同解释,各分类法目前大体有二种不同的处理办法:一种是把地理作为历史的辅助科学,随历史分散归类,将一国的地理归入该国历史之后。例如《科图法》就是这样处理的。另一种则把地理作为和历史并列的独立学科对待,按地理书籍本身的特点单独区分国家、地区,因为随着现代科学的不断发展,地理已越来越成为一个研究范围极其广泛的综合性科学部门。尽管地理科学在本类的集中程度较差,但它和历史是彼此不能取代的。《中图法》大体就是按后一方式处理的。

综合性地理和中国过去地方志类型的书籍比较接近,只是旧地方志包括的内容范围较地理著作更为广泛、多样,它不仅包括一地区的自然地理、经济地理、社会人口、政治、文化、历史等,甚至还包括人物传记、文艺作品等多种内容,是中国特有的一种历史书籍,分类时应注意两者之间的区别。

第二节　自然科学技术图书分类

一、自然科技图书分类概述

随着人类社会的不断文明进步,作为认识世界和改造世界主要手段的自然科学技术,已经从古代感性直观描述的自然科学技术,分化综合成以基础科学、技术科学和专门技术三大门类为主干的、下分二千五百多个学科的现代自然科学技术体系。

基础科学、技术科学、专门技术三方面是紧密相连的,但也存在着明显的差别。

基础科学是研究自然界物质运动基本规律的科学。它的任务是探索通往未知世界的道路,为整个自然科学技术的发展提供理论根据。基础科学主要有:数学、物理学、化学、天文学、地球科学、生物学。

技术科学是以基础科学的理论为基础,按照生产实践的需要,进一步研究物质运动特殊规律的科学,如激光、半导体等。它的任务主要是指导专门技术,为基础科学提供新的研究课题和研究手段,促进基础科学的发展。它是介于基础科学与专门技术之间的桥梁,同时又是一个独立的领域。技术科学的发展及其重要性,日益被人们所重视。

专门技术是综合运用基础科学和技术科学的理论,具体研究利用和改造自然的方式与方法,同时也为基础科学和技术科学提供研究课题和研究手段。

现代科学技术发展的鲜明特点是:既高度分化,又高度综合,科学技术化,技术科学化。老学科不断出现新的分支,新学科大量涌现,新老学科之间相互影响,相互渗透,相互交叉,出现一系列边缘学科、横断学科、综合学科。科学理论的创新越来越多地需要装备先进的技术手段,而技术的发展更是一步也离不开科学理论的指导。整个现代自然科学技术体系出现纵横交错、综合一体化的趋势。

由于现代自然科学技术的迅猛发展,促进了图书出版事业的空前繁荣,不仅图书出版数量剧增,而且图书内容广泛、形式多样。归纳起来,现代自然科学技术图书主要有以下四方面的内容:一是专门探讨基础科学理论的;二是专门研究技术科学的;三是阐明专门技术的;四是基础科学、技术科学与专门技术兼论的综合性著作。

关于自然科学技术图书的分类,目前国内外主要图书分类法在这一部类的序列上,还没有一致的意见。有的主张"科技合一"(即把自然科学的基础理论与应用技术两方面的图书合为一类);有的坚持"将基础科学与应用技术分开"。从国内现行的几部主要图书分类法来看,除个别法采取"科技合一"原则列类外,大多数图书分类法将自然科学技术图书分成基础科学(下分数理科学,化学、天文与地球科学,生物科学三大部分)和技术科学(下分医药、农业科学、工程技术三大部分)二个大方面序列设类。

类分自然科学技术图书时,一般都是以书中所研究的内容,即其所属学科性质为主要归类根据。为了迅速准确地分好自然科学技术图书,还要注意它们在著述上的一般特点。例如,把它们作"理论与方法"、"历史与现状"、"总论与专论"、"综合与专题"等的区分。

此外,由于自然科学技术普及读物的内容、体裁、读者对象的不同,各家分类法在分类上也不尽相同。一般说来,它们可以集中归类,也可以分散归类。如果集中就归入自然科学技术总论有关类;如果分散,则按内容性质归类,属于综合性的归入自然科学技术总论有关类,属于专科性的归入各有关学科类,然后再用总论复分表中的"普及读物"号码加以复分。其中,关于科学文艺的图书,凡以科学技术为题材的文艺作品,归入文艺有关类;如果是借助文艺形式来宣传科学技术知识的,则按内容归入自然科学技术的相应类目。有关儿童的科技普及读物,则归入儿童文学类。有关科学考察、探险内容的图书,要注意与游记、杂记图书相区分。以科学考察、探险为目的的旅行记录,不论什么体裁均应归入有关的学科门类。如果是游记、杂记的图书应归入综合地理有关类。关于自然科学技术史的图书,如果是总论性的就归入自然科学技术总论的历史类;如果是专论某一门学科或某一门技术发展的历史图书就归入各有关学科或技术的历史类。至于科学家的传记可以集中归类,也可以分散归类。如果集中归类就归入历史中的传记类;如果分散归类可与自然科学技术史图书归类相同。关于新兴学科、边缘学科、横断学科图书的分类,一般视所用图书分类法规定及各馆实际而定。

二、基础科学图书分类

如前所述,基础科学图书是有关自然界物质运动基本规律的理论研究成果。在分类法中大都是将基础科学的学科分成数个类组列类。

类分基础科学图书时,应注意区别基础科学与技术科学的图书和基础科学与新兴综合性科学的图书。同时需要进一步区分基础科学的理论与应用、总论应用与专论应用等关系的图书。

一般说来,凡研究基础科学理论、运用技术科学阐述基础科学、总论基础科学应用的图书均归入基础科学的有关类。反之,凡研究技术科学与专门技术的、运用基础科学论述技术科学的、专论基础科学的运用并产生新学科的图书都归入技术科学或者所应用到学科的有关类,或者按新学科性质入类。

下面按大类介绍类分基础科学图书时,应注意的问题。

1. 数学图书分类

数学是研究现实世界空间形式与数量关系的科学。数学不仅在自然科学技术中得到了普遍运用，而且在社会科学的研究工作中也日益显示出它的重要性。从内容来看，现代数学一般分成数理逻辑、数论、代数学、几何学、拓扑学、函数论、泛函分析、微分方程、概率论、数理统计和计算数学等分支，同时也产生了一些边缘学科和新兴学科，如：控制论、信息论、运筹学、模糊数学等。

对于数学类目的序列，国内现行的图书分类法，大都是把它置于基础科学之首。其分类体系主要是先分古典数学、现代数学，现代数学又先按程度分，再按学科分。

类分数学图书时应注意：①古典数学与数学史图书的区分。凡用古文写作的古代数学著作及对其作注释与研究的图书归入古典数学类；而对于那些只以古代数学著作为材料，目的在于阐述数学发生与发展规律的图书归入数学史类。比如：魏晋时数学家刘徽著《九章算术》与南宋数学家秦九韶著的《数书九章》，二种书都是用古文写作的古代数学著作，所以均归入中国古典数学类；而我国现代数学家许莼舫编著的《中国算术故事》、《中国代数故事》、《中国几何故事》等书则是以古代数学著作为材料，目的在于向青年们阐述祖国在数学上的辉煌成就。这几种书应归入中国数学史类。《中图法》是将数学史书归入古典数学类的。②初等数学与高等数学图书是按教学程度区分的，一般说应按内容各入其类。专为中小学教学而编的数学教材或参考资料应归入教育有关类。例如：上海科技出版社出版的《代数》一书，是数理化自学丛书之一，主要是供具有高中文化程度的读者使用的，所以应归入初等数学中的初等代数类；而北京大学编的《高等代数》，是专为大学数学、计算专业师生使用的，则应归入高等代数类；十三所高等师范院校合编的《中学数学教材教法总论》一书，就应归入教育中的中等数学类。③应用数学方面的图书也要注意总论与专论的区分。

凡概括论述数学在各方面应用的图书归入应用数学类；而专论数学在某一方面应用的图书，则按所应用到的学科归类。如：北京市教育局编写的《数学在工农业生产中的应用》一书，归入应用数学类；而刘源张等人编写的《运筹学在纺织工业中的应用》一书，就归入纺织工业科学技术中的有关类。

2. 力学图书的分类

力学主要是研究物质机械运动规律的一门科学。一般分为：理论力学、固体力学、流体力学及应用力学几个方面。

类分力学图书时要注意：普通力学（理论力学）与一般力学图书的区分；流体力学与流变学图书的区分；物理力学与化学流体力学图书的区分；运动学与动力学图书的区分。还要注意水动力学与水力学图书的区别：有关水动力学方面的图书归入力学的有关类；有关水力学方面的图书，依所用图书分类法规定归类，一般说来归入工程技术有关类。射流理论与射流技术图书也是有区别的：凡是有关射流理论的图书归入力学的有关类；凡是有关射流技术的图书归入工业技术中的有关类。关于弹道学方面的图书，可以归入力学类，也可以归入军事科学类，一般说来，依所用图书分类法规定及本馆实际情况归类。

3. 物理学图书的分类

物理学是研究物质运动最一般的规律和物质的基本结构的科学。它分为力学、声学、热学和分子物理学、电磁学、光学、原子物理学、固体物理学等部门，每一部门又包含若干分支学科。

具体类分物理学图书时须注意：①物理学理论与物理学技术、物理学应用与被应用、总论物理学应用与专论物理学应用图书的区分。凡是有关物理学理论或应用其它科学技术研究物理学的与总论物理学应用的图书都归入物理学大类的有关类，如果是有关物理学技术与专论物理学在某一方面应用的图书归入技术科学或所应用到学科的各有关类。②普通物理学与理论物理学图书的区分。普通物理学是研究宏观物理现象的一般物理学科,包括力学、声学、热学、光学等;理论物理学是研究微观粒子和接近光速运动的粒子的物理现象的理论,包括相对论、量子论、统一场论等,对物理学的发展常起指导作用。③量子力学与统计力学图书的区分。量子力学是研究微观粒子(电子、原子等)的运动规律及其性质的学科。统计力学是用数学概率论的方法研究大量微观粒子所组成的系统的性质和变化规律的学科。对于这两门学科图书的分类,有的图书分类法将它们归入力学。但鉴于它们都是现代物理学最重要的成就之一,所以现行的图书分类法一般均列入物理学。④关于物理学实验与设备的图书,应区分总论与专论。凡是总论物理学实验与设备的图书归入物理学大类的总论类;有关专论物理学实验与设备的图书归入物理学大类的专门类。⑤物理学理论与应用技术兼论的综合性图书,或同时论述物理与力学、物理与化学、物理与生物等方面的图书,一般根据图书内容的侧重点或读者对象、本馆实际而定。

4. 化学图书的分类

化学是研究物质(单质及化合物)的组成、结构、性质及其变化规律的科学。化学通常分为无机化学、有机化学、分析化学、物理化学等。随着化学在各方面的广泛应用,又陆续形成了许多分支及边缘学科,如生物化学、农业化学、石油化学、海洋化学、地质化学、地球化学、量子化学、高分子化学等。

类分化学图书时要注意:①化学原理与化工原理图书的区别。化学原理是有关化学科学研究中具有普遍意义的基本规律;化工原理是有关化学工业生产中的基本过程与基本理论。凡属于化学理论与原理方面的图书归入化学的有关类;属于化学应用与化工原理方面的图书归入化学工业技术中的有关类。例如:华彤文等译的《化学原理》和武汉大学化学系编的《化学》均可直接归入化学类;而周荣廷编著的《化学镀镍的原理与工艺》与王葳编著的

《化工基础》则应归入化学工业中的有关类。②普通化学与理论化学（物理化学）图书的区分。普通化学是关于化学最一般规律的研究，起化学入门和引论的作用。理论化学即物理化学，是应用物理学原理和方法，研究有关化学现象和化学过程的一门学科。有关普通化学与理论化学的图书，一般都是各入其类。③一般分析化学与专门化学分析图书的区分。一般分析化学是应用化学和物理学中的原理，测定无机物、有机物的组成，研究其测定方法及有关理论的一门学科，主要包括定性分析和定量分析。专门化学分析是应用一般分析化学的理论与方法对具体科学部门的分析。一般分析化学的图书归入分析化学，专门化学分析的图书归入各有关类。如：《土壤和土壤化学分析》一书就不能归入分析化学类，而应归入农业中的有关类。④关于化学实验的图书要区分总论与专论。全面介绍化学实验的各个方面内容的图书就归入化学实验的总论类；专讲某一方面化学实验的图书就归入化学实验的专论类。例如：浙江大学普通化学教研组编的《普通化学实验》归入化学实验总论类，而大连工学院编的《有机化学实验》与复旦大学等编的《物理化学实验》就要分别归入各专门类的实验中去。⑤化学与其它科学技术交叉类图书的区分。凡运用其它科学技术研究化学理论与方法的图书归入化学的有关类；反之，凡运用化学理论与方法研究其它科学技术的图书就归入所应用到学科的各有关类。例如（美）科顿·F. A. 著《群论在化学中的应用》，应归入化学中的有关类；而（美）哈里森·K. 等著的《生物化学导论》与（美）霍恩·R. A. 著的《海洋化学》，就要分别归入生物学与海洋学的有关类。

5. 晶体学图书的分类

晶体学又名结晶学，是研究晶体的生成、构造、性能及其利用规律的科学。晶体是物体内部自行成为很有规则的形体。按照晶体学研究的内容和方法，晶体科学一般分为晶体结构、晶体生长、晶体物理、晶体化学、X射线晶体学等。由于晶体学与物理学、化学、矿物学等科学的关系，尤其与物理学、化学科学关系密切，所以，现行的图书分类法一般都把晶体学列到"数理科学和化学"类组，排在化学之后。

目前有关晶体学图书的出版量不大，又多为理论性的，一般只需依所用图书分类法规定或本馆实际情况决定即可。只是要注意晶体物理与固体物理图书的区分，如：黄昆著的《固体物理学》应归入物理中的固体物理专门类，而不能归入晶体学中的晶体物理学。

6. 天文学图书的分类

天文学是研究天体的位置、运动、分布、形态、结构、化学组成、物理形态和演化的科学。关于天文学图书的分类，首先要明确所用图书分类法对天文学列类的体系结构。因为一般图书分类法对天文学列类的安排与别的科学大类类目的排列不一样，不像其它科学那样完全按学科体系次序列类，而是有的按学科列类，有的按具体研究对象分，有的按观测手段分，体系结构较复杂，分书时必须注意。其次要弄清楚天文学与其它科学技术的相互应用关系。如果是应用其它科学技术研究天文学科学的或者总论天文学应用的图书都归入到天文学的有关类；反之，如果是应用天文学的理论与方法研究其它科学技术的或者专论天文学科学应用的图书就归入所具体应用到学科的各有关类。

此外，还要注意：①天文学与天气学图书的区别。天文学是有关宇宙天体现象的研究及观测；天气学是有关地球上大气中瞬时或一定时段内风、云、降水、温度、气压等气象要素的综合状况及其演变规律的研究。属于天文学的归入天文学的有关类；属于天气学的归入地球科学中的有关类。如：南京大学天文系编的《天文知识》应归入天文学类；而中国科学院大气物理研究所编的《天气学知识》就要归入地球科学中气象学有关类。②空间天文学与航天科学技术图书的区别。凡利用星际航行工具对天体进行研究与观测的图书,归入天文学;研究航天学理论与航天技术或探讨航天运载工具的设计与制造的图书,归入航天科学及工业与工程技术的有关类。③关于阐述时令、季节的图书要区别其理论与应用。凡是有关时令、季节理论与方法研究的图书归入天文学;具体介绍时令、季节与应用的图书按所应用到学科归类。如:温克刚编写的《节气与农事》就应归入农业科学技术类。

7. 地球科学图书的分类

地球科学,简称为地学,是地球物理学、地质学与地理学等科学的总称。它们都是以地球为对象,研究地球的物质变化运动发展规律的科学。

关于地球科学图书的分类,总的要注意区分地球物理学、地质学与地理学的图书。地球物理学主要研究地球大气圈、水圈及固体部分的物理性质和其中所发生的各种物理过程。地质学主要是研究地壳的组成物质、各种地质作用以及地球的形成和发展历史及其在国民经济建设中的应用等。地理学是以地球表面为研究对象,一般分为自然地理学和经济地理学两个方面。每一方面都还有许多专门分支。地理学对国民经济和科学的发展有重大意义。

类分地学图书时要注意:①研究地球自身的物质变化规律的图书归入地球科学大类的有关类;如果是将地球作为星体而研究的图书就归入天文学大类的有关类;如果是综合研究地球的图书,一般依图书的主旨、读者对象及所用图书分类法规定归类。例如:傅承义编著的《地球十讲》一书主要是从地球物理学角度研究地球的各种物理现象变化规律的,应归入地球科学;山东师范学院地理系编的《地球漫话》主要是介绍地球在宇宙中的位置、地球的起源和演化及地球的形状和运动的,应归入天文学。②矿物学、矿床学与采矿学图书的区分。矿物学是研究矿物的化学组成、结构、形态、物理性质和化学性质,矿物的形成与变化条件、共生关系和组合规律及人工制造矿物的学科。矿床学是研究矿床的特征、成因、分布及矿床工业意义的一门学科。采矿学是研究如何根据国家需要、矿床自然条件及生产技术条件,经济、安全、高回采率地采出矿石的技术学科。因此,属于矿物学与矿床学的图书归入地质学中的有关类,属于采矿学方面的图书要归入矿业工程技术的有关类。如:王德滋编的《光性矿物学》、(美)威尔逊·H.D.B编辑的《岩浆矿床》两书就要归入地质学中矿物学与矿床学的有关类;而北京钢铁学院采矿系著的《采矿知识》一书就要归入矿业工程有关类。③大地构造学与大地构造物理学图书的区分。大地构造学是构造地质学的一个分科,主要研究地壳构造及其发生、发展和分布规律。大地构造物理学是应用物理学的方法研究地壳的成分、运动、物理性质及物理状态等,是固体地球物理学的一个分支。有关它们的图书属于大地构造学的图书归入地质学的有关类;属于大地构造物理学的图书归入地球物理学的有关类。如:国家地震局广州地震大队编的《中国大地构造概要》一书,就不能归入地球物理学中的大地构造物理学类,而要归入地质学中的构造地质类。④有关自然地理学与经济地理学、部门地理学与区域地理学的图书,一般应依所用图书分类法规定或各馆实际情况归类。因为国内现行的几部主要图书分类法对地理学的序列设置很不一致,有的集中单列为一大类,有的则分散列类,还有的是部分集中、部分分散。所以分书时只能根据图书分类法的实际来决定归属。

8. 生物科学图书的分类

生物科学是研究生物(包括微生物、植物、动物)的结构、功能、发生和发展规律的科学。其目的在于阐明和控制生命活动,改造自然,为农业、工业和医学等方面的应用服务。它是自然科学技术的基础理论之一。

关于生物科学的列类,以前多是按照其研究对象分为普通生物学、古生物学、微生物学、植物学、动物学、人类学等。随着科学技术的不断发展,生物科学研究的内容和范围也日益扩大。现代的图书分类法在对生物科学设置类目时,不仅考虑它的研究对象,也考虑它研究的问题和研究的方法。其分类体系主要是遵循从一般到个别、从低级到高级的原则排列的。在各类下,再根据研究生物体的各个分科和它们之间的联系来确定其顺序。

　　类分生物学图书时要注意:① 普通生物学与专门生物学图书的区分。普通生物学是有关生物科学基本理论的学科,主要有普通细胞学、普通形态学、普通分类学、普通遗传学、普通生态学、普通生理学、普通解剖学等。专门生物学是有关具体生物的细胞、分类、分布、形态、遗传、生态、生理等方面的专门研究。有关上述内容的图书,属于普通生物学方面的均归入普通生物学的有关类;属于专门生物学方面的归入各专门生物学的有关类。如:北京大学广播电视大学生物组编的《普通生物学专题汇编》教材就应归入普通生物学类;而潘瑞炽等编的《植物生理学》一书就要归入植物生理学的专门类。②生物力学、生物物理学、生物化学与生物数学图书的区分。这些学科是分别运用力学、物理学、化学与数学的理论、方法研究生物科学的,进而发展成了新的边缘学科。有关它们的图书,属于总论性的归入生物科学的总论类,属于专论的要分别归入各有关专门类。如:吴仲贤著的《统计遗传学》、(美)麦克尔罗伊·W.D.著的《细胞生理学与生物化学》就要分别归入遗传学与细胞学中的有关类,而不能归入生物科学的总论类。③总论生物学应用与专论生物学应用图书的区分。有关它们的图书,属于总论生物学应用的归入生物学的有关类;属于专论生物学应用的要归入被应用到的学科的各有关类。如:上海第二医学院编的《医用微生物学》和杨庆尧编著的《食用菌生物学基础》两种书就不能归入生物学,而要分别归入医学和食品工业科学技术的有关类。④关于植物学与植物保护的图书。属于植物种植、栽培、管理保护方面的归入农林科学的各有关类。如河北农业大学总校编的

《果树栽培学》与江苏农学院植物保护系编的《植物病害诊断》两书就要归入农林科学的有关类。⑤关于动物学与畜牧学、兽医学图书。属于动物学一般理论方法的归入生物学有关类；属于动物饲养、管理、繁殖、育种、疾病防治等方面的就归入畜牧、兽医的有关类。如：徐岌南编的《动物寄生虫学》一书就要归入生物学中动物学有关类；而（美）哈弗士·E.S.E.主编的《农畜繁殖学》与我国农林部动植物检疫训练班编的《动物检疫》两书就要归入农业科学中畜牧、兽医的有关类。⑥关于水生生物学与水产生物学的图书。属于水生生物学的归入生物学有关类；属于水产生物学的要归入水产、渔业有关类。如：水生生物学集刊编委会编辑的《水生生物学集刊》就应归入生物学中的水生生物学类；湖北省水生生物研究所鱼类研究室编的《长江鱼类》一书就要归入农林中的水产、渔业有关类。⑦人类学与人体学图书的区别。属于人类学的归入生物学大类的有关类；属于人体学的一般归入医学大类的有关类。但是，有的图书分类法把人体学类目与人类学类目一起列在生物学大类下。因此，类分这两方面的图书时，还要根据所使用图书分类法的具体规定。

三、技术科学与专门技术图书的分类

在现代的图书分类体系中，技术科学与专门技术图书都被当做一个大部类来对待。目前，我国几部主要图书分类法多是按照医药、卫生、农业、林业、工业与工程技术的次序来安排技术科学与专门技术图书基本大类的。

类分图书，首先要明确它们与基础科学、社会科学图书的关系。一般说来，凡是属于运用基础科学理论与方法研究技术科学与专门技术的图书都要归入到技术科学与专门技术的有关类；反之，属于利用技术科学与专门技术研究基础科学理论与方法的图书都要归入到基础科学的有关类。另外，研究技术科学与专门技

192

术的经济效果与经营管理方面的图书,一般都归入社会科学的经济类。

1. 医药、卫生图书的分类

医药、卫生图书是医学、药学、卫生学图书的总称。我国医学现存西医和中医两个体系。现代医学一般分为:基础医学、临床医学和预防医学三大部分。此外,还有军事医学、法医学、航空医学、宇宙医学和航海医学等特种医学。药物学是研究防治病害所用药物的科学,一般包括:生药学、药理学、药剂学等学科。卫生学是医学科学中的一门学科,主要研究外界环境因素与人体相互关系的规律。内容包括:环境卫生学、劳动卫生学、饮食卫生学、流行病学、毒理学等分科。

类分医药卫生图书时要注意:①基础医学、临床医学、预防医学图书的区分。基础医学是医学科学中研究同医疗和卫生各专业学科有关的基础理论学科的总称。临床医学是医学科学中研究疾病的诊断和预防治疗的各专业学科的总称。根据临床医学的研究对象、内容和方法的不同,通常分为内科学、传染病学、外科学(伤科学)、妇产科学、儿科学、神经病学、精神病学、皮肤病学、眼科学、口腔科学、放射学等专门学科。预防医学是研究预防和消灭病害、讲究卫生、增强体质、改善和创造有利于健康的生产环境和生活条件的医学。一般分为卫生学、流行病学、保健组织学等专门学科。如:湖北医学院主编的《人体解剖学》、上海第一医学院主编的《人体生理学》、吉林医科大学主编的《医用基础化学》、上海科技情报所编辑的《国外激光技术在医学上的应用》这些书都要分别归入基础医学中的有关类;山东医学院主编的《诊断学基础》、中国人民解放军广州部队总医院主编的《实用理疗学》、哈尔滨医科大学附属第二医院护理部编的《常用护理技术》、赵明伦编的《昏迷》、杨国亮编著的《音频电疗法》这些书就要分别归入临床医学中的有关类;中国医学科学院卫生研究所主编的《生活饮用水水质检验方法》、李树贻编的《农村卫生》、湖南医学院编的《卫生学》、天津医学院编的《流行病学》、浙江省爱国卫生运动委员会办公室编的《除四害》这些书就要分别归入预防医学和卫生学中的有关类。此外,各种疾病的病理、诊断、治疗的图书,一般都是归入各种疾病类;而有关护理的图书,一般都集中归入护理学类。②中医医案、医话与方书图书的区分。医案是中医临床实践的记录和各代医家的处方,体现了中医理、法、方、药的具体运用。医话是历代医家的随笔记录,内容包括有:阅读医书体会、临床心得、学术评论、见闻掌故之类的记载。方书是记载与论述中医药方的著作。如:《四家医案》、《潜斋医话》这些古代医书就要归入中医临床学的医案、医话有关类;而(元)危亦林的《世医得效方》、明代的《普济方》这些书就要归入中草药学中的方书类。③环境卫生学与环境保护图书的区分。关于环境卫生学的图书一般都归入卫生学的有关类;而关于环境保护的图书一般要归入环境科学的有关类。如:杨铭鼎主编的《环境卫生学》就要归入卫生学中环境卫生类;而《环境保护与综合利用》一书就要归入环境科学中环境保护类。④放射医学、放射卫生与放射防护图书的区分。关于放射医学、放射卫生的图书一般都归入医学、卫生学有关类;关于放射防护的图书一般要归入原子能工业与工程技术的有关类。如:原子能出版社编辑的《放射生物学和核医学文集》、曾新然译的《内照射容许剂量》两书就要分别归入医药、卫生中的放射医学、放射卫生学有关类;而原子能出版社编辑的《铀矿工人放射防护常识》一书就要归入原子能工业与工程技术的有关类。⑤计划生育与控制生育图书的区分。关于计划生育具体方法措施方面的图书一般均归入医药、卫生中的有关类;而关于人口控制与生育关系的图书则要归入社会科学中人口学有关类。如:中国福利会和上海第二医学院编的《计划生育技术》一书就要归入医药、卫生中的计划生育类。⑥关于药学图书的分类,国内现行的几部主要图书分类法还没有统一意见。有的采取集中列类,即把中西医药学图书全部置于一类;有的采取分散列类,即将中西医药学分开,随中医、西医学后列类。因此,归类时要根据所用图书分类法体系及各馆实际情况而定。但关于药用作物培植采集方面的图书,一般都归入农业有关类;关于药物的配制加工方面的图书则归入化学工业有关类。

2. 农业图书的分类

农业图书是研究利用动植物的生活机能,通过人工培育以取得产品的科学技术。通常分为种植业和畜牧业两个方面。在我国,农业一般指农、林、牧、副、渔五业。对于农业科学技术图书,现代图书分类法一般都把它单列为一大类,多数序列在工业与工程科学技术类之前。

类分农业科学图书时要注意:①凡阐述农业机具、农药和化肥使用与制造的图书,一般都归入农业中的有关类;而述及它们的生产制造的图书,多数分类法是将它们归入工业技术中的有关类。《中图法》是将农机具制造方面的图书集中在农业类的。②农田水利与水利工程图书的区分。农田水利主要包括:农田灌溉及排水、水土保持、盐碱地改良、沼泽地改良、围垦、草原灌溉、供水及沙漠治理等水利措施。水利工程一般包括:防洪、水力发电、航运、城市给水和排水以及海岸等工程。属于农田水利的图书一般都归入农业有关类;属于水利工程的图书归入工业与工程技术有关类。如:华东水利学院农水系编的《农田灌溉》一书就要归入农业中农田水利类;而云南人民出版社编辑的《农村水电站》一书就要归入工业与工程中水利工程有关类。③农田基本建设是为改造自然条件、发展农业生产,在农用地上所采取的以改土治水为中心,实行山、水、田、林、路综合治理的措施。农业基本建设是有关农业经济各部门中固定资产的再生产,如房屋、建筑物等工程的建设和机器设备、运输工具、产畜、役畜等的购买。有关它们的图书,属于农田基本建设的归入农业工程有关类;属于农业基本建设的归入经济中有关类。如:水利电力部水利建设司编的《农田基本建设规划》就应归入农业中的农田基本建设类;而农业机械编辑部编写的《加速实现农业机械化》一书就要归入农业经济的有关类。④农产品加工一般是指农产品的初步粗加工,农业食品制造是指农产品经过加工生产达到食用标准。有关它们的图书,属于农产品加工的归入农业中的农学有关类;属于农产食品制造的归入工业中的食品工业有关类。如:金世琳编的《乳与乳制品生产》一书就不能归入农业类,而要归入食品工业有关类。⑤园艺苗圃学与造林苗圃学图书的区分。园艺苗圃学是有关蔬菜、果树、花卉、观赏树木等的幼苗培育、生产管理原理和方法的研究。造林苗圃学是有关用材树种、特用经济树种幼苗培育、生产管理与方法的研究。如:南京林产工学院编的《苗圃施肥》一书,是从造林育种角度谈苗圃施肥的,为此就不能归入园艺苗圃学类,而要归入造林中的苗圃学类。⑥树木学与木材学图书的区分。树木学是研究乔木和灌木树种(特别是经济树种)的形态、分类、分布、生态、生物学特性、林学特性和经济价值的学科。木材学包括木材构造和识别、木材的化学性质、物理性质和机械性质,以及木材缺陷、木材改性等。有关它们的图书均各入其类。

3. 工业与工程技术图书的分类

工业是关于采掘自然物质资源和对工业品原料及农产品原料进行加工生产的科学。一般分为采掘工业与加工工业或重工业与轻工业两种类型。工程技术是关于基础科学理论与工农业生产实践相结合的技术原理、方法的研究,如土木建筑工程、水利工程、冶金工程、机电工程、化学工程等。主要内容有:对于工程基地的勘测、设计、施工、原材料的选择,设备和产品的设计制造,工艺和施工方法的研究等。随着社会的进步和科学技术的日益发展,工业与工程方面的科学技术图书内容越来越多、范围越来越广、数量越来越大,分类体系也越来越复杂,值得人们高度重视和深入探讨。

类分工业与工程图书时要注意:①工业与工程经济方面的图书,一般归入经济类为宜。但有的分类法将其归入工业与工程类。所以分书时还要依所用图书分类法规定及本馆实际而定。②一般工业工程科学技术是关于工业与工程理论、技术、方法、材料、设备等的全面概括的综合性研究。专门工业工程科学技术是关于某一方面或某一种工业工程理论、技术、方法、材料、设备的具体研究。属于一般工业工程科学技术的图书归入工业与工程的一般总论性类;属于专门工业工程科学技术的图书就归入各有关专门类。如:大连工学院编的《工程数学基础》、北京钢院和东北工学院编的《工程力学》、(美)莫特·N.著的《材料——微观结构及物理性能的概述》、西安交通大学张祉祐等主编的《制冷及低温技术》等这些书就要归入一般工业技术类;而清华大学汪复兴著的《金属物理》、西安交通大学何培之主编的《铸造材料化学》、东北工学院等编的《机械设计基础》、华东水利学院编的《水利工程制图》等,就要分别归入工业与工程的各有关专门类。③摄影技术与摄影艺术图书的区分。属于摄影技术的归入一般工业与工程类;属于摄影艺术的归入艺术的有关类。如:李德熊编的《高速摄影》一书就要归入一般工业与工程中摄影技术类;而上海人民出版社编辑的《全国摄影艺术展览作品选》一书就要归入艺术中摄影艺术类。④关于石油、天然气工业科学技术图书的列类,有的图书分类法将它们集中为一类,仅把有关石油化工生产的图书归入化学工业的有关类;有的图书分类法将它们归入矿业工程类,而把有关石油炼制与石油化工生产的图书归到化学工业的有关类。分类时应注意所用图书分类法的规定。⑤冶金学、金属学、金相学与冶金工业、金属工艺图书的区分。关于冶金学、冶金工业方面的图书归入冶金工业有关类;关于金属学、金相学与金属工艺方面的归入金属学、金属工艺有关类。如:(苏)费多尔钦科·M.等著的《粉末冶金原理》、沈华生编的《稀散金属冶金学》二书就要归入冶金工业有关类；而李慧忠主编的《钢铁金相学与热处理常识》、肖纪美编的《高速钢的金属学问题》、华中工学院编的《金属切削技术》这几种书就要归入金属学、金属工艺有关类。⑥关于轻工业、手工业等方面的图书，要区别食物卫生与食品检验、木材加工与森林利用、工艺美术与工艺制品的图书。关于食品卫生的图书应归入医药科学技术大类的有关类；关于森林利用的图书应归入农业科学技术大类的有关类；关于工艺美术的图书应归入艺术大类的有关类；关于食品检验、木材加工及工艺制品的图书应分别归入轻工业、手工业等科学技术类的有关类。⑦关于建筑工程科学技术的图书，要区别建筑工程技术与建筑艺术的图书。关于建筑工程技术的图书应归入建筑工程类；关于建筑艺术的图书一般应归入艺术大类的有关类。⑧关于运输工程科学技术图书的列类，国内外现行的图书分类法很不一样，有的将天上、地上及水上的各种运输工程科学技术的图书全部集中为一类；有的按道路工程和交通运输工具分为二类；有的把航空、航天科学技术的图书与其它运输工程科学技术的图书分开，各设一类。为了适应现代科学技术的发展，后一种分法还是得当的。但是都要区别运输技术与运输经济、运输地理，运输工程科学技术理论与应用，总论性与专论性的图书。关于运输经济、运输地理的图书应归入经济科学大类的有关类；关于运输技术的图书应归入运输工程类的有关类；关于运输工程科学技术理论与应用的图书，依所使用的图书分类法规定，各入其类。

四、综合性科学技术图书的分类

综合性科学技术是以特定的物质运动客体为对象，运用多种学科的理论知识和技术方法对其进行研究的现代新兴科学技术。目前，主要包括环境科学技术、空间科学技术、海洋科学技术、能源科学技术、材料科学技术等。这些新兴综合性科学技术的突出特点是：科学技术化、技术科学化，整个科学技术一体化。

对于新兴综合性科学技术的列类,国内外现行的图书分类法都还没有一致的做法。有的按研究对象单独集中列类;有的按学科内容分散归入各有关类。比较起来,前一种分法可取。它能适应科学技术的发展,照顾到现代科学技术图书出版的实际,同时也方便今后利用这些图书。

关于新兴综合性科学技术图书的分类,应注意它们与基础科学、其它技术科学与专门技术图书的区别。总论新兴综合性科学技术的理论、技术、方法或运用其它科学技术来研究新兴综合性科学技术的图书归入新兴综合性科学技术类。有关新兴综合性科学技术具体应用的图书,按所应用到的学科归类。当然具体分书时,还要根据所用图书分类法的体系和各馆的实际情况决定其归属。

五、科学技术总论性图书与综合性图书的分类

科学技术总论性图书主要指全面地或多方面地概括性研究论述自然科学技术或社会科学理论、历史、方法、现状等的图书。

综合性图书主要指涉及所有知识门类或许多知识部门,具有独特编制体例的图书。

由于科学技术总论性图书与综合性图书都不适宜归入任何一种专门学科类,但是为了使这部分书也有类可归,便于保管与使用,一般图书分类法均特设有科学技术总论与综合性图书类来容纳它们。

类分图书时,有关自然科学技术与社会科学总论性的图书均按学科内容归类。如:人民出版社编辑的全国科学大会文件汇编《向科学技术现代化进军》、于光远著的《论社会科学研究》两书就要分别归入自然科学技术与社会科学总论的有关类。关于自然科学技术与社会科学两大方面兼有的综论性的图书归类问题,国内现行的几部主要图书分类法目前还没有一致做法。有的主张归入综合性图书类,有的主张依图书内容侧重点或著者旨意归入科学技术总论类，多数图书分类法主张归入文教、科学研究有关类。在此情况下，只能按所用图书分类法规定或各馆实际归类。

关于综合性的工具书，如丛书、类书、百科全书、辞典、年鉴、图书目录、文摘、索引等类型的书籍，一般归类方法为：凡综合性的归入综合性的有关类；专科、专题综合性的就按学科归类。如：上海人民出版社出版的《辞海》与国家出版事业管理局版本图书馆编的《全国总书目》应归入综合性图书有关类；而上海人民出版社出版的《新英汉词典》与中国科学技术情报研究所编辑的《专利专题索引》就应分别归入语言与自然科学技术总论的有关类。

本章主要参考文献

1.《关于各知识部门图书的分类规则》 见《图书馆目录》第十五章第二节 刘国钧等著 高等教育出版社 1957 年

2.《中国图书馆图书分类法使用说明》 《中国图书馆图书分类法》编辑委员会编 书目文献出版社 1981 年

3.《新中国图书分类学研究中的若干问题》 史永元 《浙江图书馆工作》1979 年第 2 期

4.《论图书分类法草案》 （苏）杰斯林科 《图书馆工作》 1955 年第 1 期

5.《中国科学院图书馆图书分类法》 中国科学院图书馆编 科学技术文献出版社 1979 年

6.《图书怎样分类》 刘国钧著 开明书店 1953 年

7.《各种图书分类方法》 白国应编著 山西《图书馆通讯》编辑部 1981 年印

8.《科学分类问题》 陈克晶 吴大青著 人民教育出版社 1980 年

本章实习题

请使用《中图法》将下列图书归类。

一、马列主义、哲学、社会科学部类图书分类实习书例

（一）马克思主义、列宁主义、毛泽东思想类

1. 马克思恩格斯选集

马克思　恩格斯著　人民出版社　1972 年

2. 黑格尔《逻辑学》一书摘要

列宁著　人民出版社　1974 年 4 月

3. 论列宁

斯大林著　人民出版社　1971 年 9 月

4. 毛主席的四篇哲学论文

毛泽东著　人民出版社　1964 年 11 月

5. 学习马克思恩格斯伟大革命实践

冯秉智编　黑龙江人民出版社　1975 年 2 月

本书简述了马克思、恩格斯反对各种假社会主义、分裂主义，为无产阶级革命事业奋斗终生的伟大革命实践活动。

6. 列宁的故事

松群　洪季著　中国少年儿童出版社　1978 年 4 月

本书通过讲述列宁一生中的故事，反映了列宁的革命精神和革命本质，教育广大少年儿童长大接好革命班。

7. 研究《哥达纲领批判》参考史料

中共中央马克思、恩格斯、列宁、斯大林著作编译局资料室编译　三联书店　1978 年 2 月

8. 斯大林全集篇名索引（第 1—13 卷）

武汉大学图书馆学系编　广西日报资料室印　1976 年

9. 学习毛主席的建军路线

人民出版社　1977 年 8 月

本书介绍了中国人民解放军的建军宗旨、武装体制和光荣传统。论述了如何按毛主席建军路线加强军队建设。

10. 马克思主义的三个来源

中国人民解放军五一一一六部队理论组　中国社会科学院哲学研究所西方哲学史组合编　人民出版社　1978 年 1 月

本书对马克思主义的三个理论来源作了简明介绍,说明了马克思主义同这些人类思想的优秀成果的批判继承关系及马克思主义在人类思想史上所完成的伟大变革的历史意义。

（二）哲学类

1. 对立统一规律一百例

哲学研究编辑部编　人民出版社　1966 年 4 月

2. 反动的哲学流派——马赫主义

陈元晖著　商务印书馆　1972 年 4 月

3. 公孙龙子译注

庞朴译注　上海人民出版社　1974 年 7 月

4. 论荀子的哲学思想

夏甄陶　上海人民出版社　1979 年 8 月

5. 读四书大全说

（清）王夫之著　中华书局　1975 年 9 月

本书是明末清初进步思想家王夫之用解释儒家经典——《四书》的形式表述其思想的一部重要著作。

6. 欧洲哲学史

北京大学《欧洲哲学史》编写组编　商务印书馆　1977 年 1 月

本书介绍了欧洲从古希腊、罗马起直至十九世纪中叶为止的哲学上两条路线斗争的历史。

7. 论一元史观之发展

（俄）普列汉诺夫著　三联书店　1973 年 3 月

8. 牛顿力学及其哲学思想

申先甲著　人民出版社　1975 年 11 月

本书介绍了牛顿力学原理产生的历史渊源和社会条件,并为牛顿的科学贡献和哲学思想作了一分为二的分析和评价。

9. 逻辑学(上卷)

(德)黑格尔著　商务印书馆　1977 年 3 月

10. 教育心理学

潘菽主编　人民教育出版社　1980 年 2 月

11. 共产主义道德品质讲话

孙泱著　中国青年出版社　1980 年 5 月

本书包括:1.马克思主义的世界观是共产主义道德品质的科学基础;2.共产主义道德的原则和规范;3.共产主义的品质;4.培养共产主义道德品质,做一个有益于人民的人。

12. 唐代佛教

范文澜著　人民出版社　1979 年 4 月

(三)政治、法律类

1. 马克思主义国家学说讲话

五一一六部队理论组　北京大学哲学系七二级工农兵学员同编写人民出版社　1975 年 10 月

2. 论帝国主义大国争霸

路明著　北京人民出版社　1975 年 8 月

本书论述的内容包括:一、大国争霸是帝国主义的一个重要特点;二、帝国主义争霸的历史;三、美苏争霸是当前不得安宁的根源;四、反霸斗争势不可挡,世界霸权终将破灭。

3. 巴黎公社公告集

罗新章编译　上海人民出版社　1978 年 3 月

本书收集了巴黎公社时期为维护革命新秩序所发的各种政令、决议、号召三百九十八种。

4. 在罗马尼亚中央委员会全体会议上的讲话

(罗)尼古拉·齐奥塞斯库著　人民出版社　1978 年 7 月

5.乘胜前进(《人民日报》《红旗杂志》《解放军报》一九七七年元旦社论）

人民出版社　1977 年 1 月

6.青年思想通讯

王文翔等著　中国青年出版社　1978 年 4 月

本书采用通讯的形式，谈了青年关心的许多问题。如:如何树立远大理想和雄心壮志,如何学好马列著作、提高思想觉悟,如何正确对待恋爱、婚姻、友谊等。

7.隋唐制度渊源论稿

陈寅恪著　中华书局　1963 年 5 月

本书从礼仪、职官、刑律、音乐、兵制、财政等方面考察了隋唐的政治制度。

8.中南两国人民友谊的新发展——热烈欢迎铁托总统访问中国

人民出版社　1977 年 10 月

本书收录了铁托总统访问中国期间两国政府领导人的讲话和有关社论、文章。

9.苏联人同阿拉伯人关系史话

(埃及)穆罕默得·哈·海卡尔著　新华出版社　1979 年 12 月

10.法学概论

粟劲　光博著　吉林人民出版社　1980 年 12 月

11.中华人民共和国逮捕拘留条例

群众出版社　1979 年 3 月

12.朝鲜民主主义人民共和国儿童保育教育法

朝鲜民主主义共和国平壤外文出版社　1978 年

（四）军事类

1.纪念中国人民解放军建军五十周年

北京人民出版社　1977 年 9 月

本书收集了纪念中国人民解放军建军五十周年的文章近二十篇。

2. "硬骨头六连"连队建设经验

河南人民出版社　1977年9月

3. 苏、美海军舰艇装备的发展概况及趋势

第三机械工业部第七研究院第七一四研究所编　国防工业出版社
1978年3月

4. 第二次世界大战的重大战役

(英)莫尔·H.著　上海人民出版社　1976年7月

本书叙述了二次大战期间发生的十三个大战役,具体介绍了这些战役中
作战双方的战略战术、兵员与武器配备以及战役经过。

5. 南昌起义

魏宏运编著　上海人民出版社　1977年7月

本书介绍了南昌起义爆发到井冈山会师的整个历史过程,分析了它的意
义和经验教训。

6. 江西民兵谱新篇

中国人民解放军江西省军区司令部、政治部编　江西人民出版社　1975
年10月

本书汇辑了江西省民兵建设中认真学习革命理论,努力做好民兵工作的
先进经验和事迹的文章共十六篇。

7. 游击战

(古巴)格瓦拉·C.著　上海人民出版社　1975年2月

本书是作者提出所谓"游击中心"的主要代表作。鼓吹游击战要由城市
中少数几个知识分子作为"领导核心",在人烟稀少居民分散的边远地区发
动游击战争,采用打了就跑的战术,以胜利吸引群众。

8. 尉缭子注释

华陆综注释　中华书局　1971年1月

9. 现代武器运筹学导论

(苏)温特切勒著　国防工业出版社　1974年12月

本书运用运筹学的基本原理和方法,讨论了一些有关筹划、组织作战行
动及现代武器的战斗运用问题。

10. 火炮设计

华恭　伊玲益编　国防工业出版社　1976年9月

（五）经济类

1.揭开商品价格之谜——谈谈价值规律

邓克生著　上海人民出版社　1974年11月

2.正确认识货币交换

中国人民银行贵州分行理论小组编　贵州人民出版社　1977年3月

3.略论农、轻、重

苏星著　北京出版社　1978年11月

本书通过分析农业、轻工业、重工业在我国国民经济中的地位和作用，论述了为什么我国国民经济计划必须按照农、轻、重的次序制订。

4.日本对欧洲共同体的考虑

（日）堀江薰雄编　商务印书馆　1978年9月

本书就扩大后的欧洲共同体的现状和将来，以及关于经济和货币同盟、资本市场、各国投资环境和日本对欧洲投资展望等方面，搜集了大量资料，并作了较系统的分析。

5.新西兰经济地理

李任钧著　天津人民出版社　1978年11月

6.实行经济改革　健全经济核算制

中国社会科学院财贸物资经济研究所编　中国社会科学出版社　1980年3月

本文集从理论与实际的结合上探讨了有关经济核算的一些重要问题。

7.丰田的秘密

（日）若山富士雄　杉本串明著　北京出版社　1978年11月

本书介绍了日本丰田汽车公司的发家史和它的一整套资本主义经营管理系统。

8.社队企业讲话

向光灿著　湖南人民出版社　1978年4月

9.旅客运输计划与组织

上海铁路局《旅客运输计划与组织》编写组　人民铁道出版社　1978年8月

10. 化纤衣料常识

天津财经学院商业经济系编　天津人民出版社　1975 年 6 月

（六）文化、科学、教育、体育类

1. 新闻采访与写作

中国社会科学院研究生院新闻系选编　人民日报出版社　1981 年 4 月

这是一本新闻工作者经验和心得的汇集,内容涉及新闻采访、新闻理论、报告文学和写作。

2. 怎样开展业余文艺宣传活动

江苏人民出版社　1976 年 2 月

3. 中国图书馆图书分类法

《中国图书馆图书分类法》编辑委员会编　书目文献出版社　1980 年 6 月

4. 未来预测学译文集

中国社会科学院情报研究所编译　科学出版社　1979 年

5. 人才、人才!——人才学文集之一

人才学研究筹备组《人民教育》编辑部　天津人民出版社　1980 年 3 月

本书选编了七篇从不同角度研究人才学问题的文章。

6. 国外科技文献资料的检索

中国科学技术情报研究所编辑　科学技术文献出版社　1977 年 5 月

本书分六章,包括:概论、检索工具的概念与种类、检索工具编制、检索方法、科技文献资料类型及其一般检索方法、机械检索。书末附有国外几种主要检索工具书介绍和附录。

7. 毛主席在中南海住过的地方

革命文物编辑部编　文物出版社　1977 年 6 月

8. 谈谈教育工作中的几个关系

武汉师范学院教育科研室编　湖北人民出版社　1978 年 6 月

本书阐述了政治与业务的关系,德育与智育、体育的关系,以学为主与兼学别样的关系,师生关系,思想教育与规章制度的关系等。

9. 中学英语阅读文选

福建教育学院外语组选注　福建人民出版社　1979 年 3 月

10.速度滑冰竞赛规则（1976）

国家体育运动委员会审定　人民体育出版社　1976年10月

（七）语言、文字类

1.语法修辞

兰州大学中文系编　甘肃人民出版社　1978年3月

2.容易写错的字

北京师范学院中文系编写组编　北京人民出版社　1972年8月

3.说文解字

（后汉）许慎著　中华书局　1963年12月

本书作者博综篆籀古文之体，发明六书之指，因形见义，分别部居，作说文解字。使读者可以因此上溯造字之源，下辨分隶行草递变之迹，为中国文字学上第一部有系统之创作。

4.现代文章选读（记叙文）

贵阳师范学院中文系编　贵州人民出版社　1976年11月

本书收有近年来较优秀的通讯、特写、调查报告、家史等十一篇文章，每篇文章后都有一篇简析。

5.汉藏对照词汇

民族出版社编译出版　1976年10月

6.语重心长谈外语学习

三联书店资料室编　三联书店　1979年1月

7.阿拉伯语汉语词典

北京大学东方语言文学系阿拉伯语教研室编　商务印书馆　1966年3月

8.莫泊桑短篇小说选（法汉对照）

（法）莫泊桑著　上海译文出版社　1979年9月

9.医学专业英语语法

邵循道　崔彤兰编　人民卫生出版社　1974年10月

10.简明日汉科技词典

《简明日汉科技词典》编写组编　商务印书馆　1975年4月

（八）文学类

1. 从生活到艺术

胡采著　东风文艺出版社　1962 年 5 月

本书收录了作者四篇文学理论文章。这些文章从各个方面论述了文学艺术和生活的密切关系。

2. 歌词写作常识

李忠勇　何福琼著　人民音乐出版社　1978 年 2 月

3. 中外谚语选

上海人民出版社　1980 年 2 月

4. 柳宗元诗文选注

《柳宗元诗文选注》编辑组选注　陕西人民出版社　1981 年

5. 李白

王运熙　李宝均著　上海古籍出版社　1979 年 9 月

本书对李白一生的主要活动分阶段作了介绍，并结合当时的历史环境，分析了他的思想以及主要作品的内容和艺术特点。

6. 《朝花夕拾》浅析

绍兴鲁迅纪念馆　厦门大学中文系编著　福建人民出版社　1976 年 2 月

7. 跟随周副主席长征

魏国禄著　中国青年出版社　1976 年 12 月

这是一本革命回忆录。书中收编了周总理在长征时期的二十多个革命故事。

8. 我对雷锋叔叔说（诗）

柯岩著　中国少年儿童出版社　1963 年 8 月

9. 易卜生戏剧四种

（挪）易卜生著　人民文学出版社　1978 年 4 月

10. 希腊的神话和传说

（德）斯威布·S. 著　人民文学出版社

这是十九世纪德国作家斯威布编写的一本希腊神话。书中还对希腊两大史诗"伊利亚特"、"奥德赛"作了概括复述。

（九）艺术类

1. 论艺术

（俄）普列汉诺夫　三联书店　1973年2月

2. 人体结构

浙江美术学院教材编写组　人民美术出版社　1978年1月

本书包括：一、艺用人体解剖的一般知识；二、人体处于静止状态时的基本造型；三、运动时人体外形结构的变化。

3. 蒋兆和水墨人物画

蒋兆和著　人民美术出版社　1978年9月

4. 社会主义春满园（剪纸选辑）

上海人民出版社　1977年3月

5. 印象放大技术

唐光坡著　上海人民美术出版社　1973年

6. 石林

云南人民出版社　1976年6月

这套彩色照片共十二幅，概括介绍了云南石林的主要景色和奇观。

7. 柬埔寨歌曲集

中央人民广播电台柬埔寨语组译　中央音乐学院理论系亚非拉音乐组编　上海文艺出版社　1978年11月

8. 我为贫下中农背药箱（女声表演唱）

上海市川沙县江镇公社业余文艺宣传队创作　张培椿绘画　上海人民出版社　1977年7月

本书包括音乐、场记和服装道具三部分。

9. 青春之歌（从小说到电影）

中国电影出版社编辑　中国电影出版社　1962年7月

本书包括青春之歌电影文学剧本、分镜头剧本，导演、演员谈拍摄青春之歌的创作体会，以及有关的评论文章。

10. 电影放映机（35毫米放映技术丛书）

中国人民解放军总政治部文化部编　中国电影出版社　1980年6月

（十）历史、地理类

1. 关于历史评价问题

嵇文甫著　三联书店　1979 年 4 月

本书论述了进行历史评价的基本理论、原则和方法。

2. 中国古代史籍校读法

张舜徽著　上海古籍出版社　1980 年 2 月

3. 隋唐五代史纲

韩国磐著　人民出版社　1977 年 6 月

4. 甲申三百年祭

郭沫若著　人民出版社　1972 年 2 月

本书是作者为纪念明末李自成农民起义胜利三百周年而写的。书中通过对史实的记述，总结了明末农民起义的经验和教训。

5. 回族简史

《回族简史》编写组编写　宁夏人民出版社　1978 年 10 月

6. 大理古代文化史稿

徐嘉瑞著　中华书局　1978 年 1 月

本书是一部关于我国云南省滇西地区古代文化的资料书。

7. 德黑兰、雅尔塔、波茨坦会议文件集

（苏）萨纳柯耶夫·Л.·崔布列夫斯基·Л.著　三联书店 1978 年 3 月

8. 十九世纪波兰人的抗俄独立斗争

程人乾著　商务印书馆　1976 年 1 月

9. 中国古代科学家史话

《中国古代科学家史话》编写组编　辽宁人民出版社　1975 年 5 月

本书介绍了我国二十六个著名的科学家和发明家，其中有鲁班、李冰、毕升、黄道婆、李时珍等。

10. 爱德华·肯尼迪

（美）赫什著　上海人民出版社　1975 年 2 月

11. 陕西出土文物（图集）

陕西省博物馆编　文物出版社　1976 年 12 月

12. 银雀山汉墓竹简

《银雀山汉墓竹简》整理小组编　文物出版社　1975 年 7 月

13. 东非地理

（英）普里查德·J. M. 著　江苏人民出版社　1976 年 7 月

14. 长江万里行

《长江万里行》编写组　上海人民出版社　1977 年 7 月

本书介绍了长江流域地区的地理特征,沿江重要城市、港口,解放后两岸城乡的巨大变化,同时也叙述了一些有关的历史。

15. 春秋列国形势图

中华地图学社编制出版　1976 年 11 月

二、自然科学技术部类分类实习书例

（一）数学、物理、化学类

1. 简明数学手册

《简明数学手册》编写组　上海人民出版社　1977 年 6 月

2. 常用数理统计表

中国科学院数学研究所概率统计室编　科学出版社　1974 年 8 月

本表选编了统计分析、数据处理、抽样检查、试验安排等方面常用的数理统计表。

3. 高等数学

华北农业大学主编　农业出版社　1978 年 7 月

本书介绍了高等数学中微积分的基本内容以及概率论与数理统计初步知识。

4. 最优化方法

南京大学数学系计算数学专业编　科学出版社　1978 年 8 月

本书介绍现有算法中简单易行、效果较好的方法:一、最小二率法;二、斜量方法;三、直接方法。

5. 摩擦

（日）曾田范增著　丁一译　科学出版社　1978 年 8 月

本书介绍了人类对摩擦规律的认识过程,列举了日常遇到的一些摩擦现象。

6. 断裂力学

中国科学技术情报研究所重庆分所编辑　科学技术文献出版社重庆分社　1975 年 8 月

7. 普通物理学简明教程(力学部分)

顾建中编　人民教育出版社　1977 年 12 月

8. 光

尤异编　吉林人民出版社　1975 年 3 月

本书介绍了有关光的各种知识,同时对最新的科学技术领域——激光的产生及其应用作了扼要介绍。

9. 元素周期表

北京大学化学系编　科学出版社　1976 年 11 月

10. 化学动力学和反应器原理

唐有棋著　科学出版社　1974 年 11 月

本书阐述了微观动力学和宏观动力学的基本原理和方法,可作为化学和化工工作者学习化学动力学和反应器原理的入门书。

(二)天文学、地球科学类

1. 宇宙的秘密

朱志尧著　辽宁人民出版社　1975 年 5 月

本书介绍了地球、月球、太阳系、大行星、恒星等有关宇宙方面的天文知识。

2. 日食和月食

北京天文馆　上海自然博物馆天文组同编　北京人民出版社　1976 年 3 月

本书系《自然科学小丛书》之一种。

3. 英汉天文学词汇

科学出版社　1976 年 12 月

4. 银河系

翁士达编　北京人民出版社　1975 年 7 月

5. 农历及其编算

唐汉良编著　江苏人民出版社　1977 年 12 月

本书介绍了历法的产生,农历的编制规律,以及社日、梅季、三伏、数九等日期的解释和推算方法。

6. 测量学

江西地质学校编　地质出版社　1978年7月

本书是中等专业学校试用教材。书中介绍了测量的基本知识,地形图的应用与施测方法,阐述了测量仪器的构造和使用。

7. 地球十讲

傅承义编著　科学出版社　1976年9月

本书介绍了地球的形成、结构、年龄、各种物理场,以及板块大地构造假说等概念。

8. 气候变迁及其原因

张家诚等编著　科学出版社　1976年1月

本书内容包括地质时代与现代气候变迁的主要史实;影响气候变迁的基本因子——太阳活动、海陆分布与人类影响;探讨了气候变迁和超长期预报的问题。

9. 地质力学方法

李四光著　科学出版社　1976年11月

10. 金刚石

《金刚石》编写组编　中国建筑工业出版社　1978年4月

本书重点讲述金刚石的地质、开采、选矿方面生产知识。

11. 中国海

杨录华　徐晋佑同著　广东人民出版社　1978年4月

本书系地理知识读物。从地理位置、自然环境、水文特征、海洋生物等方面介绍中国海的情况。

(三)生物科学类

1. 生物基础知识

复旦大学生物系《生物基础知识》编写组　上海人民出版社　1975年1月

本书系《青年自学丛书》之一。书中介绍了微生物、植物和动物的形态、结构和功能,以及它们个体的生长、发育、繁殖和类群的特征及其相互关系等。

2. 生物进化论

河北师范大学生物系遗传育种教研组编　人民教育出版社　1975 年
4 月

本书力图按照自然辩证法的观点和现代达尔文的基本原理，说明生物进
化的过程和原理。

3. 细胞

陈受宜等编　北京人民出版社　1976 年 7 月

《自然科学小丛书》之一。

4. 生理生化学

《生理生化学》教材编写组编　湖南人民出版社　1974 年 12 月

本书系基础医学教材。书中包括生理学和生物化学两门课程的内容。

5. 自然的启示

王书荣编著　上海科学技术出版社　1978 年 1 月

这是一本介绍生物模拟的科普读物。

6. 黄河象

《黄河象》研究小组著　科学出版社　1975 年 6 月

本书是 1973 年春在甘肃省合水县发现的一具剑齿象化石的研究报告。

7. 杀菌的战术

高士其著　北京人民出版社　1977 年 2 月

书中介绍了人类已经掌握的主要的灭菌、消毒、防腐方法等知识。

8. 植物的生活

叶萌编　山东人民出版社　1974 年 12 月

本书从日常生活和种庄稼的一般常识方面来揭示植物生长发育的内部
规律。

9. 鱼类的生活

冯昭信著　北京人民出版社　1976 年 7 月

本书介绍了海鱼及淡水鱼的生活规律。

10. 人类的起源和发展

吴汝康著　科学出版社　1976 年 10 月

本书介绍了古猿怎样演变成人和原始人怎样演变成现代人的整个过程。

（四）医药、卫生科学类

1. 农村饮水卫生

河北省卫生防疫站《农村饮水卫生》编写组编　人民卫生出版社　1976年7月

本书着重介绍饮水卫生的基本知识和方便农村施行的技术方法。

2. 职业病防治

《职业病防治》编写组编　上海人民出版社　1976年12月

3. 食物成分表

中国医学科学院卫生研究所编著　人民卫生出版社　1977年12月

4. 计划生育一百问

《计划生育一百问》三结合编写小组编　内蒙古人民出版社　1976年8月

5. 儿童保健

薛沁冰编著　科学出版社　1976年12月

本书以婴儿保健为重点，介绍了七岁以内的儿童保健知识和婴幼儿常见病、多发病等防治知识。

6. 中医临证基础

北京医学院《中医临证基础》编写组编　人民教育出版社　1975年8月

《医疗卫生丛书》之一种。本书内容有：中医基本理论；药物；治法方剂；介绍常见病证证治，并附有病案举例。

7. 用药心得十讲

焦树德编　人民卫生出版社　1977年6月

这是作者在临床用药方面的心得体会。

8. 医用基础化学

吉林医科大学主编　人民卫生出版社　1978年7月

本书系全国高等医药院校试用教材，供医学、儿科、口腔、卫生专业用。

9. 预防近视眼

上海科学教育电影制片厂摄制　上海市眼病、皮肤病防治所等改编　上海人民出版社　1976年这本摄影画册提出一些常见的不注意用眼卫生的现象,介绍了眼睛的构造和生理知识,以及形成近视眼的原因和防治近视眼的经验。

10. X线诊断基础

张树魁等编　上海人民出版社　1976年12月

本书主要介绍农村常见病的X线诊断、鉴别诊断、投照技术等。

11. 本草纲目简编

武汉大学生物系《本草纲目简编》编写组编　湖北人民出版社　1978年3月

本书是李时珍《本草纲目》的一个选本,着重选择原著中有关"正名"、"释名"、"气味"、"主治"和"附方"部分,并对原著的"附方"部分,去粗取精,加以通俗化。

(五)农林科学类

1. 国外农业概况

中国农林科学院科技情报研究所主编　科学出版社　1975年11月

本书根据近年来国外农业文献及刊物报道材料,介绍和分析国外农业生产技术水平的现状。

2. 庄稼的秘密

《庄稼的秘密》编写组编　上海人民出版社　1975年6月

《少年科学常识小丛书》之一种。这是一本丰富扩大少年儿童农业知识的读物。内容包括:植物根、茎、叶的作用;花粉传播、种子发芽、育秧、杂交育种和选种的知识;土壤、肥料、农药知识和病虫害的防治常识,以及农村常用农业机械的介绍。

3. 化学与农业

叶永烈编著　安徽人民出版社　1975年2月

本书讲述了化学与农业的关系,介绍了有关化学肥料、化学农药、植物生长刺激剂和农副产品的综合利用方面的知识。

4. 我国西沙群岛的土壤和鸟粪磷矿

中国科学院南京土壤研究所西沙群岛考察组著　科学出版社　1977年10月

本书介绍了西沙群岛的自然条件,土壤的类型、分布、特征和利用改良等问题,对岛上鸟粪磷矿的质量和种类也作了较详细的报道。

5. 气象哨兵

中央气象局编　农业出版社　1975 年 3 月

本书介绍了不同地区、不同特色的农村人民公社气象哨的先进事迹和办气象哨的经验。

6. 人工沼气

《人工沼气》编写组编　上海人民出版社　1977 年 6 月

本书内容包括:大力推广人工沼气的经验和方法,沼气池的建造与维修,配料管理和安全使用,以及沼气的设备等。

7. 大田作物科学实验方法

广东省农业科学院编　科学出版社　1977 年 8 月

《农村科学实验丛书》之一种。书中较详尽地介绍了大田作物的田间试验设计与方法。

8. 植物病害诊断

江苏农学院植物保护系编　农业出版社　1978 年 7 月

本书介绍了各类病原生物的一般性状、形态特征、分类及其所致病害的症状等,并例举了各种作物的常见病害。

9. 水稻的一生

陈玉成编著　上海人民出版社　1974 年 8 月

本书介绍水稻各个生育期的生理、生态和夺取高产的栽培技术措施。

10. 植树造林

《植树造林》编写组编　上海人民出版社　1975 年 2 月

本书介绍了主要树种的造林技术以及树木病虫害的防治。

11. 保护森林

农业部林业局编　农业出版社　1976 年 2 月

本书是根据 1975 年 8 月全国林业防火现场会议的典型材料和经验交流材料选编而成的。

12. 北京鸭

北京市畜牧兽医站编　北京人民出版社　1976 年 7 月

本书介绍了北京鸭的孵化,种鸭、雏鸭、中鸭、填鸭的饲养管理方法,并详尽地介绍了北京鸭的烤制技术,以及北京鸭的疾病防治等。

13.海蜇

洪惠馨等编著　科学出版社　1978年3月

《农业科学实验丛书》之一种。本书介绍我国沿海产的食用海蜇的生物学特征,并着重介绍沿海各主要产区的海蜇渔业和影响海蜇汛产的环境因素,以及加工工艺和利用等。

(六)工业与工程技术类

1.工程数学基础

大连工学院《工程数学基础》编写组编　人民教育出版社　1976年5月

2.采矿知识

北京钢铁学院采矿系著　冶金工业出版社　1974年10月

《冶金生产技术丛书》之一。本书内容包括:矿山地质与矿山测量;地下开采;露天开采。

3.石油化工工艺

上海化学工业专科学校编　上海科学技术出版社　1978年5月

本书介绍了石油烃类的裂解、裂解气的分离和某些重要的有机原料的制造过程。

4.钢铁

刘云彩著　北京人民出版社　1977年1月

《自然科学小丛书》之一种。本书通俗地介绍了钢铁的特性、品种和用途,以及钢铁是怎样炼成的,钢铁为什么会生锈和防锈的方法等。最后介绍了我国钢铁工业情况。

5.电焊工

国家建委第一工程局编　中国建筑工业出版社　1977年7月

《安装工人技术学习丛书》之一。本书讲述了有关手工电弧焊接的基本知识。

6.手表修理(机械手表)

《手表修理》编写组编　上海人民出版社　1976年7月

本书介绍了机械手表的拆卸装配、清洗加油、故障整修和检验校对等方面的操作技术。

7. 坦克构造

《坦克构造》编写小组编　国防工业出版社　1975 年 6 月

8. 能源

严家其等著　科学出版社　1976 年 6 月

本书介绍了地球上的能源、人类利用能源的历史和能源利用的前景。

9. 原子核反应堆

罗安仁著　北京人民出版社　1976 年 12 月

《自然科学小丛书》之一。本书通俗地介绍了原子核反应堆的工作原理、构造和各种应用。

10. 万用电表

赵宝义编　上海人民出版社　1974 年 8 月

本书介绍了万用电表的结构,万用电表的制作、使用和维修等内容。

11. 玻璃

汪耀庭著　北京人民出版社　1974 年 11 月

《自然科学小丛书》之一种。本书介绍了有关玻璃的一般基本知识、制造玻璃的原料和方法。

12. 常用家具图集

北京市木材工业研究所编　农业出版社　1974 年 7 月

本书主要介绍家具结构图三十九种,每种有透视图和施工图。

13. 城市园林绿地规划

云南林学院园林系修订　中国建筑工业出版社　1976 年 12 月

本书除对城市绿化的作用和城市园林绿地规划原则作了阐述外,还对园林绿地分类及用地面积、城市园林绿地规划及设计作了较系统的介绍。

(七)交通运输类

1. 现代交通工具——铁路

张念春等著　上海人民出版社　1975 年 5 月

本书介绍了铁路交通各部门的技术发展概况。

2. 铁路航空摄影测量

铁道部西南交通大学航测专业编　人民铁道出版社　1978 年 6 月

《铁路勘测设计基础丛书》之一。本书重点介绍铁路航测作业控制测

220

量,像片调绘以及多倍仪测图,立体量测仪测图的原理、方法和步骤。

3. 铁路沙害的防治

中国科学院兰州冰川冻土沙漠研究室编著　科学出版社　1978 年 4 月

本书叙述了我国北部地区风沙对铁路的危害的基本情况和治理措施。

4. 机车概要

交通部机车车辆局编　人民铁道出版社　1975 年 2 月

本书包括了全国各型蒸汽、内燃、电力机车的技术性能及主要数据参数。

5. 城市道路路面铺设与维修

李泽民编　中国建筑工业出版社　1975 年 1 月

本书介绍了城市道路几种常用路面铺筑与维修的施工方法。

6. 汽车拖拉机电工

吉林工业大学汽运、电工教研室编　机械工业出版社　1975 年 3 月

本书分上下两册。上册主要介绍电工电子学基础知识,下册主要介绍汽车拖拉机电气设备。

7. 自行车的使用和维修

北京市东城区自行车修配厂编　北京人民出版社　1976 年 8 月

8. 港口工程

《港口工程》编写组编　人民交通出版社　1978 年 6 月

9. 船体放样工艺

新港船厂放样车间编　人民交通出版社　1977 年 3 月

本书内容包括放样、号料和画线,重点是放样。

10. 航海气象

大连海运学院海洋气象小组编　人民交通出版社　1975 年 1 月

本书介绍了远洋海员所必需的气象知识。

11. 世界主要港口浬程表

人民交通出版社编辑、出版　1975 年 2 月

本表收集了世界各主要港口、岛屿、海峡、海角间浬程和部分航路浬程。

(八)航空、航天类

1. 飞行的科学

徐华舫著　科学出版社　1978 年 4 月

本书是一本介绍飞行原理的科学普及书籍。

2. 国外民航机试验

上海 5703 厂　上海科学技术情报研究所同编译　上海科学技术情报研究所　1977 年 9 月

3. 飞机外形计算的数学基础

《飞机外形计算的数学基础》编写组编　国防工业出版社　1978 年 3 月

4. 战斗机满意的稳定性和操纵性

董庚寿编译　国防工业出版社　1978 年 2 月

本书介绍了在飞机的草图设计阶段，为了获得飞机在实际飞行时满意的稳定性和操纵性，设计人员对飞机各部件的尺寸大小和相对位置应该考虑的有关问题，并针对军用战斗机的稳定性和操纵性作了较全面而简要的讨论。

5. 降落伞技术导论

《降落伞技术导论》编写组编　国防工业出版社　1977 年 9 月

本书内容包括：降落伞理论与计算；降落伞材料、工艺与包装维修；降落伞试验与测量技术。

6. 国外导弹

唐钟藩编译　国防工业出版社　1977 年 10 月

本书收集了世界各国目前正在生产、使用与研究的导弹共二百二十八种。

7. 地球资源技术卫星及其应用

中国科学技术情报研究所编辑　科学技术文献出版社　1977 年 2 月

全书主要从数据用户的角度介绍了该卫星的整个系统及其初步应用情况。

8. 人造地球卫星

北京航空学院工农兵学员编　北京人民出版社　1975 年 7 月

《自然科学小丛书》之一种。本书介绍了人造地球卫星的构造、运动与轨道、运载工具，以及人造地球卫星的应用、回收、观测和发展前景。

9. 现代作战飞机

朱宝流编著　战士出版社　1979 年 12 月

《部队科学知识普及丛书》之一种。本书介绍了什么是现代作战飞机，现代作战飞机的特点、作用,以及如何配合陆军作战,如何对付现代作战飞机等问题。

10.有什么样的身体才能当飞行员

吴孝感著　国防工业出版社　1978 年 1 月

本书系《航空与航天科技小丛书》之一种。

(九)环境科学类

1.国外公害概况

中国科学技术情报研究所编　人民出版社　1975 年 1 月

本书叙述了公害的形成和现状,包括:美国、苏联、日本、英国、西德、法国、印度的公害情况以及环境的污染和破坏情况。

2.环境保护

健民等编著　科学出版社　1977 年 9 月

本书通俗地介绍了有关环境保护方面的基本知识。

3.环境污染与生物净化

辽宁省林业土壤研究所编译　科学出版社　1976 年 6 月

本书为国外在水——土壤——植物系统环境污染与生物净化方面的专题研究文献选辑,着重介绍焦化和石油化工废水污染环境与生物净化问题。

4.污染环境的工业有害物

石油化学工业部化工设计院编　石油化学工业出版社　1976 年 11 月

5.地理环境污染及其危害

中国科学技术情报研究所编辑　科学技术文献出版社　1974 年 11 月

6.谈谈空气污染

李寄陶著　江苏人民出版社　1975 年 4 月

7.水污染与水体保护

中国科学院地理研究所编　科学出版社　1976 年 12 月

8.海洋的放射性

李永祺著　科学出版社　1978 年 4 月

本书介绍国外有关海洋放射性的调查和研究状况,着重介绍海洋人工放射性污染的来源、分布、转移和射线对海洋生物的影响,以及防止海洋放射性污染等问题。

9. 废水处理与利用

清华大学给水排水教研组编　中国建筑工业出版社　1978 年 1 月

10. 向清洁无害厂进军

沈阳化工厂编　石油化学工业出版社　1977 年 12 月

本书介绍了这个化工厂环境保护工作的主要经验和做法。

11. 环境保护检验

上海市卫生防疫站编　上海人民出版社　1970 年 11 月

《上海市治理三废技术小丛书》之十三。本书列述了水、大气、食品、土壤中数十种主要污染物的分析检验方法。

（十）科学总论与综合类

1. 向科学技术现代化进军（全国科学大会文件汇编）

人民出版社　1978 年 5 月

2. 中国古代科技成就

自然科学史研究所主编　中国青年出版社　1978 年 3 月

本书分天文学、数学、物理学、化学和化工、地学、生物学、农学、医药学、印刷术、冶金铸造、纺织、兄弟民族的科技成就等十五个部分。

3. 现代科学技术简介

《现代科学技术简介》编写组编　科学出版社　1978 年 2 月

本书共收四十七篇文章，简要介绍了现代科学技术各领域的概貌和基本知识；科学技术与国民经济、国防建设的关系；各学科在基础理论研究中的地位和作用，以及它们的世界先进水平的情况和国内外发展动向等。

4. 展望公元 2000 年的世界（国际预测综述）

（德意志联邦共和国）拜因豪尔·H.、施马克·E. 同著　郑慕奇等译
北京人民出版社　1978 年 3 月

本书根据六十年代末资本主义世界的经济、技术水平，综合了在西方国家搜集到的科学情报资料，对二十世纪结束时世界经济、科学、技术、资源开发与利用等方面可能的发展趋势作了预测。

5. 科学年鉴（1977）

（美）诺尔特·H. 主编　科学出版社　1978 年 3 月

本书介绍了从 1975 年 6 月至 1976 年 6 月这一年间美国和其他一些国

家在科学技术方面的进展、成就和活动。

6. 世界科学译丛 第二辑

《世界科学》编译组译 上海科学技术出版社 1978年6月

本辑收集了当前科学技术研究动态和发展方向的十二篇文章,主要介绍了生物遗传学和基本粒子方面的一些研究情况,对数学中的一种新理论——"突变理论"作了一些介绍,并且也反映了微电子学、计算机和太阳能研究的进展情况,以及心脏病研究的近期进展。

7. 现代科学技术词典

钱伟长等编译 上海科学技术出版社 1980年12月

8. 全国总书目(1974)

国家出版事业管理局版本图书馆编 中华书局 1977年10月

9. 国外期刊目录(1976)

中国科学技术情报研究所编辑 科学技术文献出版社 1977年7月

10. 全国主要报刊资料索引

上海市报刊图书馆编辑部出版 1956年2月

11. 辞海

辞海编辑委员会 上海辞书出版社 1979年

第六章 分类索书号与分类目录

第一节 同类图书的排列与分类索书号的编制

一、同类图书的排列

1. 意义、作用与基本要求

用图书分类法类分图书的结果,将内容性质基本相同的图书归集在一起,并确定了它们在整个分类体系中的位置,起到按学科系统分门别类组织藏书和向读者展示各类图书的作用。但图书分类的目的还不止于此,它还要便于科学管理和进行检索。一组图书的号码完全相同,是达不到这个目的的。因而必须将同类图书进一步区分,直至每一种图书的号码都能有别于其它图书。同类图书的排列,是在图书分类基础上,依据某种标准进行再区分,并确定这些图书的先后次序,因此,从某种意义上可以说同类书的排列是图书分类的深化。

同类图书的排列,在图书馆实际工作中是十分重要的,它既关系到同类图书在书架上的排列,也关系到各条分类款目在目录中的排列,解决好同类图书的排列方法,使各种图书个别化,次第化,号码简短明了,易读、易记、便于取归,有利于加强科学管理和提高工作效率。解决好同类图书在分类目录中的组织方法,使各条款目个别化,排列有一定规律,适合大多数读者的检索习惯,有利于提高分类目录质量和方便检索。也就是说,同类图书的排列不仅要适于排架,还要便于检索,因此对它的基本要求是:①能适应类目性质,达到深化分类目的。②能适应出版物特点和一般群众的检索习惯,以求有一定规律性,排检自如。③要有简单易行的区分方法和标记,便于提取和归还图书。

根据这些要求,某些类目中同类图书的排列就需要采取与之相适应的方法。例如:马克思、恩格斯、列宁、斯大林、毛泽东的单行著作按写作时间排列,以反映他们的革命活动或创作实践;各种会议及其文献按届次或年代排列,以反映其历史发展、时代背景;传记图书按被传人排列,以集中有关某一被传人的各种研究资料;文艺作品按著者排列,以集中某一作者的所有作品;具有地理区域性质的各类图书,如地方志,区域水文地理等均按地名排列,以集中同一地区的资料;具有时间特点的图书,如历书、气象观测记录等,按时间顺序排,以反映图书内容范围;工业标准等按原编号排,以表明它的完整性等等。

为使这种排列更科学和达到各馆一致,图书分类法往往对某些类的同类图书的排列方法作出明确规定。例如,《中图法》就有如下规定:

A12　　　马克思、恩格斯单行著作
　　　　　　　　按写作年代顺序排。

D125　　第一国际会议
　　　　　　　　依会议时期排。

D21　　　中国共产党党章
　　　　　　　　依党代表大会届次排。

F532.7　中国铁路运输经济各线路概况
　　　　　　　　按线路名称排。

P112　　天文台(观象台)
　　　　　　　　依世界地区表分,再按台名排。

P416.4　极地气象观测记录

TV152 中国河流泥沙

依河流名称排。

Z62 中国期刊、连续性出版物

按期刊名称排,再按出版年代排。

Z842 中国私家藏书目录

依中国时代表分,依藏书家排。

Z862 中国个人著作目录

依中国时代表分,依著作人排。

然而每部图书分类法不可能也没有必要在全部类目下都详细规定同类图书的排列方法。这就需要根据上述基本要求另外规定大多数类的同类书排列法。

2. 同类书排列的主要方法

在图书馆长期工作实践中,人们根据图书的一些比较明显的特征,并考虑到便于查找,创造出各种排列同类书的方法。我国图书馆界现行的主要方法是二种,即按著者姓名排和按图书分编先后次序排。此外,按出版时间排的方法近来也引起人们的重视。

(1)按著者姓名字顺排,就是按图书编著者的姓名,根据一定的编号方法取号,然后根据所取的著者号码顺序排。采用这种方法,要依据一定的著者号码表(详见第二节)。这种排列方法可集中同一类目中同一著者的不同著作,这对于某些类目是很适用的。例如,在文艺作品类下同类同一著者的不同著作往往比较多,作品风格与著者有紧密联系,读者使用这类图书也大都以著者为查找途径。但在大多数类目中,同类同一著者的不同著作是不多的。一般说来,分类越细,在某一小类中同一著者具有多种著作的情况就越少,因而这种排列法集中同类中同著者不同著作的作用是有限的。可是它有一个很大的优点,即全国可以采用规范的著者号码表,有利于集中编目与标准化。此外还由于著者号码一般不因类而易,因此在变更分类法或修改分类法后,基本不动它就可将新旧两种分类目录统一按新的分类体系组织起来,也便于按不同需要,采用不同类级分别来排列图书与组织目录。

此法要借助著者号码表取号。目前各馆使用的著者号码表都不甚完善,极易出现重号现象,而要添加其它辅助区分符号又势必使著者号码变得复杂,尤其是团体著者名称往往不稳定,更会给使用著者号码增添不便。

(2)按图书分编先后次序排,就是依据同类书分编的先后,按种编顺序号,故称种次号。由于此法简单易学,号码短,在我国尚无一个比较完善的著者号码表的情况下被很多图书馆采用。但这种排列方法是不够科学的,因为种次并不是图书本身的一种属性,而是一种偶然次序,没有一个客观的规律可循。又由于种次号是按类起头的,所以一旦确定之后,不能随便变动,因而不便于根据不同需要分别按不同类级排列图书与组织目录,在更改分类法或修改分类法时,必须同时更改种次号。各馆的种次号无法取得一致,不利于集中编目与标准化。

(3)按图书出版年顺序排。这种方法可以给读者提供一个新的有效的检索途径。读者不仅可以在一个类目,而且可以在有关类目找到同一历史时期的出版物,从而了解到学科的系统性及其发展的阶段性。取号简便,号码直接表述含意(年、月),不仅工作人员易读、易记,读者也易理解。此种号码也是不因类而易的,因而在改用分类法或修改分类法后不必动它即可统一组织新旧分类目录,也便于根据需要分别按不同类级排列图书与组织目录。其主要问题在于同类图书中出版时间相同的较多,要进一步区分,必然造成号码较长,排检不便。

目前各图书馆由于具体情况不一,分别采用了上述某一种方法,同类图书排列问题尚未统一,但已引起人们的关注,有待于进一步探讨与研究。

二、分类索书号的编制

索书号又称排架号,它是每种图书在整个藏书组织中所处位置的一种标志,也是图书排架、读者索书和藏书清点的标志和依据。前面说过,同类书还要进一步区分,达到图书号码的个别化,因此,分类号相同的图书(即同类书)还需要用一种号码来固定它们的先后次序,这种号码称之为书次号,也有的称之为书码。由于它是工作人员与读者经常使用的一种号码,因此要求它简短、易读、易写、易排,而且应该与分类号有较明显的区别。

使用书次号基本上可以把各种图书区分开来,但一种图书中往往还有不同版本、不同译本、多卷册等等,还需要使用辅助区分号,再进一步区分。这样才能使同一馆里的每一本书都有它特定的号码——索书号。分类索书号由分类号、书次号和辅助区分号组成。

下面分别介绍分类索书号各部分的编号方法。

1. 分类号(略)。

2. 书次号。取书次号的主要方法有三种:著者号、种次号、年代号。

(1)取著者号法:即依著作人的姓氏取号,取著者号要依据已编好的著者号码表。我国现行著者号码表很多,使用时必须遵守各表的详细规定(详见第二节)。

(2)取种次号法:先确定哪一级类目作为取种次号的起点,藏书少的可按大类或前几级类目取,藏书多的可按排架分类号的类目取,每一类的种次号都从"1"开始。根据确定的类目(如果下位类不用作取号的依据,则包括它的下位类),把属于它的所有图书,按收到先后分别给1、2、3、4、……等种次号。如果过一段时间再入藏同种书的复本,或不同版本,多卷书的不同卷次,则须在查重后仍取原来的种次号,不能另取新号。

为了保证一种书只有一个种次号,不致发生在同类中有重号或跳号的现象,图书馆往往采用设置种次号记录卡或用代号卡的方法。

种次号记录卡可正反两面都用,一张卡片用完后,再添第二、三……张,依次在"00"前面加上1、2、3……表示号码连贯,并在每张卡片上都注明类号与类名,防止混乱。每分入某类一种书,则按类查到其种次号记录卡,依次使用该类种次号,在号码右边空格打"v"号,以示该号已被用。这套卡片按分类号排。

代号卡,就是当某类分入一种书,依次取了种次号后,随即在分类排架总目录的该类目录片后插入一张卡片(代替已取过的号码),取几个号则插入几张卡片,待新编图书制好分类排架片后,排入目录,取出代号卡。

种次号记录卡格式如下:

类号				类名					
00	10	20	30	40	50	60	70	80	90
01	11	21	31	41	51	61	71	81	91
02	12	22	32	42	52	62	72	82	92
03	13	23	33	43	53	63	73	83	93
04	14	24	34	44	54	64	74	84	94
05	15	25	35	45	55	65	75	82	95
06	16	26	36	46	56	66	76	86	96
07	17	27	37	47	57	67	77	87	97
08	18	28	38	48	58	68	78	88	98
09	19	29	39	49	59	69	79	89	99

（3）取年代号法：一般是取图书的出版年、月（不取印刷年、月），取年份的后两位数字，再加月份。如《图书馆目录》一书是1957年8月出版的，其书次号即为5708。至于两个世纪的年份号相同时，则应在其号码前加其他符号以示区别。年代号一般按顺纪年排。

3. 辅助区分号。主要有版本号、卷次号、类型符号、复本号。

（1）版本号（或称版次号）：用以区分同种书的不同版本。一般写在索书号的第三行或加在书次号之后，用阿拉伯数字表示版次，数字前，有的加"—"，有的加"（）"。第一版通常不用版本号，从第二版起注明。也有的采用"书次号／年代号"的格式来表示。例如：

《朝花夕拾》鲁迅著

1929年版　I210.4　或 I210.4　或 I210.4
　　　　　L87　　　778/29　　　3

《朝花夕拾》鲁迅著

1947年版　I210.4　或 I210.4　或 I210.4
　　　　　L87　　　778/47　　3－2
　　　　　（2）

《朝花夕拾》鲁迅著

1951年版　I210.4　或 I210.4　或 I210.4
　　　　　L87　　　778/51　　3－3
　　　　　（3）

（2）卷次号：用以区分多卷书的不同卷次。多卷书的卷次一般印在书脊上，但往往由于贴书标或书籍装帧的原因，以致原有的卷次号显示不出来，这就需要在索书号码上标明，以便取归。卷次号也往往写在索书号的第三行，位于版次号之后，用阿拉伯数字表示卷次，在数字前加一定的符号，若卷下再分册，则往往用"："或"·"来进一步区分。

现举王力著《古代汉语》一书为例：

《古代汉语》上册第一分册

H109.2　　H109.2

3　　或　　W28

:1.1　　.1:1

《古代汉语》上册第二分册

H109.2　　H109.2

3　　或　　W28

:1.2　　.1.2

（3）类型符号（或称特藏符号）：用以表示不同的藏书类型。图书馆藏书不仅有内容的不同，还有形式上的差别，为了便于收藏管理，也需要在索书号上用符号注明。类型号往往用一种特定的符号或汉语拼音字母来表示，例如：用"△"、"G"来表示"工具书"；用"井""T"来表示"图谱、舆图"等。这种符号一般标在分类号的上方。

例如：《现代汉语词典》　H1 $\overset{\triangle}{\underset{2}{6}}$ 4

（4）复本号：用以表示同一种书同一版本或同一卷次该馆所入藏的复本数。往往写在索书号的最末一行，用阿拉伯数字表示。第一本书不注，从第二本（即第一复本）起，依次标明。用"C"表示。

例如：《朝花夕拾》1951 年版，收藏 5 册，它们的索书号即分别为：

I210.4　I210.4　I210.4　　　I210.4　　I210.4　　I210.4
L87　　　L87……L87　或者 3—3　　　3—3……3—3
（3）　　（3）　　（3）　　　C2　　　　C3　　　　C5
C2　　　C3　　　C5

但这种复本号在图书馆实际工作中实用意义不大，反而使索书号变得冗长,因此一般不使用,借还书或清点藏书时,可用书内的登录号来代替。

分类索书号的编制工作是图书馆业务工作中十分重要的一个环节。在确定使用某种分类法之后,就要选择使用一种书次号。在选择使用书次号时,要结合各馆实际与可能,仔细分析比较各种书次号的优缺点,一旦选用不宜轻易变动。至于辅助区分号,则应根据各馆的藏书情况、发展规模和实际需要,作出使用规定。

第二节　著者号码表

著者号码就是代表图书著作人姓名顺序的号码。将许多常见著者姓名按照一定的检字方法编排成一个顺序,再分配以适当的顺序号码,这样编就的表就是著者号码表。

著者号码如用作书次号,著者号码表则是图书馆员据以取号的必需工具,因此,我们必须了解它的一般结构与使用方法。

在国外,西文图书通常用"克特著者号码表",俄文图书通常用"哈芙基娜著者号码表"。目前国内在分编外文图书时,也往往使用这两种著者号码表。

中文著者号码表的编制要以汉字排检法为基础,因为汉字有多种排检法,所以汉字著者号码表的种类较多。目前我国尚无一个比较完善、比较规范的著者号码表。建国以来,一些专家与工作人员在这方面进行了大胆尝试,尤其是"汉语拼音方案"公布之后,出现了不少著者号码表,只是由于没有进行有组织的、系统的试验、比较、讨论、总结,因而没有形成可在全国推广的规范化的著者号码表。所以我们在使用每一种具体的著者号码表时,必须掌握它的编制与使用方法,按照它的规定去做,不能用一种表去套另一种表。

我国著者号码表按编制方法基本上分为两大类型：即查号法与拼号法。

一、查号法著者号码表

这种著者号码表是在汉字音或形的一定顺序排列的基础上将常用著者姓名都列入表内，使用时如同查字典一样，按一定的检字方法查找。

由于检字方法的不同，又分为汉语拼音著者号码表与笔画笔形著者号码表。

1.汉语拼音著者号码表。各种汉语拼音查号法著者号码表，尽管它们的编制方法各有不同，但都是按姓的拼音字母的顺序先后组织起来的，根据姓氏的使用率，有的一字数号，有的一字一号，有的数字一号。汉语拼音著者号码表目前应用较多的有两种：

（1）《汉语拼音著者号码表》（袁涌进、周树基编）。

此表收有2800多字，采用字母与两位数字混合组成的号码，并给马列主义经典作家以专号，附有"笔画检字表"，供不熟悉汉语拼音的人使用。

举例如下：

Li	黎	L27
	离、篱	L28
	里、礼、理	L29
	李 A – G	L31
	李 H – K	L32
	李 L – R	L33
	李 S – T	L34
	李 W – X	L35
	李 Y – Z	L36
	吏、利、立、粒、笠	L37

"Li 黎"是一字一号,"Li 里、礼、理"是数字一号,"Li 李"是一字六号。取号时,先根据著者姓名首字的汉语拼音查到此字,若一字一号或数字一号,则可直接取字后所注号码;若一字数号,则再根据著者姓名的第二字的拼音字母确定所取号码。如:李六如(Li Liu ru),其著者号为 L33;李劼人(Li Jie ren),其著者号为 L32;李英儒(Li Ying ru),其著者号码为 L36。

(2)《中文图书汉语拼音著者号码表》(李修宇等编)。

此表不标出具体的汉字,只列出汉字的汉语拼音音节,也不分四声,配号、取号都以著者姓名首字汉语拼音音节为依据,首字音节相同的,再以第二字的首字母来确定其号码。

此表共分五行:中间一行的数字即为著者号码,供左右两侧的音节共同使用;第一与第四行是列出的汉语拼音音节;第二与第五行是著者姓名第二字的汉语拼音首字母,表中只标出单个字母,实际往往表示从所标出的上一字母到下一字母之间的几个字母同用一个号码。举例如下:

Kan		18	Li	A
Kang	A	19		B
	F	20		C
	K	21		D
	N	22		E
	S	23		F
	Y	24		G
Kao	A	25		H
	N	26		J
	A	27		K
	B	28		L
	Bi	29		M
	C	30		N

236

chi	31		P
D	32		Q
Di	33		R
E	34		S
F	35		T
G	36		W
Gong	37		X
H	38		Y
Hong	39		Yi
J	40		Z
⋮	⋮		⋮
Y	64	Liu	C
Yao	65		E

　　上表中第二行标出 A、F，其对应号码是 19、20，则表示 Kang 音节后第二字首字母从 A 至 E 都用 19，从 F 至 J 都用 20；第五行标出的 H、J，其对应号码为 25、26，则表示 Li 音节后第二字首字母的 H、I 都用 25，J 用 26。

　　用表时，先在第一或第四行中查到著者姓名首字的汉语拼音音节，如果该音节只有一个号码，则直接取该号为著者号，若该音节配有多个号码，则需在该音节下查到著者姓名第二字的汉语拼音首字母，与该字母对应的号码即为该著者的著者号。例如我们要查"康民"的著者号，先在第一栏查到 Kang，再查第二字的首字母 M，表中只标出 K 与 N，是表示从 K—M 都用 21，因此，著者"康民"的号码应为 K21。依此方法，柯岩（Ke Yan）的著者号码为 K64；李六如（Li Liu ru）的著者号码为 L28；李韵人（Li Jie ren）的著者号码为 L26；李英儒（Li Ying ru）的著者号码为 L39。

　　此表号码的数字部分采用小数制，可以根据需要层层展开，将两位数字扩展而不动原来的体系，因而便于增补新音节与处理重号。

这一类表的优点是:采用汉语拼音,使汉字排检有一较固定的顺序,有利于编制可供全国统一使用的规范化的著者号码表;采用拼音字母与数字组成的号码,号码较短,且与著者首字的读音紧密联系,易于排检。

但由于汉语方言较多,一字往往有数种读音,因而可能由于读音不准而取错号码,就不得不时常借助于字典;汉语同音字多,这些字的排检顺序较难确定。

2. 笔画笔形著者号码表。这一类著者号码表是先将所收各字按画划排列起来,同笔画的再按起笔的笔形排列,起笔笔形相同时,再按第二笔笔形排,依此类推。把全部汉字组织好以后,再分配号码,号码分配与汉语拼音著者号码表相似。

例如:《笔画起笔著者号码表》(王凤翥 1954—1957 年编)。此表以表格形式标出汉字,常用字后还注上(丶)、(一)、(丨)……表示第二字的起笔笔形,使用时要将每字所对应的上方与右方竖横两栏的数字合成著者号。举例如下:

七画、—— 一

25	26	27	28	29	
社、罕	芳、芦、劳	李(乛)	陆(丨)	(丨)肖、步、别、足、呐	0
(一)忒、来	苏	(丨)	(丿)	吴(丶)	1
寿、麦	芬、芥、芮、花、戒、耶	(丿)	际、阿	(一)	2
进、远、运	杜(丶)	(乙)	陈(丶)	(丨)	3

25	26	27	28	29	
求、字、志	（一）		（一）	（丿）	4
赤、孝、劫、坟、坎、坂	（丨）	杏、杉、巫、医	（一）	吟、吹	5
抗、护、扶、把	（丿）	励、还、灵、君、改、迟	（丨）	吕	6
拆、丽、车、吾、束、两	村、杞	邵、陀	（丿）	听、见、里、时、助、具	7
严	李（丶）	陆（丶）	（乚）	县、园	8
克	（一）	（一）		邮、坚、岑	9

表中有的是一字或数字占据一格,给著者号时,只需将该字所居格对应的上方与右方的数字拼合即成。如给"苏轼"的著者号,首先按"苏"字的笔画查到七画,再从该字的起笔（一）查到上表,在表中查到"苏"字,其上方与右方的号码分别为 26 与 1,则"苏轼"的著者号为 261；有的是一字占据数格,则再需以第二字起笔的笔形区分,如给"李六如"的著者号,先按"李"字的笔画查到七画,再以该字的起笔（一）查到上表,表中"李"字占据六格,此时再根据"六"字的起笔笔形（丶）查到"李（丶）",其上方与右方的号码分别为 26 与 8,因此"李六如"的著者号即为 268。以此类推,"李劼人"的著者号码为 269,"李英儒"的著者号码也为 269,"李希凡"的著者号码为 272。

此类著者号码表大多用单纯数字号码。这种著者号码表不受读音限制,对没有掌握汉语拼音或读音不标准的同志来说,检字方便,但因有些汉字的笔画计算没有统一的规定,起笔也往往因人而异。所以编表者与用表者往往产生分歧,致使不易准确查找。另外汉字不断简化,简繁字体的变动,也易使此类表不稳定,造成使用上的困难。

二、拼号法著者号码表

此类表无固定的汉字或音节排列,而是根据所有汉字的音或形的共同特点划分为若干组,每组给一个号。使用时,根据该字组成部分的特点,到既定的各组中去找号码,然后把号码拼在一起,就成为著者号码。

1. 拼音著者号码表:即将所有的汉语拼音字母分成若干组,每组给予一个号码。

例如,蒋完奎的《著者号码表》,是将 26 个字母分成九组,再加一个"0"表示空位:

1	2	3	4	5	6	7	8	9	0
ABC	DEF	GHI	JKL	MN	OPQ	RST	UVW	XYZ	代表空位

此类号码表的使用法一般有两种:一种依著者姓名首字的拼音字母取号,即取其首字的第一个字母作为著者号的开头,再加上其第二、第三两个字母的号码,组成著者号,对以 Zh、Ch、Sh 开头的姓,则取双字母为著者号起头。例如:(用上表)"郭"(Guo)为 G86,"陈"(Chen)为 Ch25;第二种取号法则取著者姓名每一字的首字母的号码组成,例如:"郭沫若"(Guo Mo ruo)为 357。

此类表使用比较简单,但重号现象很多,再行区别就必须加上其它附加号,会使号码变长、复杂。

2. 四角号码著者号码表:这是按汉字形位的特点,将其分成十个组,每一组给一个号码。取号时按汉字四个角的形位特点,每角各取一号组成一个字的完整号码,因此称四角号码。其笔形和代号如下(取自《现代汉语词典》):

笔 名		号 码	笔 形	说 明	
复笔 头		0	㇔	点和横相结合	
单 笔	横	1	一	横	
			一 ㇕ ㇂	挑、横上钩和斜右钩	
	垂	2	丨	直	
			丿 亅	撇和左直钩	
	点	3	㇒ 、	点	
			乀	捺	
复 笔	叉	4	十	两笔交叉	
			扌 七 乂 㐬		
	串	5	丰	一笔穿过两笔或 两笔以上	
			扌 戈 丰		
	方	6	口	四角整齐的方形	
			口 口		
	角	7	㇕ ㇜ ㇆ 乚	一笔的转折	
			厂 广 ㇆	两笔笔头相接 所成的角形	
	八	8	八	八字形	
			人 入 丷 丷	八字形的变形	
	小	9	小	小字形	
			忄 个 小 业 ⺌	小字形的变形	

一般每字按①左上角,②右上角,③左下角,④右下角的次序
取号。

例如： 颜 0128 郭 0742 费 5580
不少图书馆采用这种方法来排检字顺目录,但用作者号时,

各馆的方法往往不一样,不一定都取首字的四角:有的取首字的左右两上角,再加第二、三字的左上角;有的取首字的左右两上角,再加第二字的左右两上角,等等。结果同一个著者用不同的取号法就得到不同的号码。因此各馆必须有自己的规定,并且始终遵循。

例如:"高玉宝"的著者号,如取其首字四角,为0022;如取首字的左右两上角加第二、三字的各一左上角,为0013;如取前两字的左右两上角,则为0010。

使用四角号码取著者号的缺点是容易出现不同著者的相同号码,若加区分号,会使号码长而复杂,且有汉字简繁字体的变化带来的不稳定性。

此外,还有一种方法是利用著者姓名,直接取各字的汉语拼音首字母作著者号,有人称之为"首字母法",其实,这也是一种拼号法,不过它的"号"不是阿拉伯数字,而是字母符号。如:赵树理(Zhao Shu li)的著者号是ZSL,柳青(Liu Qing)的著者号是LQ。这对熟悉汉语拼音的同志来说,取号简单,但使用符号排检,读写都不方便。

三、著者号码表的一般使用方法

各种著者号码表的使用方法是有差别的,需依其具体规定办。这里只讲一下一般方法。

1. 首先要确定一书用以作为取著者号码依据的著者。这有下例几种情况:

(1)只有一个著者的,就依此著者取号。

(2)有几个著者的,依第一人取号。

(3)机关团体著者,依著录的著者第一字取号,如:中华人民共和国商业部,著录为"商业部",就依"商"字取号。

(4)无著者的书,则依书名的第一字取号。

(5)著者已被用作类名,则依书名的第一字取著者号,例如:

242

《朝花夕拾》与《华盖集》均为鲁迅所著,而其类名是"I210 鲁迅著作",如果该类图书都用"鲁迅"取著者号,就达不到使用著者号的目的了,因此要依书名的第一字"朝"与"华"来取号。

(6)传记类图书的著者号,依被传人的姓名取号,而不依该书著者取号,这是为了让评述同一被传人的图书集中在一起。例如:《曹雪芹小传》著者是周汝昌,依"曹雪芹"取号,不依"周汝昌"取号。

2.同类书的著者号相同时,必须进一步区分。无论使用哪种方法,第一步取得的是该书的著者号,但还不能直接用作索书号上的书次号。因为著者号并不代表一个特定的著者,而是仅仅代表他的"姓"或"姓名"一字或数字的号码。因而不同的著者可以是同一个号码。例如:用王凤翥编的《笔画起笔著者号码表》,李劼人与李英儒的著者号均为369;用袁涌进、周树基编的《汉语拼音著者号码表》,李六如与李乔的著者号均为L33;用李修宇等编的《中文图书汉语拼音著者号码表》,李晓明、李心田的著者号均为L37;用蒋完奎编的《拼音著者号码表》,各按姓名的第一字母取,李劼人与李六如的著者号均为L47。这种重号,如果所著图书分属不同的类目,可以不必再行区分,但若属同一类目,如上所列著者所著图书皆属中国现代中长篇小说类,就必须进一步加以区分。这是同类书著者号相同的第一种情况。

同类书著者号相同的第二种情况是,同一类中同一著者往往有多种著作。例如:刘国钧著有《中国书的故事》、《中国书史简编》、《中国古代书籍史话》等书,都属于同一类,它们的著者号显然是相同的。

同类书还有一种重号情况,即同种书的不同版本、不同译本,以及多卷书的各卷次。这种重号不仅在用著者号做书次号时出现,在用种次号时同样出现。

对第一种情况,各著者号码表都有相应的规定,例如:袁涌进的表规定在著者号后添加著者姓名第二字的第一个字母（大写）；如刘澍德为 L74，又入藏了刘绍棠的著作，则刘绍棠为 L74S；李修宇等的表规定按小数制展开原有著者号，如李晓明为 L37，李心田为 L370，李学诗为 L371。尽管各表均有详细规定，也往往还会有重号，就必须再一步步区分，直至同类书中没有完全相同的著者号为止。

对第二种情况，各著者号码表也有相应的规定，例如：袁涌进的表规定在著者号后加书名的第一个字母（小写）；李修宇等的表规定在著者号后加短横，再加种次顺序号等等。

第三种情况的处理方法，在前一节"辅助区分号"中已有叙述。

第三节 分类目录及其组织

一、分类目录的意义、作用和局限性

分类目录是将各条分类款目依照一定图书分类体系组织起来的目录，是从知识体系方面揭示图书馆藏书内容的重要工具。

分类目录是图书馆目录的一种。图书馆通过分类目录向读者披露一个有内在联系的藏书整体。它将关于各个知识部门及其细小门类的图书，依照各个知识部门本身的逻辑次序揭示出来，有高度的科学系统性。它可以使读者了解某一门学科包括哪些基本内容，有哪些门类，与其它学科有什么关系，以及该图书馆藏有某一门类的哪些图书，进而帮助读者认识这门学科，选择利用这些图书，提供以类求书的途径，并起到触类旁通的作用。

其次，分类目录能帮助馆员向读者推荐图书，用一种书代替另一种未入藏或已借出的图书，是馆员进行图书宣传工作的重要工具。

第三，分类目录是馆员编制推荐或参考书目,解答读者咨询等参考工作必不可少的工具。

第四,分类目录是图书采购人员有目的补充藏书的依据或参考。

分类目录是图书馆读者服务工作中的基本目录,因此,一般图书馆都设有分类目录。

分类目录虽然是图书馆中十分重要的一种目录,而且有着其它各种目录所起不到的作用,但它也起不到其它各种目录所具有的独特作用,有一定的局限性。

首先,分类目录受分类法这种工具的制约。在目前的分类法中,同一主题的内容是分散的。例如:茶树的植物生态属于生物科学;茶树的栽培属于农业科学;茶叶的加工制造属于工业技术;茶叶的销售、保管属于经济科学。这样,关于"茶"的资料就散见在各个门类,在分类目录中就不能集中在一起,要使用这个主题的图书,就要到许多门类中去查找。

其次,读者利用分类目录查找图书资料时,往往先要考虑这一类目在整个分类体系中的位置,思路比较复杂。在查找细小门类或新兴学科时,这种局限性尤为突出。例如:要查找"硅太阳能电池"的资料,必须依照下面的思路来考虑:即"硅太阳能电池"属于"太阳能电池","太阳能电池"属于"光电池","光电池"属于"独立电源技术","独立电源技术"属于"电工技术",然后才能着手从电工技术类逐级检索,查到所需有关"硅太阳能电池"的资料。有时,读者思考的所属关系与图书馆分类体系的所属关系不完全一致,则需要经过多次修正自己的思路,才能达到使用资料的目的,往往费时费力。

第三,对只知书名的图书较难查找,同时,除了分类法中为之专立类目的某一著者的著作外(如《中图法》中 I210 鲁迅著作),

无法集中某一著者的全部著作。

分类目录的这些局限性,有的可通过改善分类目录本身来克服或缩小,如编制主题字顺索引或类目索引,合理编制附加与分析款目;有的可利用其它目录来解决,如利用书名目录、著者目录和主题目录。

总之,分类目录是图书馆重要的,但不是唯一的目录,它有自己的特殊作用,也有许多不足,必须与其它目录互相配合,互相补充,构成一个完整的目录体系,才能满足读者各方面的需要。

二、分类目录的组织

分类目录由图书的主要分类款目、附加分类款目、分析分类款目、综合分类款目、类目参照片和目录指导片等组成。完善的分类目录还应有主题字顺索引或类目索引。

1.分类目录组织的依据。分类目录的特点是按照一定的学科体系来组织各种分类款目的。它所依据的是各图书馆采用的图书分类法。组织目录时,将各款目依照分类号码的先后次序排列起来,这时所依据的分类号是每种款目上的目录分类号,而不是索书号中的分类号。这两者有时是一致的,有时是不一致的。

分类号之间的排列是有一定顺序的,目前分类号大多采用字母与数字的混合制或纯数字制。字母就依各种文字字母本身的顺序排,例如:A、B、C、D……,阿拉伯数字则按小数制的顺序排,例如:21、211、211.61、213、22、222、224、23、231……。

2.同类款目的排列。一个分类号代表一个类目,并不代表一种具体的书。性质相同的书,其分类号是相同的。因此每一种图书除有分类号外,还编有书次号。在组织分类目录时,一般先按分类号排列,把分类号相同的款目集中在一起,再依据书次号顺序排。若用种次号,分析款目和附加款目不能依排架种次号排,可排在该类所有款目的前面或后面,再依书名字顺排。

同类款目的排列,也可以按图书出版时间的反纪年顺序排,这可以起到推荐该类新书的作用。

　　此外,有的图书馆还采用分组排列法,即将同类款目分成若干组,每一组内再按书次号排。

　　公务分类目录内同类款目的排列,应与藏书的同类书排列相同,便于用公务分类目录取索书号。

　　3.分类目录的指导片。分类目录的指导片,一般简称为导片或导卡,它的作用在于揭示分类目录的结构及其逻辑系统,揭示各类目的内容,突出指示各类中最重要的著作。

　　指导片有以下两种:

　　(1)一般指导片:它帮助读者在分类目录内迅速找到所需要的那个类,它表示分类目录的结构、各类的类目名称和类号。

　　一般指导片的式样有全耳导片、二分之一导片、三分之一导片、五分之一导片等几种,分别区分不同级位的类目。

　　导耳上写该类的类号和类名,并在导片上注明该类的直接下位类和相应的类号。如有参照类目,也应记载在导片上。这样可以表示出每类的内容,帮助读者认识他所需要的图书在知识体系中的地位,也可引导他从一个较大的类目去查找一个较小的类目,或查找有关的类目。

　　一般指导片的式样如下:

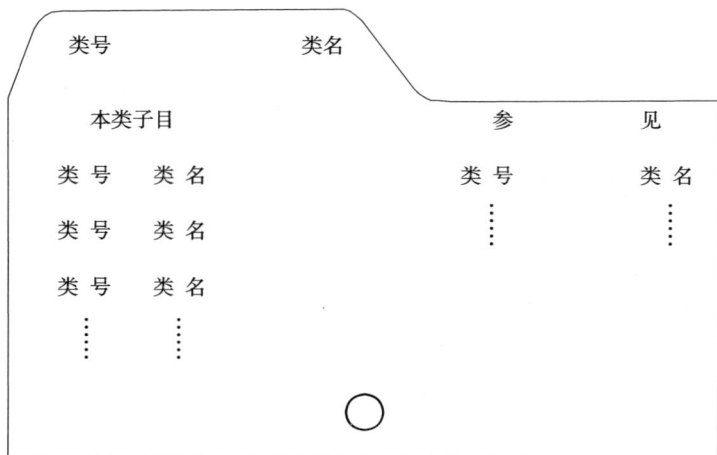

类号		类名			
本类子目			**参**		**见**
类 号	类 名		类 号		类 名
类 号	类 名		⋮		⋮
类 号	类 名				
⋮	⋮				

○

例如：

P33		水文学		
本类子目			**参见**	
P331	水文调查		TV12	工程水文学
P332	水文观测		⋮	⋮
P333	水文分析与计算			
P334	水文实验			
⋮	⋮			

○

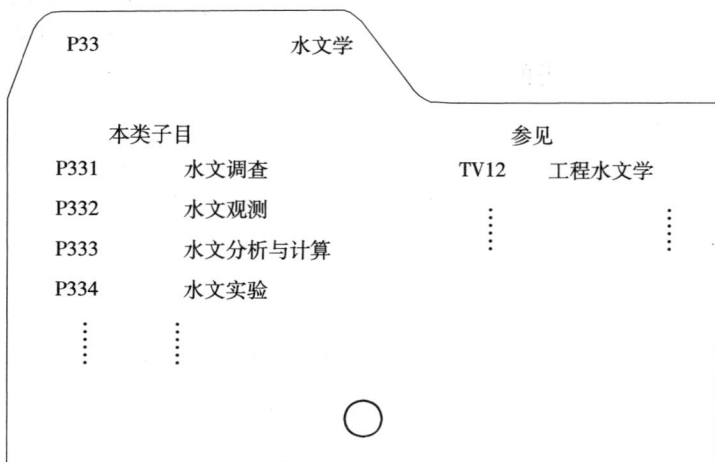

（2）特殊指导片。在分类目录内,还应该将具有现实性的或最重要的科学著作突出推荐,这就需用特殊指导片。特殊导片大多使用异于一般指导片颜色的导片,以示醒目。特殊导片可视需要随时添制或撤除。它只用于读者分类目录。

4.分类目录的参照片。分类目录的指导片能揭示分类体系中的类属关系,但不能揭示类与类之间的依赖与联系的关系,例如:

（1）相关的各类中有许多图书可以同时使用两个或两个以上的类目,如"中国共产党党史"与"中国现代史（1919—）"两类,许多图书可以同时列入这二类的下属有关类目,如果为这些类目中的每一种图书都作附加款目,就会使得目录过分庞大。

（2）有些类目之间,本身存在着密切联系,查阅其中一类图书时,往往还要到其它有关类目中去查找,如人体生理学与生理学,电磁学、无线电计量与电气测量技术及仪器等。

（3）有些类目既可作为这一类的下位类,又可作为另一类的下位类（即交替类目）,在目录内只能依照分类法的规定或根据图书馆的性质任务置于一类之下,但又必须在另一类下指示读者到这一类来查阅。如"古物保管和修复"既可作为考古学的下位类,又可作为文物、博物馆事业的下位类。

（4）有些类目规定,哪一类性质的书列入该类,哪些性质的书不属于此类,而属于其它类。如《中图法》"G258.91 图书馆建筑"类下注明:"论述图书馆建筑的一般要求、各类型图书馆建筑的特点等的著作入此,图书馆建筑设计入 TU242.3。"

以上种种情况表明,读者分类目录中必须应用参照法,从一类指引到其它有关类。为此必须编制参照片。

读者分类目录的参照片有以下几种:

（1）一般参照片,它告诉读者,根据本馆所用分类法的规定,此类只收什么书,什么书本类不反映,而应到其它有关类目中去查找,上面第（4）种情况可用一般参照。

一般参照片可利用该类的指导片,在导耳下注明即可。

例如:

G258.91　　　图书馆建筑

图书馆建筑设计　　入 TU 242.3

TN 27　　　显示技术

总论入此

显示材料　　入　　TN 104.3

显示器件　　入　　TN 141

显示设备　　人　　TN 873

（2）直接参照片，指示该类著作不放在此，而放在×××类中，上面第(3)种情况可用直接参照。例如：

K 854.3　　　古物保管和修复

见：G 260.4　　文物、博物馆藏品整理和保管

（3）相关参照片，指示读者在利用该类图书时，还可以利用其

250

它有关类的图书,扩大读者的查找范围与内容。同样,在有关类也可指引到该类查找。上面(1)、(2)种情况,可使用相关参照。例如:

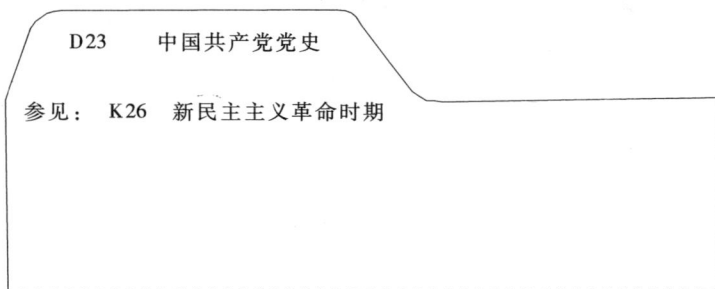

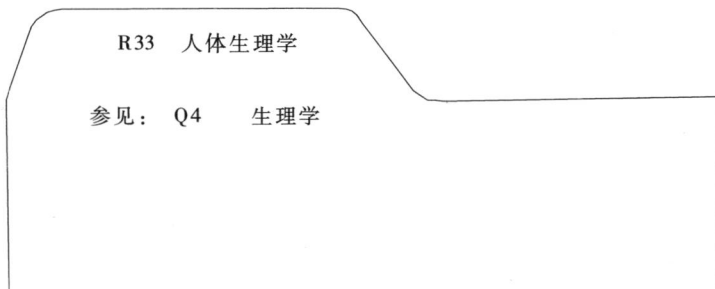

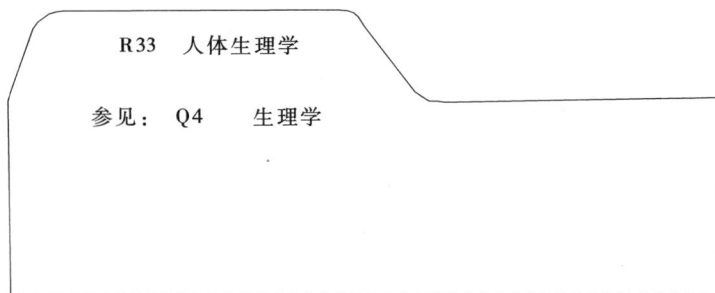

D23　　中国共产党党史

参见:　K26　新民主主义革命时期

R33　人体生理学

参见:　Q4　　生理学

R33　人体生理学

参见:　Q4　　生理学

　　参照片可以用普通卡片单独编制,也可与一般指导片合在一起。

参照表示各类之间的相互关系,适当编制参照片可以表示各类之间纵横交错的复杂关系,更好地发挥分类目录的检索作用。然而,编制各种参照片,必须根据各馆的性质、任务与藏书情况、读者需要有选择地进行,如果大量制作各种不必要的参照片,将会使目录庞大,不利于使用。

编制参照片最重要的一条,是被指引的参照类目下,图书馆必须藏有这一类图书,不能使读者在被指引的类目查不到书。

5. 分类目录的索引。分类目录的体系是按分类法的体系组成的,但读者与馆员不一定都熟悉分类法的体系结构,尤其是细小类目与新兴学科,有时很难一下子判断其所属类目,不知道所要找的这部分图书列在分类目录的哪个位置,造成使用分类目录的困难。因此,应该为分类目录编制索引。这个问题将在下面一节专门讲述。

6. 分类目录的组织规则。分类目录的组织比较复杂,为了保证它在一个图书馆内始终按照统一的标准组织,不致因时间的推移、人员的变动等造成前后不一,制定分类目录的组织规则是十分必要的。

各个图书馆应根据本馆的实际情况制订分类目录组织规则,一般应包括:同类书的排列规定(包括某些类目的特殊排列规定。如:技术标准按其原有编号排);同种书的不同版本、不同译本的排列规定;各种指导片的制作及使用法;各种参照片的制作与使用法;目录的管理、修补、更新等等。

7. 分类目录的宣传。宣传分类目录的分类体系和目录、索引使用方法,对广大读者尤为重要。许多读者反映使用分类目录有困难,一个重要原因是读者不了解该馆所使用分类法的体系结构。图书馆应大力进行宣传,帮助读者掌握分类目录这一检索工具。

分类目录的宣传方式主要有二种:一是通过目录咨询员作口头宣传。目录咨询员不仅要帮助读者利用分类目录查找图书,还要通过这件工作向读者介绍该馆分类法的体系及其特点，介绍分类目录的特点，以便读者逐渐掌握、熟练运用。二是作书面宣传。如将分类法的简表张贴在目录柜旁；每一目录柜和目录屉上都作出鲜明清楚的标志；编印如何使用分类目录的宣传小册子等等。

第四节　分类目录字顺主题索引

一、什么是分类目录字顺主题索引

分类目录是依据分类表编制的，是按主题之间的逻辑联系建立起来的，所以便于人们按照学科体系进行族性检索。但是，人们在利用分类目录时会遇到以下种种困难：

1. 不熟悉分类体系，就无法利用分类目录。即使是了解分类体系的读者，也需要经过层层分析、辗转查找，才能找到所需要的主题。

2. 一个复杂的主题往往只分入一个位置。如教育心理学，是分入教育，还是分入心理学，读者不好判断。像"土壤的卫生与污物的处理"这样由三、四个主题组成的复合主题，就更难判断了。

3. 有时从很多方面对一个主题进行全面的综合性的研究，诸如"膜"、"波"等主题，以及综合性学科，如科学学、未来学、控制论、系统工程等，在分类表中往往没有合适的位置可放。此类主题读者往往难以查找。

4. 关于一个主题各个方面的图书资料往往分散在分类目录几个不同的类里，读者不容易把这些分散的各个方面查全。关于婚姻的资料就分散在法律、民俗学、伦理学等类之中。

5. 至于分布在分类表五、六级类或七、八级类里的细小专深的主题，可以有两个或三个分类位置的主题，分类表上没有列出的新主题、小主题等,读者就更难查找了。

除了编制标题目录以外,还可以为分类目录编制一套字顺主题索引,来解决这些问题,以便读者查找、利用分类目录。

什么是分类目录主题索引? 就是将说明分类目录所收资料内容的那些词,即主题词,连同它们的分类号按字顺排列成一个表,是一个由主题指向类号的工具。有了它,就可以像查字典那样,十分简单地查找所需要的主题。它有卡片式的,也有书本式的。卡片式索引款目如下图:

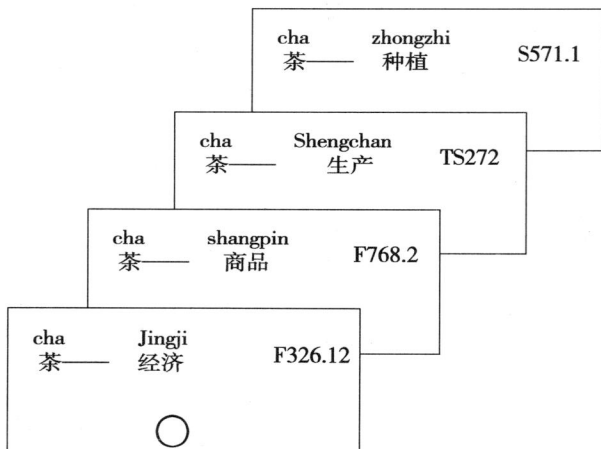

以上卡片中的类号均取自《中图法》(本节其它举例,除注明者外,类号也都取自《中图法》)。

如果只为一套分类目录编制主题索引,在不影响主题字顺排列的情况下,可以连写。如下图:

```
cha
茶
        Jingji
        经济                          F326.12
        Shangpin
        商品                          F768.2
        Shengchan
        生产                          TS272
        zhongzhi
        种植                          S571.1
                        ◯
```

二、分类目录字顺主题索引的作用

分类目录主题索引主要有以下几方面的作用：

第一，揭示小主题，指引分类号。通过索引所采用的自然语言标题，把读者查寻的主题转换为人为语言的分类号。例如，全息摄影可以分入摄影技术，也可以分入全息技术，读者还可能到传统的摄影艺术类里去找。有了主题索引的指引，就可以直接按字顺查到图书馆所用的类号。这对于查找小主题、新主题及复杂主题的资料尤为重要。对于复杂的主题，索引可以用不同的方法，组织几个索引条目，使读者无论从哪个主题出发都能在索引中找到它。比如"土壤卫生与污物处理"这个复合主题，如用链式索引法编制索引，可以有以下四个索引款目，也就是说，提供以下四条查找途径：

污物:土壤   R124

土壤卫生   R124

环境卫生   R12

卫生学   R1

第二，把分类目录中分散了的有关事项集中揭示出来，便于读者查找某一主题的相关资料。例如，前面所列举的关于茶的例子就是如此。读者根据索引的指引，就可以找到被分散开的关于茶的种植、生产、贸易等方面的全部书籍。这样,索引就反映了分类目录中各类目之间的多种联系,可以克服分类目录单线排列的缺点,实际上为分类目录提供了多种补充分类,增强了族性检索的能力。

第三,索引还能提供一条从比较概括的主题出发查找资料的途径,这正符合一般读者查找资料的习惯。例如,读者需要"锗整流器"的图书,而他却从"半导体整流器"出发查找。索引就指出他实际所需要主题的上位类 TN35,读者到分类目录中就会发现 TN35 的下位类中就有 TN353,正是他所要的"锗整流器"。

第四,加强目录之间的联系,健全目录体系。在我国一些大型图书馆中,不同语文的图书目录往往由于各种原因各自采用不同的分类法,有时甚至同一文种也先后采用两种不同的分类法。通过编制统一的分类目录主题索引,读者就能在一个地方同时查到某个主题在几个分类目录中的不同分类号。例如:

```
胸部外科
    中文新书目录              R655
    中文旧书目录              64.453
    西文新书目录              R655
    西文旧书目录              RC536
    俄文图书目录              S6
    日文图书目录              日 416.25
                    ○
```

英国南特拉福德教育学院图书馆的分类目录主题索引不仅收录了图书,而且收录了有关的期刊和视听资料。下图上边是该馆索引卡片的正面,下边是其反面。

环　　境			
图书	·	影片	·
盒式录音带	·	唱片	·
图册	·	期刊	·
剪报资料		录像带	
幻灯片			

○

○

图书　　　474.5
盒式录音带　　C97、C99
图册　　　Ch91、Ch92、Ch96、Ch97、
影片　　　12、62、97、221、302、307
期刊　　　Bulletion of Environmental Education Environ-
　　　　　ment & Change

　　卡片的正面，用笔打上小圆点，表示该馆藏有关于环境的图书、盒式录音带、图册、影片和期刊。卡片的背面指明图书的分类号，指明有关期刊的刊名和视听资料的入藏号码。

　　这种方法的好处是，只要查一种索引，就可以掌握全馆收藏有关某一主题的各种资料的藏址。

　　统一的分类目录主题索引把图书的各种分类目录连成了一个整体，给读者提供了查找全馆分类目录的钥匙。这对于弥补我国图书馆界相当普遍存在的一馆采用多种分类法、分类目录种类繁多、头绪复杂、各种目录之间缺乏联系的状况所造成的缺陷有着十分重要的意义。

第五,协助分类等工作的开展。馆员可以借助索引辅导查目,解答咨询,还可借以了解以前分类的情况,保证分类工作的一致性。交替类目的取舍,可以两属、三属的主题的归属,或类表中没有专类的细小主题的归类等问题的处理结果,都会反映到索引之中,以后遇到相似的情况,都可以从索引中查得以前的处理办法,而不至于前后处理不一。例如前面提及的"全息摄影",如果决定集中在 TN26 类,下次再分有关的图书,一查索引,就知道应分入此类,而不会把它分散在其他类。目前我国图书馆的分类工作,大多仅凭一部分类法,尚没有其他的辅助工具。分类目录主题索引辅助分类工作的作用,有助于我们提高分类工作的质量,应当受到重视。

总之,分类目录主题索引是利用分类目录的钥匙,又是提高目录质量、健全目录体系的工具。它是按照字顺查找主题,与分类目录固有的系统的主题查找途径相配合,就能够提供双重的主题查找途径。

有人认为,有了分类表的索引,就可以不必再编制分类目录主题索引。这是由于不了解两者的区别而产生的。诚然,分类表索引对于馆员和读者熟悉分类表、利用分类目录能起到一定的作用。但分类表索引不同于分类目录主题索引,因为它们的对象不同,目的不同,作用也不同。分类表的索引一般是以表中列出的类目为对象的,目的主要是便于利用分类表;而分类目录主题索引则是以特定图书馆的藏书为对象,目的主要是配合分类目录,揭示藏书。试以链式索引法为《武汉今昔谈》一书编制分类目录主题索引,可以得出以下索引款目:

武汉	K926.31
湖北	K926.3
中国地理	K92
地理	K9

而分类表索引一般只收后两个款目。这是因为分类表索引不收那些分类表中没有列出的小主题、新主题及组配以后产生的复合主题，以及用复分表细分的主题。所以，一般说来，分类表索引的标题比较概括、粗略，而分类目录主题索引就比较具体、专指。另外分类表索引是供各馆普遍采用的，不管藏书有无，都列索引款目，读者有时从分类表中查到的类号，很可能是个空号，本馆没有入藏图书。而分类目录主题索引就比较实在，查到了标题，就有类号，有类号就会多少有一些藏书。尤其是分类目录主题索引直接从图书提出索引标题，所以它的索引款目肯定比分类表的索引要丰富完备、具体细致。从以上分析可以看出，分类表的索引是不能代替分类目录主题索引的。当然，一个编制得法的分类表索引，对于分类目录主题索引的编制有着很大的参考价值。

三、分类目录字顺主题索引的编制

分类目录主题索引编制的方法很多，主要有类名索引、相关索引、链式索引、保持原意索引等类型。类名索引是把分类目录中所收类目的名称按字顺排列起来。这种索引编制方法简单，但作用不大。相关索引（Relative index）是杜威发明的，除了收录类目的名称以外，还为类目中包含的主题编制索引条目。它主要采用倒装词序等综合材料的方法，使分类目录中被分散开的相关主题得到集中。后来，阮冈纳赞又在相关索引的基础上开创了链式索引法（Chain Indexing）。六十年代末、七十年代初，英国图书馆学家奥斯汀（D. Austin）又发展了一种保持原意索引法（PRECIS）。它既可用于电子计算机操作，也可用于手工操作。1970 年《英国国家书目》用它成功地取代了链式索引法，并采用电子计算机进行书目的编制工作。近十年来，这种方法得到了迅速的推广和应用，受到了世界各国图书馆和情报界的重视。下面重点介绍手工操作的链式索引法。

链式索引法的要点是:分类目录中的每个概念(即类目)都是通过类系的逐级分析而得到的。在逐级分析的过程中,一串概念彼此前后衔接起来,就像一条链条一样,在采用层累制标记法的列举式分类法中,这种链环的衔接表现为类号自左至右地逐级增加。像"固氮菌肥"这一主题就可以分析为如下链环;S 农业——→S1 农业基础科学——→S14 肥科学——→S144 细菌肥料——→S144.5 固氮菌肥料。编制索引条目时则从特定主题所在的那一级类目,即从该特定主题的分类号的最末一位开始,不管以上各类是否入藏图书,都循着这个链条逐层逆推上去,为各个环节上一切可作为检索对象的上位类目(除去非查找类目)制作索引条目。这种通过对主题的链式分析,然后再择取索引款目的方法,就叫链式索引法,像上例,就需为它编制下列索引条目:

固氮菌肥料	S144.5
细菌肥料	S144
肥料学	S14
农业基础科学	S1
农业	S

像农业、农业基础科学、肥料学等上位类目,在第一次编制了索引款目之后,就可以一劳永逸了,再收入此类图书,就不必再重复编制了。

这种链式索引法有着以下几个优点:

第一,它在索引的字顺序列中再现了分类体系,在一定程度上克服了字顺主题法的缺点,保持和发挥了分类目录的优点。这正是它对索引法的主要贡献。

第二,对于复合主题,可以适当减少因词序轮排而重复反映的条目。据科茨(E. J. Coates)研究,主要利用分类法的等级系列,索引有时可以减少三分之二索引条目,仍能达到检索的目的。

第三,通过链式分析,决定检索题目,操作机械简单,容易掌

260

握,可以避免索引人员个人的武断,保证标引前后一致。

第四,除了需要参考分类表以外,不需另外利用标题表、叙词表等工具。

当然,链式索引法也存在着一些问题,它完全依赖于特定的分类表,类表的好坏在很大程度上决定索引的质量;由于大多数分类法不是采用纯粹的层累标记制,所以不能完全机械地从类表中摘取现成的索引标题,有时需补正或展开链环。另外,它不能运用电子计算机进行操作。但是,对于那些尚未使用电子计算机、使用着标记符号、采用层累制的分类法的图书馆来说,采用链式方法编制分类目录主题索引,还是比较容易、方便的。

分类目录主题索引的编制方法,诸如标题的拟定、复合标题的表达、倒装词序的采用、款目的排列、标题备查卡的编制等,与标题目录大致相同,这里就不详细介绍了。

编制分类目录主题索引时必须注意两个问题:

一是索引要详尽地反映目录。索引的任务就是从字顺主题的角度充分、完备地反映分类目录的全部内容。因此,它不能只收那些分类表的类目及其同义词,而且应当从本馆的实际情况出发,根据读者的需要为那些包括在概括类目中的专指主题和由于类目交叉而形成的复合主题编制索引款目。愈是新的学科、新的主题,愈容易被"隐藏"起来。对于那些已有细分的专类,而图书馆宁愿使用较概括类目的情况,读者也完全可能用具体的专指主题进行查找。这些正是人们对分类目录不满,寄希望于标题目录的重要原因之一。因此,索引必须充分反映这一类主题,以便于检索。

要使索引能详尽地反映目录,关键在于提高分类目录的质量,改变目前许多图书馆分类目录一粗、二略、三混乱的状况,适当地增加分类附加款目和分类分析款目,尽可能地进行细分,力求用类号确切地表示图书内容的特指主题。为了避免由于目录细分、类号变长、给取书和排架等工作带来的麻烦,可以采用"粗分类排架、细分类排片"的做法,组织分类目录时用详细分类号,排架时用粗略分类号。

二是索引要与目录分工合作。分类目录字顺主题索引应当与分类目录密切配合,分工合作,相辅相成,应当从与分类目录不同的角度来反映,以避免平行重复。分类目录根据分类法的规定,总是反映了学科或主题之间的最重要的联系的,而因单线排列牺牲了其它一些联系。因此,分类目录主题索引就应该设法加以补充揭示。例如,分类法的文学类往往先列国家,后列体裁。针对这一特点,索引就必须在"中国——诗歌"、"德国——小说"等条目以外,还要另设一系列"体裁——国家(民族)"的条目。有时分类法采用按事物集中列类的办法,例如,把水产物理学归水产,生物物理学归生物,工程物理学归工程,这样就分散了同一学科(如各种物理学)的相关材料。此时索引就不应当只简单地照录分类表中的类名,而应采取倒装的办法,编制"物理学(水产)"、"物理学(工程)"、"物理学(生物)"等款目,把分散了的学科联系重现出来。

四、为分类目录编制主题索引是主题检索的一条捷径

综上所述,分类目录字顺主题索引不仅是一种方便的措施,而且是分类目录的一个必不可少的重要部分。在国外,以分类目录为主的目录体系中,不仅包括分类目录、著者目录和书名目录,而且同时包括分类目录字顺主题索引。分类目录须配置字顺主题索引已成为普遍的常识。在我国,绝大多数图书馆采用分类目录,但一般都缺乏一个基本的构成部分——字顺主题索引,所以不能充分发挥分类目录的作用,也很难完成提供主题索引途径的任务。当前,我们要想完善现有的目录体系,从而使图书馆目录真正成为打开图书资料宝库的金钥匙,更好地为建设四化服务,就应该为分类目录配制字顺主题索引。这不仅可以促进现有分类目录质量的

整顿和提高,而且也是一条主题检索的捷径。为什么这么说呢?

首先,从分类目录的利用来看,如果没有主题索引,读者只能直接通过分类目录来进行主题检索,其过程是比较复杂的。提出要查找的主题,分析判断属于哪一大类,查到该大类后,再判断它属于下面的哪一个小类。如果还查不到,就得再查其它的类。如此辗转查询,犹恐有失。对比起来,通过索引这个辅助工具,机械地按照字顺可以很快地把查找的主题转换成分类号,迅速地在分类目录中找到自己所需的图书资料。这样就省去了读者反复判断、辗转查找的时间。这可以理解为主题检索的一种捷径。

其次,在目前手工检索的条件下,要想满足人们同时从学科体系和字顺主题(即术语体系)这两个角度进行主题检索的要求,在分类目录以外,一是编制标题目录,一是为分类目录配备字顺主题索引。标题目录除了在标题下直接有书籍著录这一点比分类目录主题索引略胜一筹以外,在直接性、确切性和灵活性等方面都与索引大致相同。通过索引在分类目录中查找资料,虽然多拐一个弯,但也有其优点,就是在所查类目附近,同时查得相关的资料,容易由此及彼地引起兴趣,启发思考,便于全面深入地研究。如果另编标题目录,不仅要耗费大量的人力和物力,而且会与分类目录之间造成大量不必要的平行重复。如果为分类目录编制索引,不仅在一套书籍著录的情况下,能够同时提供两条从内容方面进行检索的途径,而且在编制技术、工作量和设备方面,都比另外编制标题目录要简便经济、易行得多,因而能较快地实现。这是捷径的另一种涵义。

刘国钧先生早在 1961 年曾指出:"实际上,在分类目录编有详细明确的字顺主题索引之后,主题目录并不是必需的。"(见《图书馆》1961 年第 2 期)在目前的条件下,与其另编标题目录,不如整顿、提高分类目录,编制分类目录字顺主题索引。

本章主要参考文献

1.《图书馆目录体系问题的探讨》 刘国钧 《图书馆》 1961 年第 3 期
2.《同类图书排列问题探讨》 黄俊贵 《图书馆工作与研究》(天津) 1980 年第 3 期
3.《图书馆目录第十七章》 刘国钧等编著 高等教育出版社 1957 年
4.《分类目录主题索引编制法》 肖自力 李修宇 侯汉清编译 书目文献出版社 1980 年
5. Foskett, A. C. The Subject approach to information 3 ed, London, Clive Bingley, 1976.

本章思考题

1. 试述同类图书排列的作用及方法。
2. 试比较几种取书次号的方法。
3. 目录组织与藏书组织对分类号的要求有什么差别？如何解决这个问题？
4. 分类目录指导片与参照片有哪些作用？二者有哪些区别？
5. 分类目录字顺主题索引有什么用途？它与分类法索引有什么区别？与主题目录有什么差别？

本章实习题

分别用《中文图书汉语拼音著者号码表》(李修宇等 1974 年编)、《著者号码表》(蒋克奎编)、四角号码法(取首字的左右两上角,再加第二、三字的左上角)给下列著者配上号码。

兰必让　　　黎汝清
兰　谷　　　黎　阳
兰　芒　　　梁　斌
雷　加　　　刘白羽
雷　汀　　　刘绍棠
李尔重　　　刘心武
立　高　　　柳　晓
李劼人　　　陆　地
李剑藩　　　庐　甸
李久泽　　　鲁　彦
李敬信　　　陆柱国
李养正　　　罗广斌
李　准　　　吕　明
李瑞林　　　骆宾基
黎　静

第七章　图书分类的发展趋势

　　自汉代刘向、刘歆的《七略》算起,我国的图书分类法已有二千多年的悠久历史。在漫长的岁月中,图书分类法随着社会的进步,科学、文化教育事业的发展,以及图书资料的增长,在缓慢地变化着。但是,在近二、三十年中,由于科学技术的飞速发展,各种出版物的迅猛增加,科技情报工作的蓬勃兴起,各种图书分类法都在不同程度上受到了根本性的冲击。无论是图书分类法的理论,还是图书分类法的实践,都出现了重大的变革。中国是如此,世界上也是如此。整个图书分类学界发生了前所未有的变化。这些变化主要表现在:

　　1.各种图书分类法无一不在进行重大的修改和补充,以适应新的形势。像《杜威十进分类法》、《国际十进分类法》、《美国国会图书馆图书分类法》、《书目分类法》、《冒号分类法》,以及我国的《中图法》、《科图法》等都在进行重大的修订,甚至改编。

　　2.新型的图书分类法在不断出现。新型的专业分面分类方法大量涌现。各种用电子计算机编制的自动分类法也在试验中。近千种被西方图书分类学家称为"隐蔽的分类法"的叙词表也大批问世。

　　3.对图书分类法理论的研究越来越深入、系统,并且出现了重大的突破。像印度阮冈纳赞——英国分类法研究小组的分面分类法,美国斯帕克(Sparck Jones,K.)、萨尔顿(Salton,G.)等人的自

266

动化分类法,都是图书分类法发展史上的里程碑,是具有深远影响的创造。这一时期出现了大量研究图书分类法的理论和方法的论著,1974年还创办了专门性的学术刊物——《国际分类》杂志(International Classification)。所有这一切表明,对图书分类理论和实践的研究已成为一门独立的学科——图书分类学。

4.图书分类法的重要性得到了学术界的普遍重视。目前,世界上已成立了两个专门从事分类法问题研究的国际组织——分类法学会和国际文献联合会的分类法研究委员会。1957年、1964年、1975年在英国多金、丹麦赫尔辛基、印度孟买还分别召开过三次关于分类法理论问题的国际会议。在英国、印度、美国、加拿大等国还分别成立了专门研究图书分类法的学术团体,其中英国伦敦分类法研究小组(CRG)最为著名,英国有关图书分类法研究的重大成果,大部分出自该小组的成员,在国际上影响也很大。另外,近几年不少哲学家、心理学家、语言学家、符号学家、科学分类学家、科学史家等不同学科的专家都关心分类法,并参加分类法的研究,已成为推动分类法发展的重要力量。

从近二、三十年图书分类法的理论研究和编制实践来看,图书分类的发展呈现了分面组配化、分类主题一体化、自动化和标准化的趋向。

第一节　分面组配化

分面组配化,表现在图书分类法由传统的列举式向分面组配式发展。

我们知道早期的现代的图书分类法,如《杜威十进分类法》、《克特展开分类法》、《美国国会图书馆图书分类法》都属于列举式分类法。这种列举式的树型结构,既不可能把古往今来的一切主题都囊括无遗,也不可能把主题之间的各种关系统统揭示出来。这样,在对新主题、细小主题、复杂主题进行分类时,就会遇到种种困难。为了克服传统的列举式分类法的弊病,使图书分类法具有最大的容纳性和灵活性,从而能够确切地、多方面地反映各种主题内容,图书分类学家们在这方面进行了一系列的探索和试验。在这方面较早的比较有影响的要算英国的布朗和美国的布利斯。他们在自己编的主题分类法、书目分类法上进行了一些探索,如编制范畴表,进行分类组配等。十九世纪末,UDC 的编者奥特勒提出了"概念分析"的原则,并在 UDC 中运用冒号等符号,把表示简单主题的分类号组配起来,使之适合复杂的主题。这应该看成是分面组配的开始。二十世纪三十年代,阮冈纳赞首次明确地提出了分面组配的理论,并运用这个理论编制出第一部分面分类法——《冒号分类法》。在阮冈纳赞分面分类法理论的影响下,英国分类法研究小组经过大量的研究在 1955 年向英国图书馆协会及联合国教科文组织提出了《需要以分面分类法作为一切情报检索方法的基础》的备忘录。1957 年在英国多金召开的分类法国际讨论会上一致同意该备忘录的观点,从而肯定了分面分类法是今后编制图书分类法的方向。英国分类法研究小组对分面分类法进行了深入的研究,发表了大量的论著,编制、出版了土壤学、食品工业、原子能反应堆、教育学、音乐、社会科学、图书馆学等十多种专业分面分类法,并且在实际应用中取得了成功。所有这一切都为分面组配分类法的发展打下了坚实的基础。六十年代末、七十年代初,该小组开始编制一部分面的综合分类法,为此他们进行了大量的理论研究和编表准备工作。后来因为电子计算机技术的发展,加之《英国国家书目》、《澳大利亚国家书目》都决定继续采用杜威分类法,所以他们放弃了原定的编制一部新的综合分类法的计划。但是该小组的成员奥斯汀(Austin, D.)却利用该计划所取得的研究成果,以它们为基础,发展了一种新颖的轮排主题索引——保持原意索引法(PRECIS)。正如奥斯汀本人所说,保持原意索引法实际上是分面分类法的后裔。

不仅新分类法的编制运用了分析——组配的原则,而且一些著名的传统分类法的修订也在朝着分面分类法的方向发展。《杜威十进分类法》是第一部列举式的现代图书分类法。尽管该分类法编委会不主张该分类法采用分面分类组配的方法,但是,仍自觉或不自觉地采用了概念的分析和综合的方法。该分类法实际上早就用"O"作为分面的符号,并编制了形式和地区二个复分表和若干个专用复分表。1971年出版的《杜威法》第十八版又大幅度地扩充了原有的两个复分表,还增设了文学表,语言表,人种、种族、民族表,语种表,人物表等其他五个复分表。实际上这是采用更多、更细的复分以接近和达到组配的办法,以期能从更多的方面揭示图书的主题内容和形式。这表明这部单纯列举式的分类法也在向分面分类靠拢。《国际十进分类法》是一部半分面的分类法。近年来,一些研究该分类法的专家提出了一些从根本上改革该分类法的方案,有的建议将《国际十进分类法》和《冒号分类法》加以融合,有的建议对它进行全面的分面处理,即保留按知识领域划分的基本大类,再采用分面的方法。不管各种方案能否实现,但《国际十进分类法》显然是在向着分面分类法过渡。变化最激烈的要算《书目分类法》。布利斯的《书目分类法》(第一版、第二版)基本上是列举式分类法,尽管它的二十二种辅助表(四种通用的,十八种专用的)可以说是一种分面组配的措施。1977年后英国分类法研究小组成员米尔斯(J. Mills)对这部分类法进行了彻底的改编。他保留了该分类法的大类结构,而在每一大类内实行分面列类,共分成事物、事物的种类、事物的部分、事物的组成因素、属性、过程、操作、手段、时间、空间、表现形式等十一个组面。他还采取了一些技术措施,使分面结构既具有简明性,又具有最大限度的容纳性。他制定了详细的分类规则,使类目中的分面关系相对地稳定。改编后的这部分类法改名《布利斯书目分类法》,现已陆续出版了几个分册。这标志着书目分类法最终将成为一部类以于冒号分类法的综合性分面分类法。在我国,以往只重视列举式分类法的编制,对组配分类法很少进行研究和试编。七十年代初,新出版的《中图法》也引入了冒号,允许在规定的部分类目下进行类目的组配,还有人试编了专业分面分类法。这是一个良好的开端。可以预言,分面分类法理论和方法将在我国分类表、主题词表的编制以及情报检索的实践中得到广泛的应用。不久的将来,我国也会编制出一批专业分面图书分类法来。

分类法的分面组配化具有一系列的优点,诸如能够适应科学技术的发展,揭示任何狭窄、细小的专门问题;多方面反映同一图书资料,满足多元检索的需要,便于大大压缩分类表的篇幅,扩充容量,易于控制管理。但是,分面分类也有很大的人为性,一些传统的学科在分面分类表中无处可放,一些多面的学科也被勉强塞入某一组面,某些概念也因观点不同,被分入不同的组面之中,标引和检索都存在着一些困难。因此,国外有些学者提出,一部好的现代分类法必须是处于分面分类法与传统分类法之间的中间体。有些分面分类法,像《英国电气分面分类法》(第三版),大类的设立又回复到传统的学科,即先按传统的学科划分大类,然后在每一学科下进行分面。这样做,分类法就不仅便于特定主题的检索,而且也便于族性检索,加强其知识系统化的作用。这种体系——分面分类法除了用于组织目录和检索工具以外,还可以组织图书资料分类排架。这正是体系——分面分类法优于自由分面分类法的地方。

第二节　分类主题一体化

　　分类主题一体化,即分类法向着和主题法一体化的方向发展。

　　分类法和主题法是从图书资料的内容方面进行情报检索的两种方法,两条途径。它们各有所长,各有所短,两者不能互相取代。长期以来,人们一直在想方设法使两者结合起来,互相取长补短,相辅相成,从而满足人们进行多元检索的需要。检索语言的发展显示了分类法和主题法合流的趋势。

　　在分类法和主题法发展的早期,两者之间就有着密切的亲缘关系。我国古代类书的发展充分说明了这一点。我国早期的类书,如最早的《皇览》以及后来的《北堂书钞》、《艺文类聚》、《太平御览》等,都是用分类法来组织各种古籍中有关事物的资料。它们往往按天文、地理、人事、事物等分为若干大类,每类之下再分为若干子目,然后再集群书中有关资料"随类相从",以供人们查考。这实际上是先把事物按集结层次组成一个逻辑系统,然后以每个事物的名称为标目把文献集中起来。这是一种与《七略》、《四库》等学科分类不同的主题分类或事物分类。后来由于上述系统不便于查检,在前一类类书的基础上又发展了另一类按字韵编排的韵书,如最早的《韵海镜原》、《韵府群玉》以及后来的《永乐大典》和《佩文韵府》等。这种韵编类书的基本做法是"用韵以统字,用字以系事",也就是按古代音韵的顺序进行排列,以语词作为主题事物的标目来集中相关的资料。这实际上是按主题法的原则——"字顺序列"、"语词标识"来组织资料。这种从分类法向主题法的转换和发展说明了我国古代分类法与主题法之间的亲缘关系。据国外一些图书馆学家的研究,他们最早的字顺主题目录是循着分类目录——字顺分类目录的路子发展起来的。在世界很多国家里,很早就有了分类目录,以后又在分类目录的基础上产生了一种字顺分类目录。在这种字顺分类目录中,一般分为三、四级,各大类都按照大类类名的字顺排列,每个大类下的小类又按其类名的字顺排列。后来为了检索的方便,把这些大类、小类全都打乱,不按等级体系排列,而完全按类名字顺排成一个单一的序列,这样就成了字顺主题目录。由此可见,国外主题法从产生开始,就与分类法结下了不解之缘。

现代分类法和主题法的发展也清楚地显示了分类法和主题法之间的密切的联系。分类法的原则被引入主题法,主题法的原则又被引入分类法,它们互相取长补短,互相融合。早在 1876 年第一部现代西方分类法——《杜威十进分类法》问世时,就编制了一部字顺索引。杜威把它看成是该分类法的一个重要部分,可见分类法从一开始就注意吸收主题法的优点。美国佩蒂(Pettee,Q.)曾精辟地指出,标题表的参照系统实际上是一个隐藏的分类体系。这揭示了分类法和主题法之间的相互联系。以后,分类目录字顺主题索引的编制、分类表中按主题事物立类、标题款目中设置副标题、标题后加上相应的分类号等等做法都显示了分类法和主题法的互相影响、互相渗透,出现了你中有我,我中有你的局面。六十年代之后大量涌现的叙词表朝着两者结合的方向迈开了大步。它不仅完善了由用、代、属、分、参、族等项组成的参照体系,而且增添了范畴表、族系表、轮排表、词族图等部分,在叙词表中大量运用了分类的方法。1962 年以后在我国开展了一场关于分类法路向问题的讨论,杜定友先生提议编制分类主题目录(或称分类主词目录),即在前三级按分类体系组织,第四级以后按主题字顺排列。实际上是企图把分类法和主题法合为一体。但是,这种意见很难付诸实践,几乎无人采纳。

近一、二十年电子计算机在图书馆及情报系统中的广泛应用,使建立一个大规模的具有系统分类和字顺主题两种途径的检索系统成为可能。实际表明,只采用纯字顺的主题法的检索语言,无法鸟瞰整个学科领域及全面显示主题之间的关系,很难提高情报检索的查全率。要满足这种要求,只有把分类法和主题法结合起来。据国外有人研究,现在情报界对分类法在情报检索中的作用逐渐由轻视转向重视,人们对检索语言表现概念之间关系的兴趣,已经从纯字顺的语词一览表,转向分类式的叙词表。图书馆及情报界的不少专家、学者在这方面进行了大量的研究和试验。英国阿奇逊(Aitchson,J.)主编的分面叙词表和联合国教科文组织叙词表、英国奥斯汀的保持原意索引等就是在分类法和主题法结合方面比较成功的一些尝试。

　　分面叙词表(Thesauro-facet)的前身是英国分类法研究小组编制的一部大型分面分类法——《英国电气分面分类法》。通过分面分类技术的改进和语词的规范,该表实现了分类体系和叙词体系的一体化。分面叙词表包括分类表和叙词表两部分,每个叙词同时出现在分类表和词表中,两部分之间用分类号相联系。这两部分相互补充、相互配合,真正做到了二位一体,相辅相成。叙词表实际成了分类表的字顺主题索引,分类表实际上取代了叙词表的范畴索引。分面叙词表既能用于手工检索,又能用于机器检索,既能用于分类排架,又能用于情报检索,成了一种多功能的检索工具。1977年出版的《联合国教科文组织叙词表》(UNESCO Thesaurus),其结构类似于分面叙词表,是以分类叙词表(实际上就是一部详尽的体系组配分类法)为主体,再辅以字顺叙词表、轮排表和族系表。这里不仅体系结构,就连名称也都已浑然一体了。它究竟是分类表,还是叙词表,真是难于辨别。美国出版的《城市叙词表》、《教育词汇叙词表》,英国出版的《建筑工业叙词表》及修订版《伦敦教育分类法》等词表的结构都与分面叙词表十分相似。近年来日本也在研究术语体系和分类体系的一体化问题,中村幸雄等人提出了面向语词的分类体系(Term-oriented Classification

System），并用它编制了一些分类法。苏联在改进《图书与书目分类法》的过程中，有的学者提出了用叙词式索引代替分类表相关索引的意见。实际上是从索引编制的角度提出了分类法与叙词法相结合的问题。总之，在英国、日本、美国、西德、苏联、印度等国都在进行这方面课题的研究和试验。关于分类主题一体化的问题现已成为当代图书馆和情报工作者最感兴趣的课题之一。这个问题的深入研究，对于分类法、主题法或索引法的理论和实践，将会产生一定的影响，将会出现一种新型的检索语言，它既可以按主题的逻辑体系或学科体系进行检索，又可以按主题的字顺序列进行检索。实现分类主题一体化后，将会带来这样几个好处：（一）用户可以在一个既经济又有效的统一的检索系统中进行字顺主题查询和系统分类查询，可以提高查全率和查准率，并节省查找的时间。（二）索引人员可以同时完成对文献进行分类标引和主题标引。实际上完成了其中的一项，即可以通过对照、转换，很快地完成另外一项。这样将大大节省人力和物力。（三）检索语言的编制可以自动地进行，只要人工编出分类表，就可以通过电子计算机的操作，自动地产生字顺叙词表以及族系表、轮排表等，大大提高编表的速度和质量。（四）检索语言的管理工作可以由一个统一的机构集中进行，而不需要像现在这样，分类表、叙词表（即主题词表）、分类表索引的修订必须分别通过二、三个机构来进行。

综上所述，分类法和主题法的发展不是一方压倒一方，一方取代一方，而是二者互相影响、互相渗透、互相补充、互相结合，呈现了分类主题一体化的趋势。

第三节　图书分类自动化

图书分类自动化,是指分类检索、分类标引、分类表编制及管理趋向于自动化或计算机化。

图书资料分类工作能不能实现自动化或半自动化,国内外有些学者对此持怀疑甚至否定的态度。国外有些学者认为,分类法不能像主题法那样适用于以计算机为基础的情报检索系统,因而正在失去其本身存在的意义。有人甚至宣称,《杜威十进分类法》已经寿终正寝,分类法最终将被主题法淘汰。本世纪六十年代以来的国外许多情报检索系统的大量试验,有力地驳斥了上述的错误看法。实践证明,计算机可以同样适用于自动分类标引、自动分类检索、分类表的自动编制和管理。计算机在文献分类的各项工作中的应用,不仅赋予传统的图书分类法返老还童的活力,而且为它们的发展开拓了广阔的天地。

一、计算机管理分类表

随着科学技术的迅速发展和文献资料的急剧增长,分类法要不断地、系统地进行修订和更新。分类表的有效管理是一部分类法久盛不衰、不被时代淘汰的关键之一。现代图书资料分类法,尤其是一些综合性的分类法的类目越来越详细,类表的规模也越来越庞大,像《国际十进分类法》的详本已多达 16 万个类目,图书馆及情报部门的工作人员难以记忆和查找,即使采用卡片或其他机械设备也难以管理。电子计算机强大的数据处理功能为分类表的管理提供了方便,计算机可以承担超过人脑和手工存储系统的巨大工作量,迅速将新数据输入现有文档,并依照程序进行可靠的逻辑运算。用计算机管理分类表有着人工管理不可比拟的优越性。

世界著名的综合性分类法,像《杜威十进分类法》、《国际十进分类法》的编制机构,都已采用计算机管理,即把分类表中的每条分类款目,包括分类号、类名、注释、类名的同义词、分类参照、增补或修订的资料等全都输入计算机,予以储存,制成机器可读型分类表,然后由计算机完成以下各项工作:

第一,管理和编辑输入的内容。计算机可以对上述输入内容进行有效地管理,并根据用户的需要,编辑、加工出各种不同学科范围、不同详略程度(如简表、中型表、详表)的分类表。计算机管理还有助手提高和改进分类表的质量。计算机很容易发现类号、类目以及参照在设置、编排以及排版、印刷中的错误。就拿在相关类目之间设立兼互参照来说,一般分类表都不予以重视,参照数量少,不完整,有时只有 A 类目参见 B 类目,却无 B 类目参见 A 类目的反参照。计算机可以很快地查出这种孤立的参照(或称盲参照),从而健全分类表中的参照体系,省去大量手工检查的工作。另外,过去编制分类表只重视概念,不重视语词,不注意分类表用语的规范化。用计算机管理分类表,就便于对它们进行控制。

第二,编制分类表的字顺索引。分类表字顺索引是分类法的一个不可缺少的组成部分。一般在分类表编成之后,还需再投入一定的人力、物力去编制索引,往往工程浩大,费时费力。采用机器可读型分类表,只需少量的人工参与,计算机就可以很快地打印出分类表的字顺索引(其中还包括分类表中尚未列出的新主题、细小主题和复杂主题)。日本情报学家中村幸雄等人成功地运用面向语词的分类体系的原则(即对分类表实行严格的词汇控制,诸如规定一个类目只使用一个语词,一个语词不与两个以上的类目相对应等),在计算机的协助下,非常简便地把日文版《国际十进分类法(中型版)》、《科学技术分类法》、《农业科学技术分类法》等分类表自动转换成字顺主题索引。至于实现了分类法和主题法一体化的检索语言,像《联合国教科文组织叙词表》,就是在

276

人工编出分类表之后,通过计算机操作,自动产生出字顺叙词表(相当于分类表的索引)及族系表和轮排表的。不少国家的实践表明,用计算机编制索引,可以大大提高分类表及其索引的编制速度和质量。

第三,统计标引和检索的频率。利用机读型分类表,便于进行手工操作无法完成的统计工作。计算机可以统计、记录每一个分类号(即类目)在标引和检索中的使用次数。这种记录可以在打印输出中显示,也可以在联机检索的终端上显示。可以根据上述标引频率和检索频率的统计对分类表进行修订,合并或删除那些在一定时间内标引频率和检索频率极低的无人问津的类目,增加一些新的类目。总之,利用这两类计算机统计数据,可以使分类表的修订工作获得坚实可靠的"文献保证"和"用户保证"。

第四,打印和照相排版。用计算机管理分类表,可以产生磁带型分类表和孔姆(COM——计算机输出缩微胶卷)型分类表,还可以用光电照排机排版或直接用打字稿照相制版,印制详略程度不同的各种分类表或定期发行的分类表修订公报。这样不仅可以保证分类表准确无误,而且可以大大加快修订工作的速度。

总而言之,用电子计算机管理分类表可以加快修订的速度,保证修订的质量,但成本费用比手工管理要高得多。

二、计算机分类检索

目前计算机与图书分类最重要的联系是在情报的检索方面,对此,图书馆界和情报界是颇有争议的。在实际工作中,有的机检系统依赖和使用分类法,有的则完全不依赖和使用分类法。究竟计算机的诸种功能是削弱、取代分类法的作用,还是加强分类法在检索中的作用? 到底计算机能不能适用于分类检索工作呢?

从计算机的功能来看,它的存储量大,运转速度快,逻辑运算可靠正确,尤其是它可以把有关概念联系起来进行族性检索和特性检索,因此,利用计算机从分类途径进行较大范围课题的检索是完全可能的,而且是比较便利的。

近一、二十年来,美国和若干欧洲国家的研究和试验,尤其是关于《国际十进分类法》的机检试验表明,分类法完全可以适用于以计算机为中心的自动化情报检索系统。在计算机检索系统中运用《国际十进分类法》最大规模的研究计划是在美国物理学会赞助下,由弗里曼(R. R. Freeman)和艾瑟顿(P. Atherton)进行的。1964年他们发表了讨论计算机与分类系统的重要论文。1968年美国物理学会已编制出《国际十进分类法》的机器可读分类表。同年,印度文献研究与训练中心用《冒号分类法》进行了机检可能性的实验。另外,美国还运用《国际十进分类法》进行了多学科的大量试验。试验表明,在计算机的协助下,可以用《国际十进分类法》进行定题服务、回溯性服务和编制书目索引。近年来,印度文献工作研究和训练中心等单位已经编制成了用《冒号分类法》进行机器检索的程序包。现在美国、英国、加拿大、日本等国的机读目录都已分别为《杜威十进图书分类法》、《美国国会图书馆图书分类法》、《国际十进分类法》、《日本十进分类法》设立了可检字段,用户可以用这几部分类法(《国际十进分类法》除外,尚未输入)进行检索。我国也开展了这方面的研究和试验。1981年北京大学图书馆自动化研究室成功地采用《杜威十进图书分类法》在美国国会图书馆发行的机读目录磁带上进行了多次专题检索。总之,这一切说明用计算机进行分类检索,尤其是进行一些宽泛的主题或学科性的主题的检索,是完全可行的,而且是比较便利的。

计算机分类检索的操作过程是:用户先把自己想到的主题词打在计算机的终端上,如果这些主题词是所用分类表中的类名或类名的同义词,那么相应的分类号就会在终端的屏幕上显示。若要查看所有相关的分类号,用户需要打入另一指令,屏幕上即把有关这一类号的类系(即一串类号)都顺序地显示出来,并告诉用户如何使用这些分类号。如果分类标引达到一定的专指度和穷举度（或称网罗度），那么在确定分类号之后，用户就可以用逻辑操作符——"与"、"或"、"非"，把这些分类号连接起来，命令计算机按一定的程序在文档里查找。如果文献与提问逻辑式相符，这些文献的书目记录就会显示在终端上或打印出来。如果用户觉得检索输出的结果不能满意，可以选取更宽泛或更专指的分类号，或者修改提问档，则可以进行扩检和缩检。

计算机分类检索有如下一些优于计算机字顺主题检索的地方：①可以系统地显示相关的主题，便于族性检索，也有助于提高查全率，降低漏检率。②可以分割记录数量庞大的文档，检索起来速度快，节省机时。③便于编制专题书目、新书目录和文献通报，答复较大范围课题的咨询。当然，计算机分类检索也有其缺点，一般说来分类号的选取比较费事，检索的主题比较粗略，不便于特性检索。

三、计算机自动分类

分类标引是图书馆及情报机构中最为复杂的工作之一。长期以来，分类标引一直是靠人工操作，用智力进行判断、归类的，既费事，又费时。随着科学技术的飞速发展和文献资料的急剧增长，分类标引，尤其是科技文献资料的分类标引，变得越来越复杂，越来越困难。于是，人们就设想，能不能用电子计算机来进行文献资料的自动分类标引，从而加快文献处理的速度呢？随着计算机技术和人工智能的进展，机器自动分类这种昔日"天方夜谭"式的神话已经变成了现实。现在，在计算机的协助下，通过对文献正文的统计分析或句法分析、语义分析，无需人的干预，就可以标引出文献的主题，并将文献归入某一类，这就是计算机自动分类。

文献的著者为表达文献的主题思想，或为了强调某种观点，通常要在文献中重复某些词汇，因此某文献的词频（词汇在文献中出现的次数）就给出了词义的有效测度量。计算机本身不能思维，不能像人那样直接分析、判断文献的主题，但可以比较、处理那些体现文献主题思想的词汇，通过对这些词汇及其排列方式的分析，并通过对这些词汇在文献中出现频率的统计，就可以把一篇文献的主题标引出来，把文献分入某一类。这就是自动分类的基本原理。

用人的智能进行分类标引，大致包括这样几步：第一步，阅览书名（或文献篇名）、目次、摘要或正文，进行主题分析。第二步，确定文献的主题。第三步，把表示文献主题的语词变成分类号，即归类。计算机自动分类近乎一种人工智能，与人工分类的操作过程十分相似。计算机自动分类的过程大体上包括这样三步：第一步，机器"阅读"文献的篇名、目次、摘要或正文。机器"阅读"的速度极快，"一目十行"、"一目百行"，而且一字不漏。通过机器"阅读"，文献也就变成了机器可读的代码存入计算机了。第二步，机器统计、分析文献用词的频率，自动标引出文献的主题。第三步，机器根据选出的标引词或词组，把文献归入一定的类或范畴。

机器是如何通过统计词频来确定文献的主题的呢？一般说来，出现在文献中的词汇，除去那些仅仅起句法作用的代词、介词、冠词、副词、连词等外，都是文献内容的良好标识，都具有一定的帮助人或机器识别文献内容的分辨力。因此可以按照词频分布的特点，选择频率适中的词作为反映文献主题的标引词或词组。机器工作的步骤如下：

第一，用人工先编制非用词表（Stop list）存入机器。非用词表（包括全非用词表、半非用词表）是由不用作标引的、经常在文献中出现的代词、介词、冠词、连接词、助动词、数量形容词等组成。其中往往还包括一些很普通、很泛指的词汇，如"方法"、"技术"、"设备"等。

第二，把已输入机器的文献与非用词表逐一比较，这样就可以舍去几乎占文献三分之一至二分之一的无实质意义的词汇。

第三,机器排序,把文献中剩余的其他词按字母顺序排列起来,并分别统计、记录每一词出现的频率,然后再依词频高低,将这些词排列起来。

第四,两个或两个以上的词在文献中一起出现的频率,即同现(Co-ocurrence)频率,也应予以统计和记录,并把这些词组按同现频率的高低顺序排列。

第五,把那些出现频率太高而又无实际检索意义的实词也通过与专门编制的非用词表比较,予以删除。例如,在图书馆学文献中,有时就需把"图书"、"读者"、"图书馆"等词删去。

第六,根据词频分布的特点,确定选择标引词的标准和原则,如选用词的最低词频、选用词的数量等。选择词组的标准一般不如选用单词的标准严格。

第七,机器根据前已确定的标准和原则,从前已编就的文献词频(包括文献同现词频)统计表中选取若干标引词和词组。

以上就是计算机从文献本身、文献或篇名中直接选取标引词的过程,一般称之为抽词标引法。它是由美国情报学家鲁思(H. P. Iuhn)等人于1957年最早提出的。这种统计分析法实现起来比较容易,抽出的词或词组基本上能代表文献的主题。但是,由于统计与语义有时并不一致,也会引起标引不准的情况。另外,单独使用统计分析法抽词,往往会造成标引词较多,即主题词散碎的现象。所以后来人们又提出了一些改进办法,如相对词频法、索引项加权法等。除了抽词标引法外,还有一种方法叫赋词标引法,即由计算机按一定的标准从预先存入机器的叙词表、分类表等词表中选出某个或某几个词来,把它们赋予文献,以标引文献的主题。

机器通过抽词法或赋词法确定文献的标引词之后,又如何将文献自动归类呢?按照现代分类理论,分类是一种通过集中相关主题而揭示语义关系的方法,从情报检索的角度看,分类的目的在于向用户提供语词的类集。美国情报学家斯帕克、萨尔顿等人对这个问题进行了深入的研究和试验,并取得了实质性的进展。他们的研究和试验表明,计算机可以依据词频的统计和分析,把相关的语词进行分组或分类,从而在语词之间建立各种联系,实际上,利用这种语词自动分组或分类的技术,就可以产生自动分类表(或称自动化分类法)。他们研究工作的基本假设是:两个或两个以上的实词在一个文献集合中同现的频率越高,它们则越有可能在某些方面相关联。根据文献中语词同现的频率,就可以把相关的语词结合在一起,形成一个类组,实际上是组成一个语词的类集。英国剑桥语言研究所发现和检验了一系列不同形式的语词类集,包括词串、词团、词星和词束等。

综上所述,我们可以知道,虽然计算机不能思维,不能识别语义内容,但可以通过对语词、语词同现的识别及其频率的统计分析,自动标引出文献的主题,并实现语词的自动分类,这样也就实现了文献的自动分类。

自动分类的研究工作已经历了三个阶段。第一阶段1958—1964年是研究自动分类的可能性;第二阶段1965—1974年是进行实验性的研究;第三阶段为1975至现在是实用阶段。目前,抽词法已取得了一定的成功,赋词法成功的极少。至今国外尚未建立一个真正实际使用的自动分类检索系统。由于完全自动分类标引的成本高昂,所以国外一些情报机构为了降低成本,采取了机器辅助的办法,即由人和机器共同完成分类标引的任务。具体的作法是由索引人员(或分类人员)选取包含情报量较多的章节段落语句或小标题等输入计算机,然后完全靠计算机操作完成统计词频、排序、查对、选择、打印输出等多道工序。对于计算机造出的语词再经过索引人员评定、增补、校正,最后用人工操作的办法将语词归入某一类之中。这样人和机器进行了合理的分工,由人从事智力的工作,机器则从事大量机械性的、事物性的工作。两者互相配合,可以扬长避短,降低成本,加快情报处理的速度。

计算机自动分类及机编自动分类表的研究和试验工作,国外已有一、二十年的历史,在我国才刚刚起步。虽然此项研究工作的成本较高,试验的科学范围较窄,但已出现一大批专著和数以百计的论文,许多专家、学者正在深入研究和试验,可望在近期取得较大的突破。

第四节　图书分类标准化

图书分类标准化,即分类法的编制和使用趋向于标准化,趋向于建立一种分类的国际交换语言。

文献工作标准化,包括分类法的标准化,是图书馆、情报工作现代化的基础,也是开发利用和共享国内外文献资源的重要措施。实现分类法的标准化,便于读者利用分类目录及各种分类检索工具;便于开展馆际互借和合作编目及其他馆际协作;便于实现统一的在版编目,提高分类标引的质量;便于实现自动化和网络化。

按照国际标准化组织的定义,"标准化是为了所有有关方面的利益,特别是为了促进最佳的全面的经济效果,并适当考虑产品使用条件与安全条件,在所有有关方面的协助下,进行有秩序的特定活动所制定并实施各种规则的过程。"根据定义,可以知道,标准是一种制订和应用某种技术性的规定或规范的过程。因此,不能把分类法的标准化等同于分类法的统一。分类法的标准化包括制定和应用某种有关分类法编制和使用的技术性规定。具体地说,有关分类法的标准包括有关分类法及其索引的编制、分类标引的方法、分类表的使用等方面的规定。当然也包括推荐某种具有先进科学水平的,并有一定质量水平的分类法供用户使用。国际标准化组织已提出两种有关分类法的国际标准——ISO/R919《分类表编制指南:方法示例》和 ISO/R1149《多语种分类表的版面设计》。一些国家也颁布了有关分类法的国家标准,如日本 1961 年参照澳大利亚的有关国家标准,颁布了一个《国际十进分类法标准使用法》的国家标准,对 UDC 的性质、类表组成及使用方法作出了具体的规定。有了这些分类法的标准,就可以奠定当前和将来分类法发展的基础,使分类法的编制和使用趋于统一。我国于 1979 年底成立了全国文献工作标准化技术委员会,下设的第五分委员会是词表、分类法和标引分委员会。1980 年 10 月召开的全国分类法、主题法检索体系标准化会议建议"选用《中图法》作为国家标准分类法的试用本",目前图书馆界对用《中图法》来统一我国的分类法,争论颇多。看来我国统一分类法的时机尚未成熟。

关于图书分类法的标准化和统一化问题,是近百年来国际图书馆界及情报界一直在争论的一个问题。早在 80 多年前,比利时学者奥特勒就认为,"应该像在度量衡方面所作的那样,充分采用标准分类法"。他和拉封登希望,通过 UDC 的编制会出现一个世界性的标准文献分类法。近年来,也有不少学者主张对 UDC 进行较大幅度的修订甚至改编,使它成为一种世界性的标准分类法。尽管 UDC 拥有多达十万个以上的用户,但是,由于它的体系陈旧,加之编制技术上存在着种种问题,不能适应科学技术的迅速发展和满足情报检索工作的需要,所以,编制一部综合性的国际通用的分类法仍然是各国图书馆及情报工作者颇为关心的问题。对于建立一种世界统一的图书分类法的可能性,在图书馆及情报界存在着分歧的意见。由于各国在政治制度、经济制度、意识形态等方面存在着分歧,看来要想建立一种适用于具有不同社会、文化条件的各个国家的统一分类法是相当困难的,或者说是相当遥远的。但是,也并不是完全不可能的。专利分类法在国际标准化、统一化方面的进展,清楚地说明了这一点。过去,各国政府专利局都自编一种专利分类法。从五十年代开始,一些国际组织一直致力于建立国际专利分类法的工作。1954 年英、法、德等十五个国家签定了一个欧洲协定,从此建立了国际专利分类体系。1968 年出版了《国际专利分类法》的第一版,1979 年又出版了第三版。从 1975 年起,由世界知识产权组织负责该分类法的管理修改工作。目前全世界已有七十多个国家和一个国际组织采用国际专利分类法,用它对新出版的和以前出版的专利文献进行分类。另外,《国际物理学分类表》的编制也很说明问题。《国际物理学分类表》是由国际科学联合会理事会文摘部主持编辑出版的一种英、法、德三种文字对照的国际性专业分类表。1975 年第一版问世,后又增补出了第二版。现在这部专业分类表已成为一部国际通用的分类表,欧美各国出版的各种主要物理学期刊及计算机检索磁带都采用该表分类。既然专利分类法、专业分类法可以向国际标准化、统一化的方向发展,那么图书分类法,至少是科技文献分类法,为什么就不可以实现国际标准化和统一化呢?

许多国家的情报学家和图书馆学家认为,由于目前没有一种国际通用的分类法,为了促进各国之间的情报交流,建立一种国际性的分类交换语言(Switching Languages)或称媒介语言是完全必要的和可能的。

1967 年联合国教科文组织和国际科协理事会联合建立了世界科学技术情报系统(现改名综合性情报计划)。在 1971 年举行的有一百多个国家和国际组织参加的国际会议上,通过了世界科学技术情报系统的一个报告。其中谈到,需要建立一种普遍接受的国际交换语言,用来表示各种出版物的学科范围。后来,该系统委托英国专业图书馆及情报机构协会调查现行的各种综合分类法,看哪一种可以符合作为交换语言的要求。调查的结论是现有的各种综合分类法作为交换语言都不太理想,但比较起来,UDC 也许是其中最好的。经过研究,该系统决定委托国际文献联合会另编一部新的分类法,用作国际的交换语言。1973年公布了该分类法的草案,后经修改,于1978年正式出版了《概略分类体系》(Broad System of Ordering)简称BSO。BSO共分成八大部七十六个大类,约二千个小类,每个小类相当于一门学科。BSO作为一种交换语言,可以把使用不同索引语言、不同语种的情报检索系统联系起来,用户可以从一种索引语言转换成另一种索引语言。假如在文摘、索引刊物上标上BSO号,就等于用一种国际公认的索引语言来标识该种刊物的学科范围,这样就有助于不同国家的编目、索引人员去处理不常见语种的出版物,识别适合于他们的学科范围和索引语言。总之,BSO对于划分情报检索刊物的范围,组织检索刊物的体系,加快情报的流通,起着一定的作用。由于BSO同时适应于手工检索和机器检索系统,加之类目概括、宽泛,所以具有广泛的适应性。不少国家已开始采用它来标引检索刊物及学术团体的学科范围。看来它很有希望发展成一种国际通用分类法的大纲。但是,BSO类目相当粗略,不能用来标引具体的图书、文献。编目、索引人员不能利用这种有限的号码去识别特定文献的详细主题,不能把一些专指的主题从一种索引语言转译成另一种索引语言。

近年来,英国福斯克特等人提出了一个把BSO与UDC结合起来的方案,以便它们互相取长补短,组成一种国际交换语言。UDC的主要缺点是大类结构陈旧过时,有些从文献工作看来不很重要的学科,如哲学等,被单独地列为一个大类;而其他一些相对说来较为重要的学科,如原子能技术等,却处在六级或六级以下的类目,给情报的存储及检索带来很大的不便。福斯克特等人建议,用BSO的大类结构代替UDC的大类结构,在大类之下,继续沿用UDC的细分类目。例如,在UDC中"热中子反应堆"的类号是621.039.524,现用BSO"原子能技术"的类号N来代替621.039,就可以用N524表示"热中子反应堆"。这样,类号就大大缩短了,而且无需变动整个分类表，专业图书馆和情报机构采用这种做法是十分方便的。福斯克特等人的建议，不仅可以弥补 BSO 类表粗略的缺点，而且可以把人们长期以来盼望改革 UDC 大类结构的想法付诸实现，这样做肯定受到广大图书馆及情报工作者的欢迎。

　　与国外相比，我国图书分类学的理论和实践水平还是比较落后的。建国以来，我们在马列主义、毛泽东思想指导下，编制了好几部综合性的图书分类法。但是，对图书分类学理论的研究却十分薄弱。长期以来，由于左倾思想的影响，往往是用对旧分类法的批判来代替新分类法理论的探讨，用对分类法思想体系方面问题的讨论，来代替分类技术方法的研究。诸如"五大部类"、"三大块"、"三性原则"、"大类序列"等问题的讨论几乎充斥了整个分类法理论研究的领域，而对国外的分面组配、分类主题一体化、自动分类和标引等新理论、新技术的引进和研究，有的才刚刚开始起步，而大部分还是空白。从 1964 年开始的，对《国际十进分类法》和《中国图书馆图书分类法》（或称旧大型）的批判，使我国分类学理论的研究处于瘫痪状态。由于这些原因，形成了"文革"后编制的新分类法的"先天不足"的缺陷。新分类法出版不久，就频繁地进行大幅度的修订，很难适应图书馆和情报工作的需要。当前，我们要认真总结三十年来这方面的经验教训，解放思想，肃清左倾流毒，大胆地学习和引进国外先进的分类理论和技术，组织力量开展对分类学理论、技术和方法，分类法发展史与分类学史，比较分类学，电子计算机在分类工作中的应用等领域的研究，迅速赶上世界的先进水平，创立我国新的分类学派，为实现图书馆和情报工作的现代化做出贡献。

本章主要参考文献

1.《现代西方主要图书分类法评述》 刘国钧著 吉林人民出版社 1980年
2.《美国图书馆学家和情报学家论现代图书分类法问题》 林德海译 载《中国图书馆图书分类法编辑会议资料》 1979年 北京图书馆词表组印
3. Lancaster, F. W. Vocabulary Control for information retrieval. Washington, Information Resources press, 1972.
4. Maltby, A. Sayer's manual of Classification for libraries, fifth ed. London, Andre Deutch, 1975.

本章复习题

1. 结合本章内容,谈谈你对我国分类法发展路向的看法。
2. 电子计算机在图书资料分类工作中有哪些应用?